KB272623

1970년대편 1권

한국 현대사 산책

1970년대편 **1권** 개정증보판

한국 현대사 산책

전태일과 경부고속도로

강준만 지음

인물과 사상사

1970년대의 두 얼굴

'한강의 기적'의 이면에 숨은 인권유린

한국 현대사에서 가장 중요한 10년간을 꼽으라면 1970년대라고 말하는 데에 주저할 사람은 많지 않을 것이다. 1970년대를 긍정적으로 평가하건 부정적으로 평가하건 말이다. 그런데 우리는 과연 1970년대를 제대로 알고 있는 건가? 1970년대를 겪지 않은 젊은 사람들은 말할 것도 없지만, 그 시대를 살았다고 해서 그 시대의 전모를 알 수 있는 건 아니다. 사람들은 각자 자신의 경험을 근거로 세상을 보기 때문이다.

1970년대를 보는 시각은 크게 두 가지로 나눌 수 있다. 상징으로 표현하자면, '전태일과 경부고속도로'가 될 것이다. 1970년 7월 7일에 개통된 경부고속도로는 전화戰禍의 잿더미 속에서 들고일어난 이른바 '한강의 기적'을 상징하며, 그해 11월 13일에 일어난 노동자 전태일의 분신자살은 그 '기적'의 이면에 숨은 잔인한 인권유린을 상징한다. 전태일과 경부고속도로라고 하는 1970년대의 두 얼굴 가운데 당신은 어느 쪽에 더 주목하는가?

1970년대의 갈등 구조를 극명하게 드러내 보여준 전태일과 경부고속도로는 사실 상징 이상의 것을 의미한다. 전태일이 분신자살로 항거한 참혹한 노동 실태의 현장이었던 서울 평화시장은 "공간적으로 당시 민중들의 삶의 중심지였을 뿐만 아니라 한국 자본주의화 과정에서 노동자에 대한 가혹한 희생 속에서 자본가 계급의 형성을 뒷받침한 요람"이었다.[1] 경부고속도로도 그러한 '요람'에서 짜낸 피와 땀을 근거로 이루어진 것이었지만, 경부고속도로가 낳고 촉진시킨 발전과 번영의 수혜는 다른 사람들의 몫이 되었다.

전태일과 경부고속도로는 한국의 한恨 맺힌 '국가주의 콤플렉스'를 말해주는 상징인지도 모른다. 이탈리아와 독일에서 파시즘이 발호했던 여러 이유 가운데 하나는 제1차 세계대전 이후 상처받은 국가적 자존심이었다. 국가의 영광을 위해선 그 어떤 희생과 범죄도 감내할 수 있다는 집단 정서는 먼 나라의 이야기만은 아니다. 오히려 수십 년이 아닌 수백, 수천 년간 주변 강대국들에 당하고만 살아온 한국인들에게 부국강병富國強兵 이데올로기는 본능적으로 거부하기 어려운 유혹이었는지도 모른다.

전태일은 가고 없다. 사람들은 전태일을 잊어버렸다. 남은 건 경부고속도로다. 역사는 스스로 다가와 대중의 눈 앞에서 옷을 벗지는 않는다. 대중의 세상 인식은 물질적이고 파편적일 수밖에 없다. 대중의 역사인식은 이기심과 개인 영역에서 경험에 의해 채색되고 굴절된다. 그들에게 간접적이고 거시적인 차원의 문제는 와닿지 않는다. 고통과 모욕은 추억으로 박제되고 물질의 역사만이 위풍당당하다.

박정희 정권의 산업화가 "민주화에 기여했다"?

1970년대는 아직 끝나지 않은 것인지도 모른다. 우리는 1970년대는 끝났으며 2020년대를 살고 있다고 생각하지만, 1970년대의 유산에서 완전히 자유로울 수는 없다. 카를 마르크스Karl Marx, 1818~1883의 말을 빌리자면 이런 이유 때문이다. "인간은 자신의 역사를 만든다. 하지만 자신이 원하는 그대로는 아니다. 인간은 스스로 선택한 환경이 아니라 과거로부터 직접 발견되고 주어지며 이전된 환경 속에서 역사를 만드는 것이기 때문이다."[2] 우리는 전태일과 경부고속도로 중 양자택일을 해야 하는가? 그럴 수는 없다. 그건 가능하지도 않다.

1970년대를 다룬 좋은 책과 논문이 많이 나와 있다. 그러나 이들은 대부분 정치·경제·군사·사회·문화·언론 등 여러 영역 가운데 어느 하나만을, 또 그중에서도 특정 주제나 이슈만을 다루고 있을 뿐이며, 긍정과 부정 가운데 어느 한쪽만의 관점을 택하고 있다. 그러나 나는 이 책을 통해 모든 영역을 통합하면서 여러 관점을 다 보여주고 싶다. 가치 판단은 독자의 몫이다. 나는 가급적 개입을 자제하겠다. 그러나 '가급적' 그렇게 하겠다는 것일 뿐 개입은 피할 수 없는 일이다. 이 책 자체가 이미 개입이 아닌가?

박정희에 관한 담론은 사회과학적 분석과 도덕적·정서적 평가가 구분되지 않은 채 마구 섞인 채로 나돌고 있다. 사회과학적 분석의 예를 들어보자. 박정희 정권의 산업화가 "의도하지 않았던 두 가지 방법으로, 즉 하나는 그것이 만들어낸 성공의 결과로 다른 하나는 그 실패의 결과로 민주화에 기여했다"는 평가를 내리는 최장집은 "성공의 결과라는 것

은 기본적으로 자본주의 산업화 없이 민주주의가 존재할 수 없다는 사실에 기인한다"고 말한다.[3]

이어 최장집은 "후일 1980년대에 들어와 1960, 70년대를 통하여 발전하고 팽창한 시민사회가 폭발하면서 누구도 막을 수 없는 민주주의를 향한 요구가 밑으로부터 분출했다. 사회는 서구사회와 같이 높은 산업화와 도시화의 수준을 이루었고, 그 속에서 사회의 기능적·직능적 분화가 가속화되고 중산층이 엄청나게 팽창하였으며, 노동자·농민과 같은 사회의 저변 대중층이 성장하였던 것이다"며 다음과 같이 말했다.

"이러한 구조를 갖는 사회에서 권위주의는 더이상 그 존립 기반을 찾을 수 없다. 그것이 실패의 결과라는 뜻은 민주주의를 폐기하고 권위주의를 실시한 결과 1950, 60년대와는 판이한 강력한 민주화 세력을 형성시키게 되었다는 것이다. 사회로부터 체제에 반대하는 시민들과 노동자를 중심으로 한 민중세력들의 저항이 없었더라면 유신체제의 붕괴는 훨씬 뒤로 미루어졌을 것이다. 그리고 급기야는 민주주의를 가져온 1980년대의 강력한 민주화의 힘은 이를 모태로 한 것이었다."[4](최장집은 이와 같은 분석과 함께 박정희 정권이 이루어낸 특정 형태의 산업화가 이후 민주화 과정에 미치게 된 네 가지 부정적인 영향으로 거의 통제 불능 상태로 팽창한 재벌의 영향력, 한국 사회에 뿌리내린 관료권위주의, 권위주의적인 노동 통제, 호남 배제의 지역 차별 등을 들고 있다.)

대부분의 사회과학자가 동의할 진술일 것이다. 그러나 이는 도덕적·정서적 평가 앞에선 잘 먹혀들지 않는다. 도덕적·정서적 평가와 결이 좀 다른 이야기를 하면 박정희에 대해 "긍정적인 평가를 한다"는 비판을 하는 이들이 적잖이 존재한다. 핏대부터 올리고 나오는 바람에 차분하게 소통하기도 어렵다. 어쩌겠는가? 역사의 업보로 감당해야 할 현실로 이해하는 게 좋을 것 같다.

어떤 테마나 주제를 강하게 내세워야 '학술적'이라는 평가를 받게 되지만, 그런 방식은 자신의 논지를 부각시키기 위해 적어도 자료 선택에서 왜곡이 발생하기 마련이다. 자신의 신념과 일치하는 정보는 받아들이고 신념과 일치하지 않는 정보는 무시하는 경향을 말하는 '확증 편향confirmation bias'은 보통 사람들보다는 전문가 집단에서 더 많이 나타나는 법이다.[5] 나는 찬반贊反 양쪽을 다 포괄해 모든 자료를 다 껴안음으로써 가급적 확증 편향을 피하기 위해 애를 써보련다.

양자택일의 문제일까?

의제 설정의 문제도 있다. 김진송이 『현대성의 형성: 서울에 딴스홀을 허許하라』(1999)라는 책에서 시도한 다음과 같은 문제 제기를 음미해보는 게 좋겠다. "『황성신문』에 줄기차게 반복된 비로드와 중절모의 광고는 '시일야방성대곡'의 비분강개한 흐느낌 속에서 현대사의 곁가지로도 주목되지 않으며, 1930년대의 모던 걸과 모던 보이는 치열한 (그리고 지적 허위에 가득 찬) 지식인의 자기 고뇌에 가려 현대를 향한 한 푼어치의 당위성도 인정받지 못한다."[6]

그렇다. 우리는 개화기와 일제강점기를 다룰 때엔 자신도 모르게 진지하고 심각해져야 한다는 암묵적 압박을 받게 된다. 달리 말하자면, 독립을 위한 투쟁의 관점에서 역사를 보고 이해해야 한다는 생각을 하게 된다는 것이다. 그런 애국심이 발동하게 되면 그 시절에도 분명히 존재했던 소비문화라거나 향락 추구 행위는 다루지 않는 게 좋다는 생각을 하게 될 가능성이 높다. 특정한 이념적 관점에서 접근하지 않더라도 그런 압력이나 유혹을 받게 될 가능성이 높다는 것이다.

1970년대도 마찬가지다. 민주주의라고 하는 정치적 가치를 중시하느냐 먹고사는 문제를 중시하느냐에 따라 선택할 의제가 크게 달라지게 된다. 나는 이런 문제도 양자택일兩者擇一 해야 할 건 아니라고 본다. '시일야방성대곡'과 '비로드와 중절모의 광고'를 공존시키면 속된 말로 "죽도 밥도 안 된다"고 생각할 게 아니라, 혼란스럽게 보이는 모습일망정 두 가지를 다 보여주는 게 사실과 진실에 한 걸음 더 다가설 수 있는 게 아닐까?

이 책에 자주 등장하는 돈의 액수에 대해 독자들이 실감을 느낄 수 있게끔 1970년대의 신문 구독료를 미리 말씀드리는 게 좋겠다. 1970년에 280원 하던 신문의 월 구독료는 1972년 3월 1일 350원으로 인상되었고, 1974년 1월 1일 350원에서 450원으로 인상되었고, 1975년 1월 1일 450원에서 600원, 1977년 1월 1일 600원에서 700원, 1978년 1월 1일 700원에서 900원으로 인상되었다. 신문사들의 규모가 훨씬 더 커졌고 광고 의존도가 더 높아졌으므로 1970년대와 지금의 실제 화폐 가치의 차이는 신문 구독료를 잣대로 삼는 것보다는 훨씬 더 크다는 것을 염두에 두는 게 좋겠다.

이제 우리는 이 책을 통해 그 복잡다단한 1970년대의 모든 모습을 정치·경제·군사·사회·문화·언론 등 제반 영역에 걸쳐 중요한 사건 중심으로 살펴보게 될 것이다. '사건 중심'의 기술記述은 독자들의 읽는 편의를 위한 것일 뿐, 이 책은 에피소드를 모은 책이 아니라 중간에 끊기지 않고 계속 이어지는 흐름을 갖고 있다는 걸 미리 알아두시기 바란다. 이제부터 가벼운 마음으로 재미있는 '시간 여행'을 즐기시되, 2020년대의 한국 사회가 1970년대에서 물려받은 유산에서 자유로울 수 없다는 점에 대해서도 관심을 기울여주시길 바라마지 않는다.

2026년 4월

강준만

제2부	1971년: 박정희 1인 체제의 완성

<table>
<tr><td>제3부</td><td>1972년: 박정희 영구집권 체제의 완성</td></tr>
</table>

제1장 —— 리처드 닉슨의 중공 방문과 남북대화

제2장 —— 통일 열기를 만들어낸 '7·4 남북공동성명'

제3장 —— 사채를 동결한 8·3 긴급경제조치

제4장 —— 박정희의 '10월 유신' 선포

제1부
1970년 ## 도시에 빨려 들어가는 농촌

- 수출의 국가 종교화

- 닉슨 독트린과 대미 외교

- 경부고속도로 개통

- 경부고속도로와 지역 갈등

- 북한에 '경제 경쟁'을 제안한 8·15 선언

- 신민당 대통령 후보 지명대회

- 평가교수단과 대통령 특별보좌관 제도

- 정인숙 살해 사건과 '요정 정치'의 천태만상

- 33명이 죽은 와우아파트 붕괴 사고

- 시인 김지하의 '오적'

- 청년 노동자 전태일의 분신자살

수출의
국가 종교화

'조국 근대화'를 종교로 삼은 박정희

"과거의 극한적인 수단과 투쟁 방식을 지양하고, 건설적인 토론과 경쟁으로 평화적 정권교체를 지향하는 민주정치의 결실을 보게 하여야 한다."[1]

박정희는 1970년대를 여는 1970년 1월 1일 신년사에서 그렇게 말했다. 박정희는 1970년 여름까지만 해도 교련 반대 시위를 주도했던 학생 대표들을 청와대로 불러 그들의 주장을 듣기도 했다. 그는 그 자리에서 "학생들이 불의를 보고 일어나는 것은 당연하다"며 학생들의 기개를 칭찬해주는 여유를 보이기도 했다.[2]

그러나 권력은 사람을 바꾼다. 권력에 중독되기 시작하면 점점 더 세상을 자기 위주로만 보게 된다. 보통 사람들조차 무언가 대단한 일을 하지 않으면 인생의 의미가 없다고 생각하는 이른바 '독수리 5형제 증후군'에 빠지기 십상인데,[3] 산천초목을 떨게 만들 수 있는 권력을 가진 사람은 더 말해 무엇하랴. 박정희는 점점 더 자기만이 '조국 근대화'의 비밀을 알고 있으며 그렇기 때문에 그걸 이룰 수 있는 건 자기밖에 없다는 생각을 하게 되었다.

게다가 박정희는 한국인의 민족성에 근본적인 문제가 있다는 일제의 식민통치 선전술을 그대로 신봉한 인물이었다. 그뿐만 아니라 그는 일본 극우세력의 지지자였다. 그는 쿠데타를 일으키기 전부터 일본 군부의 천황 절대주의와 국수주의를 찬양했으며, 한국의 독립운동가들을 전부 '엉터리'로 몰아붙이면서 독립운동의 가치를 인정하지 않는 인식을 드러냈다.[4]

박정희는 1963년에 낸 『국가와 혁명과 나』라는 책에선 "5천 년의 역사는 개신改新되어야 한다"고 외쳤다. 그는 "우리의 반만 년 역사는 한마디로 말해서 퇴영과 조잡과 침체의 연쇄사"라고 단언했다. 그는 "이 모든 악의 창고 같은 우리의 역사는 차라리 불살라 버려야 옳은 것이다"는 심판을 내린 후, '국민성을 근본적으로 개조'하는 것만이 '강력한 민족국가 건설'을 이룰 수 있는 유일한 길임을 역설했다.[5]

박정희는 결코 민족주의자일 수 없는 사람이었다. 5,000년을 전면 부정한 후에 남을 수 있는 '민족'이란 게 과연 무엇일 수 있겠는가? 그는 자신만이 5,000년의 역사를 개신할 수 있다는 '자기주의자'였다고 보는 것이 옳을 것이다. 그래서 그는 집권 기간 내내 '민족성 개조론' 운동을 펼치면서 그걸 자신의 정권 안보의 도구로 활용하게 된다.

박정희는 점점 더 민주주의를 낭비로 간주하게 되었으며, 이런 생각은 1971년 대선 이후 더욱 심해진다. 그는 '건설적인 토론과 경쟁' 대신

‘억압적인 지시와 응징’이 자신의 종교라 할 ‘조국 근대화’를 위해 훨씬 더 적합하다는 신념으로 빠져들게 되었다. 그 신념은 이른바 ‘군사적 성장주의’로 이미 1960년대부터 선을 보이기 시작했던 것이다.

‘군사적 성장주의’와 ‘수출의 전쟁화’

‘군사적 성장주의’는 “일찍이 박정희가 일본의 군사학교에서 온몸으로 익힌 군국주의적 정신을 바탕으로 외형적 결과를 가장 중요한 목표로 추구하는 개발 방식”을 뜻하는 것으로서 ‘폭압적 근대화’의 한 얼굴이다.[6] 박정희가 ‘군사적 성장주의’의 방법론으로 택한 전략은 국가가 주도하는 외자外資 의존적 수출주도형 공업화 정책이었다. 이는 수출 산업을 위한 제반 특혜, 외자 의존, 외국 시장에 대한 의존, 임금통제와 농산물 가격 안정정책 등의 특징을 갖는 것으로,[7] 박정희 특유의 리더십과 결합해 ‘수출의 전쟁화戰爭化’를 낳았다. 구해근은 『한국 노동계급의 형성』(2002)에서 다음과 같이 말한다.

“1960년대 말부터 산업 전사, 산업의 역군, 수출의 역군, 수출의 기수 같은 새로운 단어들이 산업 용어로 등장했다. 분명히 이 용어들은 민족주의적 이데올로기를 이용하여 수출 증진을 위해 노동자들을 동원하려고 만들어졌다. 이 새로운 단어들은 민족주의를 발전주의 및 군대식 수사修辭와 결합했고, 산업노동자들을 국방을 위해서 싸우는 군인들과 동일시했다.”[8]

수출은 선택의 문제가 아니었다. 당시 구호가 말해주듯이, 오직 ‘수출만이 살길’이었다. 수출 경쟁력은 싼 노동력이었다. 군인이 돈 받고 일

박정희는 한 달에 한 번 자신이 직접 중앙청에서 '수출진흥확대회의'를 주재하며 '수출만이 살길'이
라고 주장했다. 조선소를 방문하고 있는 박정희. (대한민국역사박물관 소장)

하는가? 아니다. 군인은 신성한 국방의 의무를 이행하는 것이다. 군인들
과 동일시된 수출 전사들도 마찬가지였다. 그들은 신성한 '조국 근대화'
를 위해 희생해야만 했다. 희생은 저절로 이루어질 수 있는 건 아니었다.
강력한 국가폭력이 동원되었다.

수출 전사들이 일하는 기업도 군대 조직처럼 움직였다. 그 조직의
흥망성쇠는 총사령관 마음먹기에 달린 것이었다. 총사령관의 명령에 절
대 복종하면서 총사령관의 마음을 기쁘게 해주는 기업은 점점 더 몸집
을 키워갈 수 있었다. 박정희는 전선에서 뛰는 말단 수출 전사들의 저항
은 국가폭력으로 억누르는 한편, 수출 전사들을 통제하면서 지휘하는 각

급 지휘관들에겐 특혜를 베풀었다.

박정희가 앞장서서 수출 전사 지휘관들을 독려했다. 그는 한 달에 한 번씩 자신이 직접 중앙청에서 '수출진흥확대회의'를 주재했으며, 자신의 집무실엔 기업별 수출 현황을 막대그래프로 그려놓게 해 수출 실적을 매달 점검하면서 관계부처와 기업들의 '고지 점령'을 독려했다.[9]

수출 전사 지휘관들이 받은 특혜는 엄청난 것이었다. 일반 대출 이자율이 25%를 할 때에도 수출 특융特融 이자율은 6%에 불과했고, 수출용 원자재 수입에는 세금을 전액 면제했고, 수출 소득에 대해서도 소득세를 80%나 감면해주었다. 그 당시엔 하늘의 별 따기처럼 어려웠던 해외여행도 수출 전사 지휘관들에겐 예외였다.

어디 그뿐인가? 수출 전사 지휘관들은 밀수를 저질러도 그들을 처벌하는 것이 수출에 지장을 줄 것 같으면 박정희는 검찰에 수사 중단 지시를 내렸다. 법은 중요하지 않았다. 수출 전시戰時 상황이었기 때문이다.[10] 그래서 당시에는 수출만 하면 대통령이 뒤를 봐준다는 믿음 때문에 "모든 길은 수출로 통한다"는 말이 유행했다.[11]

수출은 전쟁이되 성전이었다

수출은 전쟁이되, 성전聖戰이었다. 수출은 국가 종교였다. 결코 과장이 아니다. 정부가 사실상 주도한 일본인 대상 기생 관광에서 잘 나타났듯이, 젊은 여성들의 육체마저 '수출 상품'이 되어야만 했고 그들은 달러를 벌어들이는 '애국자'로 불리기도 했다. '잘 살아보세'라는 찬송가가 울려 퍼지는 가운데, 수출을 위해선 그 어떤 모욕과 희생도 감수해야만 했다. 부국강병富國强兵이라는 천국天國을 위해서 말이다.

군인 출신이라고 해서 죽을 때까지 군인처럼 사는 건 아니다. 그러나 박정희는 죽는 날까지 철저한 군인이었다. 그는 대통령으로서 국정 운영을 군사작전하듯이 했으며, 사실 그것이 한국의 놀라운 경제발전을 이룬 원동력 가운데 하나였다.

박정희는 자신처럼 군인 정신에 충만한 사람들을 선호했다. 1969년 10월 21일 상공부 장관으로 부임한 이낙선도 그런 사람들 가운데 하나였다. 이낙선은 "혁명 주체세력 중의 한 사람으로 마구 밀어붙이는 성격"이었다.[12] 이낙선은 1966년 국세청장에 부임했을 때에도 부임 전인 1965년에 546억 원이었던 국제징수액을 700억 원으로 끌어올린다는 목표를 세우고 그 각오를 다지기 위해 차량번호도 700번, 가지고 다니는 가방에도 증세 목표 700억 원이라고 크게 써붙이고 다녔던 사람이다. 그 결과 실제로는 876억 원을 징수했다던가.[13]

이낙선은 상공부 장관이 되자마자 1971년에 달성하기로 한 10억 달러 수출 목표를 1970년에 달성한다는 야심적인 안을 내놓았다. 1969년 12월 15일 청와대에서 열린 수출진흥확대회의에서도 1970년의 수출 목표를 1969년의 목표 7억 달러보다 42.9% 증가한 10억 달러로 보고해 버려 이 회의에 참석한 사람들을 모두 놀라게 만들었다. 당시 10억 달러의 수출 목표 책정은 과욕過慾으로 여겨졌기 때문이다.[14]

수출 '10억 달러' 고지 점령

그러나 이낙선의 과욕은 바로 박정희의 뜻이었다. 박정희는 그 자리에서 "수출 10억 달러는 우리의 수출 역사상 하나의 전기轉機를 이루는 분수령이 될 것"이라면서 모든 사람이 분발할 것을 강조했다.[15] 총사령 관의 명령이 떨어진 이상 모든 용사가 총력 작전을 전개해야만 했다. 박 정희의 경제 브레인이었던 오원철이 『한국형 경제건설』(1996)에 꼼꼼 히 기록한 내용을 살펴보자.

"1970년 1월 9일 수출 진흥에 관한 표어 현상 모집이 실시되었다. 모두 10만 2,348편이 응모하는 성황을 이룬 중에 이 중 4개의 가작이 선정되어 각각 3만 원씩의 상금을 받았다. 응모된 표어는 당시의 수출 목표인 10억 달러를 주제로 한 것이 대부분이었다. 가작으로 뽑힌 것 중 에 '너도나도 참여하자. 10억 달러 수출 대열', '할 일 많은 70년대 10억 불 수출부터' 등이 있었다. 또한 1월 16일에는 수출행진곡 가사 모집이 있었으며 이를 레코드에 수록해 보급하기도 했다. 이밖에도 '수출 진흥 웅변대회', '수출의 날 기념 수출 진흥 글짓기 대회', '수출에 관한 영화 제작', '수출 진흥 노래 모집' 등 갖가지 행사가 연중 계속되었다. 1970년 말에 들어서는 1970년도 수출 액수 알아맞히기 현상모집까지도 실시되 었다. 수출 액수 알아맞히기 현상모집에는 모두 10만 1,825건의 응모가 있었다. 이 중 1등을 한 응모작의 수출 예상은 10억 380만 7,000달러 로 상공부가 공식 집계한 수출 실적(정답)에 불과 1,473달러의 오차밖에 없었다."[16]

10억 달러 돌파가 이루어진 시점의 상공부엔 축하 속에서도 경건한 분위기가 흘러넘쳤다. 당시 상황에 대해 오원철은 다음과 같이 말한다.

" '하면 된다', 그리고 '우리 민족은 위대한 민족이다'가 메아리쳤 다. 모두들 국민학교 학생같이 기뻐했으며 그중에서도 이낙선 장관이 제

1970년 10억 달러 수출 목표를 달성하게 되자, 그해 11월 30일에 열린 제7회 수출의 날 기념식은 축제 분위기였다. 1971년 1월 5일 발행된 경제 부흥 우표 시리즈 중 수출 10억 달러 돌파 우표. (대한민국역사박물관 소장)

일 기뻐했다. 이 장관은 즉시 박 대통령에게 전화로 보고를 하였다. '각하, 지금 10억 불을 돌파했습니다.' 그러고는 잠시 말이 없었다. 박 대통령의 치하가 있었나 보다. 이 장관의 검은테 안경 속의 눈이 젖어 보였다. 내가 차관보 시절일 때였다. 나도 열심히 뛰었으니 기쁘기 한량없었다.……손 모아 감사의 기도를 드리는 마음이었다."[17]

1964년 1억 달러 수출을 기념해 '수출의 날'을 제정한 지 만 6년 만인 1970년에 10억 달러 수출 목표를 달성하게 되었으니 감격할 만도 했다. 1970년 11월 30일에 열린 제7회 수출의 날 기념식은 축제 분위기였다.[18] 그 기념식에서 박정희는 10억 달러 돌파를 자찬自讚하면서 1970년대 중반에는 적어도 30억 달러의 수출을 이룩해야 할 것이라고 새로운 전투 목표를 제시했다. 이에 대해 오원철은 다음과 같이 말한다. "'밀어붙일 때 밀어붙여라'고 명령하는 것이었다. 70년 수출의 날은 온통 축제 무드였다. 이날 기념식에서는 대대적인 포상이 이루어졌으며 카드섹션까지 벌이기도 했다."[19]

수출 군사작전의 양면성

그러나 수출이라는 '국가 종교'는 한국 사회의 근본을 뒤흔드는 매우 과격한 혁명이었다. 수출 전사들을 농촌에서 징집해야 했기 때문이다. 국가 자원이 집중된 수출 전선에 뛰어들기 위해 수많은 사람이 농촌에서 도시로 몰려들었다. 연평균 이농離農 인구수는 1960~1966년 사이에 매년 27만 명, 1966~1970년 사이에 59만 명, 1970~1975년 사이에 50만 명, 1975~1980년 사이에 66만 명으로 추산되었다.[20] 그 결과 총인구에서 농가 인구가 차지하는 비율은 1960년 58.3%(1,455만 명/2,495만 명), 1965년 55.1%(1,581만 명/2,770만 명), 1970년 44.7%(1,442만 명/3,224만 명), 1975년 37.5%(1,324만 명/3,528만 명), 1980년 28.9%(1,082만 명/3,812만 명)까지 줄게 되었다.[21]

이와 같은 속도의 농촌 인구 감소와 도시화는 세계 어느 나라에서도 유례를 찾기 어려울 정도로 급속한 것이었다. 예를 들어, 1965~1973년 사이에 나타난 연평균 6.5%의 도시 인구 증가율은 도시화가 빠르게 진행되고 있다고 평가되던 브라질의 4.5%, 멕시코의 4.8%를 능가하는 수준이었다. 물론 이 시기의 도시 인구 증가(연평균 6.5%)는 도시 인구의 자연 증가(2.2%)보다도 농촌 인구의 이농(4.3%)이 주된 이유였다.[22]

세계 최고를 자랑하는 그런 급격한 변화는 한국의 축복이었던가? 바로 여기에서 수출이라고 하는 군사작전의 양면성이 잘 드러난다. 군사작전은 전장에서 이기면 그걸로 끝나는 것이지 그 이후를 걱정할 필요는 없는 것이다. 수출 군사작전도 그랬다. 수출에 필요한 노동력을 농촌에서 끌어내는 것까지는 무력을 사용할 필요가 없었지만, 그 노동력이 수출 전선에 투입되어 먹고사는 문제는 그렇게 간단한 것이 아니었다. 당시 한국형 수출의 최대 경쟁력은 싼 임금에 기초한 것이었기 때문이다.

이와 관련, 임혁백은『시장·국가·민주주의: 한국 민주화와 정치경제이론』(1994)에서 "1960년대에는 수출 지향 산업화가 형식적 민주주의의 틀을 깨지 않고도 추진될 수 있었으나 1960년대 말부터 형식적 민주주의의 틀은 저임에 기초한 수출 지향 산업화에 장애 요소로 작용하기 시작했다"며 다음과 같이 말한다.

"1960년대 말부터 노동집약적 수출의 비약적인 증대로 인해 저임 노동력의 수요가 공급을 초과하게 되었고 그 결과 노동시장에 의해 자동적으로 임금을 생존선 수준으로 억제하는 것이 불가능하게 되었다. 이제는 시장이 임금을 인상시키는 역할을 수행하기 시작한 것이다. 시장에 의한 임금 인상 압력에 대응하기 위해 지배연합은 과거와는 달리 적극적으로 임금을 억제해야 했다. 그러나 지배연합의 노동 통제 전략의 변경은 노동자들의 반발을 불러일으키게 되었다. 반발하는 노동자들은 이제까지 형식적 겉치레에 지나지 않았던 민주적 제도(선거, 의회, 노동법)가 자신들의 이익의 실현을 위한 무기가 될 수 있음을 발견하였다."[23]

박정희 정권은 노동자들의 무기를 무력화시키기 위해 더욱 수출의 종교적 성격을 강화하게 된다. 박정희 정권의 무기는 국가안보였다. 최소한의 생계 유지를 하게 해달라는 노동자들의 목소리는 무조건 국가안보를 위협하는 '빨갱이'의 음모로 간주되었다. 늘 때마침 국가안보가 위협받을 만한 일들이 벌어지기도 했고, 없으면 고문으로 조작을 해서라도 수출의 국가 종교화를 지켜야 한다는 것이 박정희 정권의 일관된 부국강병 정책이었다.

닉슨 독트린과
대미 외교

리처드 닉슨과 샤를 드골

1968년 11월 5일 미국 대통령 선거에서 당선된 리처드 닉슨Richard Nixon, 1913~1994의 영웅은 프랑스의 대통령 샤를 드골Charles de Gaulle, 1890~1970이었다. 강력한 리더십을 열망했던 닉슨이 드골을 존경하는 건 당연하다고 볼 수도 있겠지만, 그럴 만한 개인적인 이유도 있었다. 닉슨의 공보보좌관으로 일했던 데이비드 거겐David Gergen, 1942~2025은 훗날 출간한 자서전에서 그 이유에 대해 자세히 썼다.

그는 "1960년대에 두 번의 선거에서 패배한 닉슨은 고독하고, 겉보기에 망가진 사람처럼 계속해서 세계 여러 나라의 수도를 전전했다. 각국의 각료들은 대부분 그를 만나는 것을 불편하게 생각했고, 그는 서열이 낮은 대표단이나 미국의 외무성 관리들의 접대를 받으며 식사를 하는 정도로 만족해야 했다"며 다음과 같이 말했다.

"그 당시 드골은 감각이 있는 사람이었다. 그 자신도 망각 속에 묻혔다가 부활했던 터라, 닉슨이 언젠가는 대통령이 될 수 있을 것이라는 계산을 했다. 그를 맞아 정중히 붉은 융단을 펼쳤던 것이다. 아내와 함께 엘리제궁에 초대를 받은 닉슨은 들뜬 기분에 도취되었고, 드골은 그가 언젠가는 미국에서 '최고의 자리'에 오를 것이라고 추켜세웠다. 그 같은 관대함은 우정 이상의 것을 주었다. 닉슨을 남은 여생 동안 헌신적인 추종자로 만들었던 것이다."[24]

당시 닉슨의 기분이 어떠했을지는 짐작하기 어렵지 않다. 1960년 대선에서 패배한 뒤 자신의 고향인 캘리포니아 주지사 선거에서도 패배했으니, 누가 닉슨의 정치적 재기를 예상했겠는가? 모두 다 닉슨을 정치 퇴물로 여길 때에 드골이 그렇게 극진한 환대를 해주었으니 닉슨으로선 어찌 드골을 좋아하지 않을 수 있었겠는가?

박정희의 리처드 닉슨 푸대접

세계 각국의 수도를 떠돌던 닉슨은 1966년 9월 서울에도 나타났다. 물론 개인 자격의 방문이었다. 닉슨은 서울에 오기 전 일본 도쿄에서 비교적 환대를 받았기에 서울에서도 그와 같은 대접을 기대했던 건지도 모르겠다. 그러나 박정희의 생각은 달랐다. 닉슨을 만나줄 필요조차 없다고 생각했다.[25] 주한 미국 대사 윈스럽 브라운Winthrop G. Brown, 1907~1987이 직접 청와대를 접촉했지만 여의치 않자 외무부 장관 이동원의 도움을 요청했다.

이동원은 회고록에서 "브라운 대사에게 떠밀리다시피 청와대로 들

어왔지만 사실 나도 속으론 박 대통령이 닉슨을 꼭 만나주었으면 싶었
기에 강력히 닉슨과의 만찬을 종용했다. 그러나 그는 달갑잖은 표정이었
다. '그 사람 이미 끝난 사람인데 구태여…….' '그래도 각하…….' 속이
탄 내가 재차 건의했으나 여전히 박 대통령의 얼굴엔 찬 기운이 감돈다.
결국 닉슨은 박 대통령과 점심도 못하고 그저 커피 한 잔 마시는 걸로 끝
낸 모양이었다"며 다음과 같이 말했다.

"그러나 안 되려면 뒤로 자빠져도 코가 깨진다더니 예상 외의 예우
에 몸이 단 브라운이 그날 저녁 급히 장관들과 함께하는 만찬을 추진했
는데 공교롭게도 마침 같은 시간에 박 대통령이 장관들을 청와대로 불
러 저녁을 하게 된 것이었다. '하느님 맙소사.' 내 입에선 탄식이 새어 나
왔다. 아니나 다를까 내가 미 대사관 만찬장에 들어서니 미군 장성들과
함께 앉아 있는 사람이라곤 불과 두서너 명에 불과하지 않은가. 내 느낌
으로도 시종 식사 내내 닉슨의 표정은 텅 빈 좌석만큼이나 공허해 보였
다."[26]

박정희가 닉슨에게 당한 굴욕

아마도 닉슨은 당시 박정희에 대해 이를 갈았을지도 모르겠다. 2년
여 후인 1968년 11월 5일 미국 대선에서 닉슨이 승리해 1969년 1월
20일 제37대 대통령으로 취임했을 때 박정희가 받은 충격은 어떠했을
까? 일국의 대외 정책에 무슨 대통령의 개인 감정이 작용하겠느냐고 생
각할지 모르지만, 그게 꼭 그렇진 않다. 닉슨의 드골 존경에 개인적인 이
유가 다분히 작용하듯이, 박정희가 닉슨을 박대한 것이 이후 닉슨 행정

1968년 11월 5일 미국 대선에서 닉슨이 승리하자, 박정희는 모든 루트를 동원해서라도 닉슨과의 만남을 추진했다. 1968년 7월 펜실베이니아주 파올리에서 대통령 선거 운동을 하는 닉슨.

부의 대對한국 정책에 아무런 영향을 미치지 않았을 것이라고 보기는 어려운 것이다.

이동원은 "예상대로 닉슨은 취임식이 끝나기 무섭게 '닉슨 독트린'을 제창한다. 아울러 주한미군 철수까지 거론한다. '그까짓 한국 힘 없으면 망하라고 해. 무슨 상관이야. 일본만 자유민주국가로 남아도 충분한데……' 갑자기 청와대에 비상벨이 울리는 건 당연한 일……. '모든 루트를 다 동원해서 박 대통령과 닉슨의 면담을 주선하라.' 한국의 정계는 발칵 뒤집어졌고 워싱턴행 비행기엔 우리 쪽의 밀사가 줄을 이어, 당시 외무장관이던 최규하는 물론 나까지도 워싱턴 정가에 고개를 내밀었다. 그러나 닉슨의 정책성도 좀 가미된 보복은 이때부터였다. 백악관 빗장은

커녕 근처에 접근하는 것조차도 허용치 않는 것이었다"며 다음과 같이 말했다.

"그렇게 끌기를 반 년. 그사이 박 대통령은 『위싱턴포스트』와 회견에서 미국에 제주도를 군사기지로 내주겠다는 등 추파를 던졌고 끝내 닉슨은 못 이기는 척 입을 연다. '그럼 좋소. 그러나 워싱턴에선 안 되고 8월, 내 여름 휴가 때 내 고향 근처 샌프란시스코에서 만나도록 합시다.' 이 얼마나 수치스러운 일인가. 휴가 때 별장으로 놀러가는데 그쪽으로 오라니……. 그것도 그의 고향인 샌클레멘티 집엔 그나마 헬리콥터 이착륙장까지 갖춰져 있어 박 대통령의 체면을 살려줄 수 있는 최소한의 예우 시설이라도 있었으나 닉슨은 그것마저도 아깝게 여겨 샌프란시스코의 샌프란시스코호텔에서 보자는 것이었다. 무릎 꿇고 피눈물을 흘리며 머리를 조아리는 굴욕이 차라리 더 나을 듯 싶었으나 이쪽이 잘못한 것도 있으니 어쩌랴. 박 대통령은 자존심의 눈물을 머금고 1969년 8월 21일 미국 방문길에 올랐다."[27]

그건 닉슨의 명백한 보복이었다. 모든 거물 정치인이 다 그렇긴 하겠지만 닉슨의 강한 승부욕과 복수심은 유별난 점이 있었으니, 그가 박정희에게서 받았다고 생각하는 모욕을 어찌 잊었겠는가? 박정희는 훗날 이동원에게 닉슨을 만나던 날의 비참한 심정을 다음과 같이 토로했다.

"난 그날 비통함의 연속이었소. 약속 시간에 맞춰 자동차로 호텔에 가면서도 난 최소한 호텔 로비에선 닉슨이 맞아주리라 기대했었소. 그러나 호텔 로비에서도, 엘리베이터를 타고 올라가 내릴 때도, 방문을 열고 들어갈 때도 닉슨은 나타나지 않았소. 방에 들어선 후 왼쪽의 큰 문이 다시 열리길래 보니 그쪽 방 저 끝 구석에 닉슨이 선 채 날 맞이하는 게 아니겠소. 마치 속국屬國의 제왕을 맞이하듯 했단 말이오. 그뿐만이 아니오. 저녁 식사 땐 시시껄렁한 자기 고향 친구들 불러다 앉혀 놓곤 같이 식사하라는 게 아니겠소. 내 아무리 1966년 닉슨이 방문했을 때 섭섭하게 대했기로서니 너무 한 거 아니오."[28]

1970년대의 한국을 지배한 주한미군 문제

그러나 얼마든지 그럴 수 있는 게 인간 관계요 국제 관계였다. 이동원의 말마따나, 박정희 정권의 "손님 대접은 어제와 내일이 없는 오늘뿐"이었다.[29] '닉슨 독트린'은 박정희와는 무관하게 나온 닉슨의 세계 경영 구상이었지만, 그 독트린을 한국에 어떻게 적용시킬 것인가 하는 점에선 닉슨의 박정희에 대한 악감정이 적잖은 영향을 미쳤다고 볼 수도 있는 것이다. 이동원은 "닉슨의 보복은 집요하다 못해 고개를 흔들 정도였다"며 그 후에도 계속된 '보복'에 대해 다음과 같이 말했다.

"월남전을 끝내면서도 마찬가지였다. 본래 마닐라 정상회담에 의해 미국과 한국은 종전 시에도 함께 협의하게 돼 있었다. 하나 닉슨은 이 약속을 깡그리 무시해 버리고 키신저를 시켜 월남전을 끝냈다.……또한 워낙 닉슨의 심기가 칼날 같았기에 우린 월남 종전終戰을 마음대로 처리하는 미국에 눈치조차 한 번 못 주고 그대로 당해야 했다. 키신저가 베이징과 파리를 오가며 레둑토 월맹 대표와 노벨평화상 문안을 작성할 때도 우린 그저 쓴맛 다시며 멀뚱히 쳐다보고만 있었던 것이다."[30]

닉슨이 이른바 '닉슨 독트린'을 발표한 것은 1969년 7월 25일이었다. 괌에서 발표했다 하여 '괌 독트린'이라도 불렸다. 그 주요 내용은 "아시아 국가들은 미국 의존도를 줄이고 그들의 안보 문제를 독자적으로 해결하기 바라며 미국이 또다시 월남전과 같은 사태에 말려들지 않도록 협조해야 한다”는 것이었다.[31] 이 독트린이 의회를 통해 공식화된 건 1970년이었다.

1970년 1월 20일 닉슨은 미국 의회에 대한 일반 교서에서 지금까지의 봉쇄 정책을 폐기하고, 중국과의 대화를 시작할 것임을 밝힌 데 이어 2월 18일에는 닉슨 독트린의 정책 백서라 할 「1970년대의 미국 대외 정책: 평화를 위한 새 전략」 보고서를 제출함으로써, 이른바 미국의 해외 주둔 병력을 삭감하는 요지의 닉슨 독트린을 공식적으로 제시했던 것이다.[32]

이후 주한미군 문제는 1970년대 내내 박정희 정권의 주요 현안이 되었고, 주한미군 문제와 밀접히 연계된 국가안보는 민주화운동을 탄압하는 '전가의 보도'로 활용되기도 했다. 1940년대 후반보다는 덜했을망정 1970년대는 대미對美 관계가 한국의 운명을 결정짓는 중요한 변수로 작용했거나 간주되었던 것이다.

국가안보 문제를 떠나서도 대미 관계와 대일 관계는 1970년대 내내 박정희 정권을 옭아매는 족쇄로 작용했다. 무엇보다도 정권의 존망을 걸고 추진한 수출 전략의 대미·대일 의존도가 너무 높았기 때문이다. 1971년 전체 수출량의 75%가 미국과 일본 시장에 의존했으며, 두 나라에 대한 수입 의존도는 68%에 이르렀다.[33] 박정희 정권은 늘 수사적修辭的 차원에선 두 나라에 대해 강경한 자세를 취하는 척했지만, 구조적으로 두 나라의 영향력에서 자유로울 수 없었다.

제3장

경부고속도로
개통

'민족사적 금자탑'을 세운 박정희의 '원맨쇼'

1970년 7월 7일 429킬로미터의 길이를 자랑하는 경부고속도로가 개통되었다. 많은 사람에게 경부고속도로는 "가슴이 뛸 정도로 흥분되는 민족사적 금자탑"으로 다가왔다.[34] 박정희가 그날 부산 공설운동장에서 열린 준공식에서 "이 공사는 민족의 피와 땀과 의지의 결정이며 민족적인 대예술 작품"이라고 말한 것에 대해,[35] 이의를 제기할 사람은 많지 않았을 것이다.

추풍령에 세워진 준공기념탑 전면에는 "서울-부산 간 고속도로는 조국 근대화의 길이며 국토 통일의 길이다. 1970년 7월 7일 대통령 박정희"라는 글이 새겨져 있고, 후면에는 건설부 장관 이한림의 다음과 같은 글이 새겨졌다. "이 고속도로는 박 대통령 각하의 역사적 영단과 직접 지휘 아래 우리나라의 재원과 우리나라의 기술과 우리나라 사람들의 힘으로 세계 고속도로 건설사상에 있어 가장 짧은 시간에 이루어진, 조국 근대화의 목표를 향해 가는 우리들의 영광스러운 자랑이다. 1970년 7월 7일 건설부 장관 이한림."[36](역사 산책 1: 고층빌딩은 '조국 근대화'의 상징 참고)

실제로 그랬다. 경부고속도로가 박정희의 작품이라는 증언은 무수히 많다. 박정희의 경제 브레인 오원철은 다음과 같이 말했다. "경부고속도로는 박정희 대통령의 작품이다. 구상부터 계획, 감독, 검사를 혼자서 해냈다. 박 대통령은 우리나라 고속도로의 창시자요 대부이다. 경부고속도로는 역사상 박정희고속도로로 남을 것이다."[37]

경부고속도로 건설에 참여한 현대건설의 정주영은 다음과 같이 말했다. "박 대통령은 침실 머리맡에 공사 진척 상황표를 붙여놓고 매일 전화로 체크해가면서 헬기로, 자동차로, 경호원 없이 혼자, 현장을 돌아보았다.……대통령은 고속도로에 관한 얘기를 하고자 시도 때도 없이 밤중이건 새벽이건 나를 찾았다. 식사도 같이 많이 했고 막걸리도 함께 많이 마셨고 나라 경제 얘기도 많이 나누었다."[38]

한국도로공사에서 발간한 『한국도로공사 15년사』는 다음과 같이 말했다. "고속도로를 하나의 거대한 합창이나 교향악에 비유한다면 우리나라 고속도로, 특히 서울-부산 간 고속도로는 박정희 대통령의 작곡·작사·지휘로 이루어진 불멸의 일대 걸작품이라 할 수 있다."[39]

경부고속도로의 서울-수원 간 개통은 1968년 12월 21일, 수원-오산 간 개통은 1968년 12월 30일, 오산-천안 간 개통은 1969년 9월 29일, 천안-대전 간 개통은 1969년 12월 10일, 대구-부산 간 개통은 1969년 12월 29일에 이루어졌다. 경부고속도로 건설공사의 공식적인 착공일은 1968년 12월 1일로 되어 있지만, 서울-오산 간의 공사는 그보다 훨씬 앞선 1967년 11월 시작되었기 때문에 정확한 착공일이 언제인지는 아무도 모른다. 이와 관련 손정목은 다음과 같이 말했다.

"단 한 푼의 예산 뒷받침이 없는 사전공사였다. 또 이 공사는 초기 설계도 채 끝나기 전에 시작됐다. 즉 설계와 공사가 병행되고 있었던 것이다. 노선 결정은 물론 공정 계획까지도 박 대통령이 직접 지휘했던, '원맨쇼'였다는 표현이 과장이 아닐 정도였다."[40]

후일 박정희도 자신의 '원맨쇼'를 즐겼다. 그는 늘 고속도로만 달리고 오면 기분이 좋았다. 왜 그랬을까? "내 스스로가 그린 그림을 보는 것 같아……. 고속도로는 내 작품 같기도 하고 내 아들딸 같기도 해"라는 게 그의 답이었다.[41]

가장 싸고 빠른 군사작전식 건설

박정희가 경부고속도로 건설을 결심하기까지엔 1964년 서독 대통령 하인리히 뤼프케Heinrich Lübke, 1894~1972의 초청으로 서독을 방문했을 때 본에서 쾰른까지 20킬로미터 구간의 아우토반(고속도로)을 왕복으로 달려본 경험이 큰 영향을 미쳤다. 그는 당시 두 차례나 도로 중간에서 차를 멈추게 하고 이것저것을 살펴볼 만큼 지대한 관심을 표명했다. 총리 루트비히 에르하르트Ludwig Erhard, 1897~1977와 면담할 때에도 고속도로가 화제가 되었고, 서독의 경제 번영에 아우토반이 큰 기여를 했다는 에르하르트의 말에 박정희는 큰 감명을 받았다.[42]

경부고속도로엔 긴 교량 32개소, 중소 교량 328개소, 횡단통로 456개소, 터널 12개소가 있었으며, 연동원 인원은 900만 명에 이르렀

경부고속도로는 세계에서 가장 싼 건설비로 가장 빠르게 공사가 진행되었다. 경부고속도로 개통식에 참석한 박정희, 육영수, 정주영.

다. 경부고속도로 건설은 429킬로미터 공사에 429억 원이 들어갔다. 1킬로미터당 1억 원이 들어간 것으로 일본의 도메이東名고속도로 건설비의 8분의 1 수준에 지나지 않는 것이었다. 이는 "세계에서 가장 싼 건설비로, 가장 빠른 시간 안에 공사를 마친 것"이었다.[43]

그게 어떻게 가능했을까? 건설공사라기보다는 군사작전이었다고 보면 될 것이다. 박정희의 경제 브레인 오원철이 고속도로 건설 동기, 추진 방법, 공사 방식이 모두 군대식이었다고 말한 건 정곡을 찌른 것이다.[44] 청와대 비서실장 김정렴도 "박 대통령이 현장을 돌며 마치 전쟁처럼 지휘한 것이 경부고속도로 건설이다. 박 대통령은 선전을 포고하고 전략을 세웠으며 직접 전투병사들을 지휘했다"고 했다.[45]

경부고속도로엔 신갈, 오산, 구미, 경주 등 6곳에 걸쳐 비상활주로가 건설되었다. 이는 공군참모총장 출신의 장지량이 박정희에게 직접 건의해서 이루어진 것이었다. 그는 "유사시 적지를 폭격하고 귀대하던 중아군의 비행장이 적군의 폭격으로 파괴됐을 때 조종사는 비행기를 버리고 낙하산을 타고 내릴 수밖에 없다"면서 비상활주로의 필요성을 역설했다. 엄청나게 많은 땅이 필요한 게 아니냐는 질문에 장지량은 이렇게 답했다. "많이 필요한 것은 아닙니다. 비상활주로는 기존 4차선 도로에 양방향 2차선만 더 확보하면 됩니다. 길이는 전투기 이착륙과 무기고, 임시 격납고를 둘 수 있는 약 9,000피트(약 3km)면 됩니다."[46]

고속도로 건설은 이미 태국에 진출해 세계은행 차관으로 고속도로를 건설한 경험이 있는 현대건설이 전 구간의 5분의 2를 시공했고, 나머지는 15개 국내 건설업체와 육군 건설공병단 3개 대대가 맡았다. 현대건설 사주 정주영은 박정희 못지않은 군대식 건설의 대가였고, 육군 건설공병단 투입은 말할 것도 없고 감독도 군이 맡아서 했다는 점에서, 경부고속도로 건설은 가난한 나라에서 군대식 방법이 보여줄 수 있는 최상의 성과였다고 볼 수도 있었다.

77명의 생명이 바쳐진 경부고속도로

경부고속도로는 원래 1971년 6월 30일 개통 예정이었다. 김정렴의 회고에 따르면, "박 대통령은 당초 1971년 6월 30일로 예정한 경부고속도로 전선全線 개통 공기를 1년 앞당겨 1970년 6월 30일까지 준공할 것을 지시했다. 이에 따라 공구별 조기 완공을 서두르게 되었다".[47] 왜 그랬을까? 아마도 1971년 대선을 염두에 두었을 것이다. 또 "박 대통령이 고속도로 건설을 서두른 데는 경제개발의 본격화에 따른 철도 수송의 과포화와 울산 정유공장 건설 이후 공급 과잉 상태에 놓인 아스팔트 처리라는 경제적 요인도 한몫을 했다"는 시각도 있다.[48]

그렇게 서둘러 건설했으니 부작용이 없을 리 없었다. 무엇보다도 안전은 운에 맡겼다. 고속도로 건설 중 사망자가 77명이나 나온 것도, 바로 그런 이유 때문이었을 것이다.[49] 당연히 부실 공사도 피하기 어려웠을 것이다. 그러나 당시 상황에선 그런 정도의 '부실'은 '필요악'이 아니었겠느냐는 시각도 있다. 중앙일보 특별취재팀은 『실록 박정희』(1998)에 다음과 같이 썼다.

"'선 개통 후 보완'이란 원칙 아래 서둘러 완공한 경부고속도로는 후에 땜질 공사로 몸살을 앓았다. 1990년 말까지 경부고속도로 보수비는 약 1,527억 원으로 건설비의 4배에 가까운 비용이 들었다. '누더기 고속도로'란 별명도 이 때문에 생겼다. 하지만 당시 가난한 나라 살림에 허술하나마 고속도로를 만든 덕분으로 경제발전의 기틀이 마련되었다는 반론은 설득력을 가진다. 선진국 수준으로 건설하려 했다면 비용도 비용이려니와 12년의 세월은 소요되었을 것이라는 지적이다."[50]

경부고속도로의 하루 평균 이용 대수는 1970년 1만 대 수준이었으나 1990년대 중반엔 50만 대를 넘어서 개통 24년 만인 1994년 7월 7일 10억 대를 돌파한다. 경부고속도로는 전국 13개 고속도로 전체 이용 차량의 3분의 1을 차지했으며, 20년간 통행료 수입은 2조 118억 원에 이르렀다.[51]

'자동차 시대'와 '고속도로의 문학'

"서울-수원 고속도로가 처음으로 개통된 1968년 12월 12일, 양재동 톨게이트에서 테이프를 끊고 시주試走한 박 대통령의 뒤를 따라간 내빈들의 차는 거의가 지프였다. 그 지프의 대다수가 대통령의 차를 따라가지 못했으며, 따라갔던 차들은 대부분 정비공장 신세를 져야 했다. 이 일을 계기로 당시 국내를 휩쓸던 지프는 얼마 안 돼 승용차로 대체된다. 이른바 자동차 시대가 열린 것이다."[52]

경부고속도로 개통과 비슷한 시기에 자동차 공장들이 세워지기 시작하면서 한국 사회는 새로운 자동차 문화 시대로 진입하게 되었다. 당시엔 국산 승용차가 매우 부실해 돈깨나 있거나 권력을 가진 사람들은 대부분 미군 부대에서 흘러나온 미제 승용차들을 타고 다녔다. 이런 차들은 불법 위장 번호판을 붙이고 다녔는데, 1971년엔 내무부가 일제 단속해 7~8월 두 달 사이에 700여 개의 번호판을 회수한 적도 있었다.[53]

지금은 '일일생활권'이라는 말이 너무도 당연한 말이 되었지만, 당시엔 그건 매우 생소한 개념이었다. 서울에서 대전까지 버스를 타고 가는 데에 8시간이 걸리던 시절이었으니, 서울에서 아침 먹고 부산에서 점심 먹는다는 게 말도 안 되는 일로 여겨졌던 것이다.[54]

경부고속도로가 개통되었을 때 텔레비전은 고속도로가 기존 도로와 얼마나 다른지를 보여주기 위해 승용차 보닛bonnet 위에 물을 넣은 유리잔을 놓고 달리는 모습을 보여주었다. 아나운서는 "자, 보십시오. 물이 흔들리지 않습니다"고 말하면서 자신이 무슨 마술이라도 보여주는 듯 뻐기는 것 같았다.

이는 이동 중 책을 읽는 데 고속버스가 결코 기차에 뒤지지 않는다는 걸 말해주는 것이기도 했다. 그래서 고속도로는 대중문화에도 적지 않은 영향을 미쳤다. 강현두는 『한국의 대중문화』(1987)에서 "전국을 1일 생활권으로 잇는 고속도로망이 이루어지고 사람들의 생활 영역이 갑자기 확대되었다. 장거리 여행하는 사람들이 엄청나게 늘어났다. 시외버스 정류장마다 철도역마다 뉴스 스탠드에는 대중적 주간지, 저급지들이 쌓여 있다. 여행자들이 대중지를 찾기 때문이다"며 다음과 같이 말했다.

"현대 한국 사회의 대중적 주간지들 역시 영국 사회의 철도문학이 그러했던 것처럼 여행객들이 고속버스 안에서의 무료함을 잊기 위해 또 오락을 위해서 찾는 '읽을거리'이고 '도피물'이다. 그래서 고속버스나 기차로 먼 여행을 떠나는 한국의 여행객들은 한 권의 대중지를 들고 차 내에 들어간다. 말하자면 우리의 대중적 주간지들은 영국의 철도문학처럼 '고속도로의 문학'인 것이다."[55]

고속버스 여차장도 새로운 인기 직종으로 등장했다. 시내버스 여차장제는 1961년 6월 17일 처음으로 도입된 이래 여차장은 사회적 박대를 받는 직업이었지만, 고속버스 여차장은 지금의 비행기 스튜어디스만큼 각광을 받는 직업으로 떠올랐던 것이다. 그때까지 가장 빠른 육로 교통수단이었던 기차는 뒤로 밀려나고 말았다. 철도는 한동안 도시와 근대화의 이미지로 각광을 받았지만, 이젠 그 자리를 고속도로에 내주게 된 것이었다. 이와 같은 변화는 가요에도 반영되었는데, 가요평론가 이영미는 다음과 같이 말했다.

"1970년대에 이르면, 이제 기차는 도시와 근대화의 느낌이 아닌, 시골과 자연을 연상시키는 사물이 된다. 완전히 도시인의 시점에서 기차를 보기 때문이다. 험한 서울 생활에 찌든 가난한 이농민은 향수에 젖어 나훈아의 〈고향역〉을 부르며, 대학생들은 서울의 문명에는 없는 순수함을 찾아 삼등 완행열차를 타고 동해 바다로 달린다(송창식 〈고래사냥〉)."[56]

고속도로가 농촌에 미친 영향

고속도로는 농촌에도 큰 영향을 미쳤다. 1960년 농촌 인구는 전체의 65% 이상을 점했지만, 1970년에는 45% 수준에 머물러 역사상 처음으로 도시 인구가 농촌 인구를 앞지르는 인구 역전 현상이 빚어졌다.[57] 이제 고속도로까지 개통됨으로써 서울은 무서운 속도로 농촌 인구를 빨아들이는 블랙홀 괴물이 되기 시작했다.

고속도로 개통으로 인해 달라진 게 어디 그것뿐이랴. 고속도로 개통 이전만 해도 농촌 인심은 매우 순박했다. 사실 바로 그 덕분에 고속도로 용지도 쉽게 확보할 수 있었다. 손정목에 따르면, "당시만 하더라도 민심은 한없이 순박했었다. 고속도로 용지 대금을 낮추는 것이 곧 애국하는 길로 생각됐고, 백성들도 그렇게 믿고 따랐다. 582만 7,000평 용지 대금으로 지급된 총액이 18억 7,667만 3,000원이었으니, 평당 평균 236원으로 매수한 것이다. 아무리 30년 전의 일이라 해도 믿을 수 없이 싼값이다. 담배 한 갑에 40원(파고다), 쌀 한 가마에 4,350원 하던 때였다."[58]

그러나 고속도로 개통 이후 달라지기 시작했다. 1967년 12월 경부고속도로 건설 계획이 발표되고, 뒤이어 1970년 1월 서울의 강남개발 계획 발표 이후 부동산 투기가 극성을 부려 수도권 토지는 '돈 놓고 돈

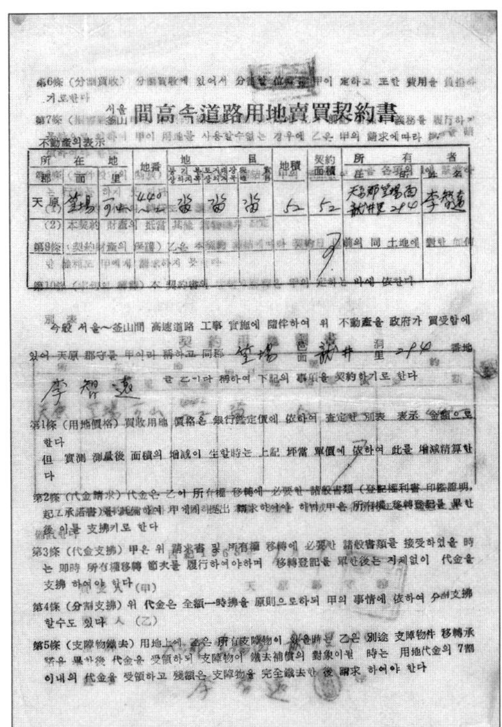

박정희 정권은 고속도로 용지 대금을 낮추는 것이 곧 애국하는 길이라고 선전하고, 헐값에 토지를 매매했다. 1968년 천원군天原郡과 토지 소유자 이지원李智遠 간의 고속도로 부지 매매 계약서. (대한민국역사박물관 소장)

먹기 판'이 되어버렸다.[59] 이는 정치권엔 선거자금을 마련할 수 있는 창구이기도 했다.

전상봉은 『강남을 읽다: 강남 형성과 강남 현상을 찾아서』(2018)에서 "청와대와 서울시의 조직적인 투기는 1971년 4월 대선과 5월 총선에 필요한 정치자금을 마련하기 위한 것이었다. 1970년 1월 서울시장 김현옥은 서울시 도시계획과장 윤진우를 대동하고 헬기로 영동지구를 순찰하면서 투기하기 좋은 땅을 물색했다"며 다음과 같이 말했다.

"당시 윤진우가 투기 유망 지역으로 지목한 곳은 강남구 삼성동 일

대였다. 윤진우는 청와대 경호실장 박종규가 제공한 자금 12억 8,000만
원으로 1970년 2월부터 8월까지 24만 8,368평의 땅을 사들였다. 이렇
게 사들인 땅은 해가 바뀐 1971년 1월에서 5월까지 일부(6만 5,000평)
만을 남기고 되팔아 18억 원의 시세 차익을 남겼다. 『서울 도시계획 이
야기』의 저자 손정목은 당시 18억 원은 1997년을 기준으로 5,000억 원
이 넘는 거금이라고 추산한 바 있다."[60]

바로 이런 투기 열풍이 농촌까지 파고들어간 것이다. 고속도로 건설
은 땅값에 영향을 미쳐 영농의 영세화를 초래하고 농민들의 주거지 상
실로 인한 이촌 현상을 유발시켰다. 게다가 고속도로 건설회사가 주변의
젊은 청년들을 고용함으로써 영농 의욕의 감퇴와 노동력 부족 현상을
야기시켰다.[61] 급속하게 진행된 고속도로 주변의 지붕 개량 사업은 농민
들에게 부담을 주고 정부에 대한 반발 의식까지 자아내게 만들었다.[62] 홍
승직은 「고속도로와 사회변동」(1993)이라는 글에서 고속도로가 농촌에
미친 영향을 크게 세 가지로 나누어 지적했다.

"첫째, 토지 분쟁을 들 수 있다. 토지 분쟁의 주요 내용은 종중 토지
의 불법 매매, 토지의 2중 매매, 매매 문서의 위조, 소유권 등기상의 부실
로 인한 분쟁, 국유지 사용권을 중심으로 한 분쟁 등이다. 이러한 분쟁은
가족, 친족간의 갈등은 물론 일확천금을 노리는 투기적 요소를 조장하여
농민들에게 충동과 동요의 원인이 되었다. 이외에도 행정당국의 토지 매
입 보상금액의 지연 지급이나 소규모 토지 소유자의 보상 청구 시의 비
용 등으로 농민들이 많은 불편을 느꼈다.

둘째, 문제는 영농 의식의 상실이다. 이것은 건설 노동임금의 상승
으로 인한 농업임금의 상승, 농업보다는 부업에 종사하는 것이 이해타산

에 유리하다는 의식이 증가, 젊고 유능한 젊은이들이 도시 및 타지역으로의 전출, 지가 상승으로 농지 매각 및 이직의 증가, 접촉 빈도의 증가에 따라 도시 지역에 비해 농민들의 열등의식 증가 때문이었다.

셋째, 농민들의 생활 태도와 심리에 관한 문제이다. 고속도로의 건설로 인해 부락이 인위적으로 분리되어 공동체 의식에 금이 가고, 고속도로 건설업자나 노무자들이 유입하여 이질적인 생활 태도(영리주의, 임금주의, 이기주의)와 문화 요소를 도입함으로써 농민들과 갈등하기도 하였다. 그러나 전반적으로 고속도로 주변의 농민들은 소비 지향적인 태도를 가지게 되었고, 영리주의, 이기주의, 개인주의 등의 이해타산적 사고방식이 크게 강화되었다."[63]

고층빌딩은
'조국 근대화'의 상징

　　박정희가 추진하는 '조국 근대화'의 상징 중 하나는 고층빌딩이었다. 고속도로가 길이로 이룬 조국 근대화의 상징이라면, 고층건물은 높이로 승부를 보는 조국 근대화의 상징이었다. 사실 박정희는 높은 걸 유난히 좋아했다. 그래서 관료들도 그 점을 놓치지 않았다. 그래서였는지는 몰라도 시민아파트마저도 자꾸 산으로 올라갔다. 서울시장 김현옥은 1969년 400동에 달하는 시민아파트를 주로 높은 산 위에 지었다.[64]

　　1960년대 전반 서울에서 가장 높은 건물은 소공동에 있던 지상 8층의 반도호텔이었으며, 서울 시내에 엘리베이터가 있는 건물은 10여 개에 지나지 않았다.[65] 1966년 서울에 6~9층 건물은 총 111개, 10층을 갓 넘은 건물이 18개였다. 그런데 1970년에는 6~9층 건물이 487개, 10층 이상 건물이 122개로 늘어났다.[66] 고층빌딩은 근대화의 상징이자 실체였다. 그래서 3선 개헌 반대 범국민투쟁위원회가 1969년 7월 17일에 발표한 '역사 앞에 선언한다'라는 성명도 '고층건물'을 '정권 연장을 위한 전시 효과' 중의 하나로 간주했을 것이다.

1970년 10월 31일 서울 청계천변에 삼일빌딩이 준공되었을 때 전 국민이 자랑스럽게 생각했다. 31층이라고 해서 삼일빌딩이라는 이름을 얻게 된 이 건물은 뉴욕의 시그램빌딩을 그대로 모방한 것으로 곧 서울의 명소가 되었다. 서울 구경 온 시골 사람들의 필수 코스가 되었다. 이 건물은 서울의 서울다움을 말해주는 것이었다. 촌놈 기죽이는 서울의 상징이 되었다. 그래서 이런 유머가 생겨났다. 지금은 아무도 웃길 수 없겠지만, 그땐 제법 말 되는 유머였다.

"어느 시골 사람이 모처럼 서울에 와서 엄청나게 높은 삼일빌딩을 보고 정신없이 고개를 젖힌 채 쳐다보고 있었다. 지나가던 서울 사람이 놀려줄 맘으로 '아니 이 뻔뻔스런 사람 보게. 서울에서는 층마다 돈 내고 구경하는 것도 모른단 말이요. 당신 몇 층까지 봤어? 솔직히 대' 그러자 깜짝 놀란 촌사람이 '아직 5층까지 밖에 안 봤는디' 하더란다. 5층까지 본 요금을 내고 돌아선 그 촌사람은 음흉한 미소를 지으며 '끝층까지 다 봤는디. 히히. 서울 사람도 별수 없구만' 하며 신나 하더란다."[67]

물론 서울 사람들도 크게 다를 건 없었다. 삼일빌딩과 관련, 우동선은 "필자가 어릴 적에 동무들과 '서울에서 가장 높은 건물은 어디'며 '세계에서 가장 높은 건물은 어디냐'고 서로 묻던 기억이 새롭다"며 "건물의 질과는 상관없이 그 크기만으로 세계 제일, 한국 제일을 가늠하던 일이 어린아이들에게도 횡행하던 것이 당시 이 땅의 정서를 반영하는 것은 아닌가"라고 했다.

"아마도 일제 시기의 어린이들은 화신백화점을 들먹거렸을 것이다.

이러한 건축적 경험은 어린 나이에 발음을 구별하기도 어려웠던 '에스컬레이터'와 '엘리베이터'를 타보았느냐는 질문으로 이어진다. 지금 생각해보면 한심하기 짝이 없는 질문과 정서이지만, 이것들이 바로 우리의 근대적 체험의 근간을 이룬다."[68]

컬레이터'와 '엘리베이터'를 타보았느냐는 질문으로 이어진다. 지금 생

각해보면 한심하기 짝이 없는 질문과 정서이지만, 이것들이 바로 우리의

근대적 체험의 근간을 이룬다."[68]

경부고속도로와
지역 갈등

지역균형발전을 외면한 경부고속도로

경부고속도로 건설은 1967년 4월 29일 박정희의 대선 공약으로 공표되었다. 경부고속도로 계획이 발표된 직후 월간 『세대』 1968년 1월 호에서 각계 인사 100명에게 찬반 여부를 조사한 결과, 68%가 무조건 찬성, 27%가 조건부 찬성이었고, 반대는 5%에 지나지 않는 것으로 나타났다.[69] 그러나 이런 조사 결과만으론 파악하기 어려운 반대의 목소리도 높았는데, 그건 지역균형발전과 관련된 문제 때문이었다. 세계은행의 자매 기구인 국제개발협회가 "경부고속도로와 같은 남북종단보다는 횡단도로가 더 시급하다"며 차관 지원에 난색을 표한 것도,[70] 바로 그런 문제와 관련된 것이었다.

특히 호남 차별의 문제가 심각했다. 이상우는 『박정권 18년: 그 권력의 내막』(1986)에서 "제6대 대통령 선거가 실시되던 1967년 무렵에는 '호남 푸대접'론이 한창 비등하던 시기였다. 호남권익보장투쟁위원회 혹은 호남지방근대화추진위원회 같은 기구가 호남 전역의 유력 인사들에 의해 조직되었는가 하면 호남 출신 국회의원들이 정부를 상대로 편중적인 정책 시정을 건의하기도 했고, 호남 푸대접의 실상을 박 대통령에게 직접 서한으로 호소한 사람도 있었다"며 다음과 같이 말했다.

"정부도 공개적으로는 호남 푸대접 시정과 지역 간의 균형 있는 발전을 기회 있을 때마다 다짐했다. 그러나 이러한 다짐에는 제대로 실행이 따르지 못했다. 제2차 5개년계획이 마무리되어가던 60년대 말에 이르도록 호남 지방에는 이렇다 할 공장 하나, 그리고 반듯한 도로 하나 건설되지 않았다. 6대 대통령 선거 때 호남인들을 무마하기 위해 박정희 후보는 호남 푸대접의 상징처럼 되었던 호남선의 복선화를 공약했으나 착공만 됐을 뿐, 실제 공사는 조금도 진척되지 않았다."[71]

사정이 그와 같았으니, 적어도 호남인들은 기존의 호남 차별을 심화시킬 게 뻔한 경부고속도로 건설에 찬성하기 어려웠던 것이다. 그래서 경부고속도로 건설 계획이 발표된 1967년 정치권에선 지역균형발전과 관련해 뜨거운 논쟁이 벌어졌다.

이에 대해 울산대학교 교수 한상진은 「고속도로와 지역불균등발전」(2000)이란 글에서 "고속도로 건설이 지역불균등발전을 가져온다는 반대 진영의 논객으로는 당시 건설위원회 소속 국회의원이었던 김대중이 단연 돋보였다. 그는 고속도로 건설 자체에 대해서는 사회간접자본을 확충하는 것이기 때문에 자랑과 긍지를 느낄 일이라고 보았다. 그럼에도 그는 1967년의 제62회 국회 건설위원회에서 경부고속도로 건설에 대해 '머리보다 다리가 크고 양팔과 오른쪽 다리가 말라버린 기형아 같은 건설'이라고 규정했다"며 다음과 같이 말했다.

"그 의미는 두말할 나위 없이 영남 지역으로의 교통망 집중이 강원·호남과의 불균형을 심화시킨다는 것이었다. 당시 목포가 지역구였던 김대중은 그렇다고 해서 호남의 푸대접만 강조한 것은 아니었다. 그는 1968년의 제63회 국회 건설위원회에서 IBRD의 보고서에 근거하여, 서울-부산 간에는 철도망과 국도·지방도가 잘 갖추어져 있으므로 오히려 서울-강릉 간 고속도로를 가장 먼저 건설해야 한다고 주장했다. 강원도에는 지하자원과 관광지가 많음에도 불구하고 아예 철도조차 없다는 이유였다. 물론 호남 차별 정책도 거론하여, 경부선 복선철도에 비해 호남선 철도는 단선인데다가 그나마 낡아빠졌는데도 경부고속도로를 우선 추진하는 것에 강력히 반발했다."[72]

투표 성향으로 나타난 소외감

그러나 그런 반발에도 경부고속도로 공사는 1968년 11월에 착공되었으며(기공식 12월 1일), 바로 그때에 울산에서는 현대자동차 공장이 정식으로 가동되었다. 경부고속도로가 준공된 1970년 7월에 이르러 개발독재의 화려한 성과는 드러난 셈이었지만, 그건 그 이후 한국 사회를 지역 갈등의 수렁에 빠뜨리게 만드는 서막이기도 했다. 한상진은 "적어도 1963년 5대 대통령 선거 때까지 우리나라에는 지역주의 투표 행태가 없었다. 5대 대통령 선거에서는 윤보선이 서울, 경기, 강원, 충청 지역에서 많이 득표한 데 반해, 박정희는 영남 외에 호남과 제주에서 더 많은 지지를 받았다"며 다음과 같이 말했다.

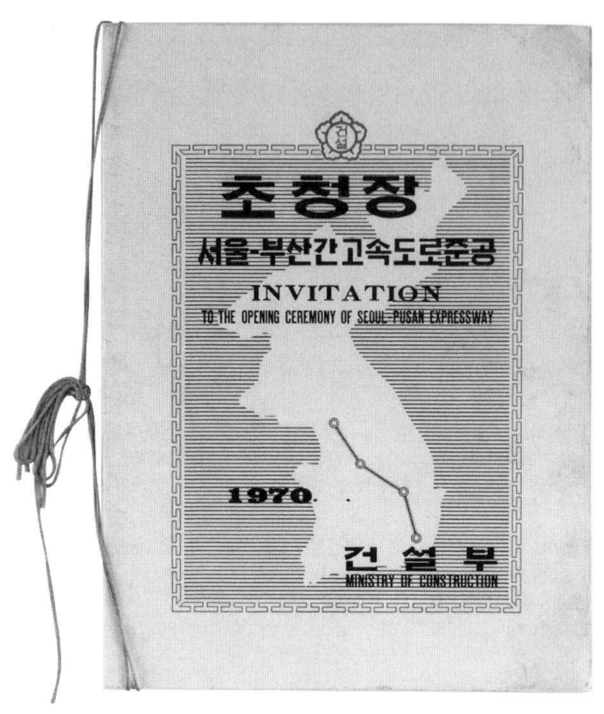

김대중은 서울-부산 간에는 철도
망과 국도·지방도가 잘 갖추어져
있으므로 지하자원과 관광지가
많은 강릉과 서울 간 고속도로를
가장 먼저 건설해야 한다고 주장
했다. 1970년 7월 7일 대구 공
설운동장에서 열린 경부고속도
로 준공식 초청장. (부산근현대역사
관 소장)

"그러나 1차 경제개발계획을 통해 울산공업센터가 조성되고 1967년
부터 시행된 2차 경제개발계획에서는 포항의 제철소 입지가 결정되면
서 1967년의 6대 대통령 선거 때는 호남 주민들의 소외감이 투표 성향
으로 감지되기 시작했다. 영남과 충북·강원에서는 박정희가 압승한 반
면, 서울·경기·충남과 함께 호남에서는 4년 전과 달리 윤보선이 이겼던
것이다. 하지만 이때까지는 다른 지방에 비해 영남에 개발이 집중된다는
가시적인 증거가 없었다. 그런 와중에 건설에 들어간 경부고속도로는 차
츰 싹트고 있던 지역불균등발전에 대한 심증을 물증으로 바꾸어놓을 만
한 것이었다."[73]

그렇다면 경부고속도로 건설을 강행한 박정희 정권의 생각은 어떤 것이었던가? 박정희 정권은 경부고속도로 건설 계획을 발표하면서 다음 네 가지를 내세웠다. "첫째, 경부고속도로 건설은 우리나라 전체 인구의 63%가 살고 있는 서울·경기·충청·경상도 지방에 교통편의를 제공하고, 국민총생산의 66%, 공업생산액의 81%에 해당하는 생산액을 가진 서울-부산을 연결해서 경제적 이익을 도모한다. 둘째, 서울-부산 지역의 도로에 우리나라 전체 자동차의 81%가 지나고 있다. 셋째, 서울-부산 철도의 수송 능력은 이미 한계점에 달해, 고속도로 건설로 수송 부담을 줄여야 한다. 넷째, 우리나라 해상수송량의 55%를 담당하는 부산-인천의 2개 항을 고속도로로 연결, 수입과 수출의 효율화를 제고한다."[74]

공약이 된 호남선 복선화

그러나 이건 이미 호남을 차별해놓고 그 차별의 결과로 나타난 일을 근거로 삼아 또 한 번 차별하는 꼴이었다. 이상우는 1960년대에 이루어진 박정희 정권의 호남 차별에 대해 "박 정권 10년간에 정부는 대일청구권 자금을 포함하여 도합 26억 달러의 외국 차관을 들여와, 이 자금으로 영남 지방에다 울산공업단지를 비롯한 대소 산업지대를 형성했으나 호남 지역에는 하나의 공업단지도 건설하지 않았다"며 다음과 같이 말했다.

"이 동안에 호남지대에 세워진 공장은 여수의 호남정유와 호남화력발전소, 그리고 광주의 아세아자동차공장 등 3개뿐이었다. 이 3개 공장마저도 소유주는 영남 사람이었다. 언필칭 농업지대라고 하여 산업공장보다는 농업 투자를 우선해야 한다고 설명했으면서도 전북 지역에는 비료공장 하나, 농기구공장 하나 제대로 건설하지 않았다."[75]

그렇다면 철도는 어떠했던가? 박정희는 1967년 제6대 대통령 선거 때 호남 푸대접을 들고 나온 호남인들의 불만을 무마하기 위해 호남선 복선화를 공약했다. 그러나 이것은 착공만 했을 뿐 실제 공사는 조금도 진척이 없었다. 1978년 3월 30일 겨우 대전-이리(익산) 간 복선이 개통되었을 뿐이고, 이 문제는 1990년대까지도 국회에서 지속적으로 논란이 되었다.

1993년 10월 5일 경제기획원에 대한 국정감사에서 민주당 의원 조세형은 "경부고속철도사업을 중단하고 재래철도 및 고속도로 등의 사업에 투자해야 한다"고 주장한 적이 있다. 이에 대해 부총리 이경식이 "경부고속철도사업에 이어 호남고속철도사업도 추진할 계획"이라며 민주당의 공세를 피하려 하자 조세형은 호남선의 복선화에 30년이 걸렸다며 "굼벵이도 30년이면 서울에서 광주까지 갈 수 있다"고 반격을 가했다. 그러나 그때까지도 호남선의 복선화는 완료되지 않은 상태였다.[76]

공단의 집중적 배치는 말할 것도 없고 경부고속도로까지 가세해, 1970년대 내내 "전라남·북도와 강원도는 만성적인 인구 감소 지역이 되었고, 경상남·북도의 신흥공업도시는 높은 인구성장률을 보여 한국 공업의 지역적 불균형성을 반영하게 되었다".[77] 문제는 어느 지역이 더 잘 살고 못 살고 하는 차원을 떠나 먹고살 길이 없어진 호남인들이 대거 고향을 떠나게 되면서 호남인들이 타지역 사람들에게 '이지메'를 당하게 되었고, 이는 결국 한국 정치마저 극심한 지역주의 구도로 바꾸게 만드는 결과를 초래하게 되었다는 사실이다.

호남인의 호남 탈출

호남인의 호남 탈출은 어느 정도였던가? 경북대학교 지리학과 교수 박찬석은 『동아일보』 1991년 5월 30일자에 기고한 글에서 다음과 같이 말했다. "산업화 이전인 1939년의 인구 구성을 보면 영남인이 1,500만 명으로 남한 전체 인구의 35.5%, 그리고 호남인이 1,209만 명으로 30.0%였다. 산업화 과정에서 이주가 있었지만 인구의 자연 증가에서는 영호남 간의 차이가 없었을 것이다. 따라서 현재에도 1939년과 같은 비율의 영호남 출신 사람들이 전국에 흩어져 살고 있다고 보아야 한다. 그렇다면 정부의 고위 관료에 호남 출신 인사가 인구 비율대로 30.0%를 차지해야 한다는 것은 당연한 귀결이다."

일제시대까지 갈 것도 없이 1960년 이후부터 따져보더라도 호남의 인구 감소는 매우 놀라운 수준을 보여주고 있었다. 이상우는 "5·16 전해인 60년 말, 영남의 인구는 819만 4,000명이었는데 10·26 다음 해인 80년에는 1,142만 9,000명이 되었다. 그동안에 323만 5,000명의 인구가 늘어난 것이었다. 이에 비해 호남의 인구는 60년 말 594만 8,000명에서 80년 606만 5,000명이 되었다. 20년 동안에 11만 7,000명밖에 늘지 않은 숫자였다. 60년 말 한국의 총인구는 2,498만 명이었다. 그것이 80년에는 3,742만 명이 되어 그동안 약 50%의 인구 증가를 보였다"며 다음과 같이 말했다.

"이 증가율을 호남에 적용한다면 80년의 호남 인구는 약 900만 명이 되어야 한다는 계산이 나온다. 그런데도 박정희 통치 20년 동안 호남 인구가 거의 제자리걸음을 하고 있었다는 것은 무엇을 뜻하는 것인

가. 자연 증가분에 해당하는 약 300만 명은 어디로 갔는가? 그동안에 서울 인구는 244만 5,000만 명에서 835만 명으로 늘어났다. 50%의 자연 증가분을 감안하면, 약 470만 명이 외지에서 서울로 이주했다는 계산이 나온다. 이 가운데 반 이상이 호남 사람이 아니었을까."[78]

'시장 논리'로 정착된 호남 차별

먹고살 길이 없어 고향을 떠나 서울로 이주한 사람들은 서울의 이른바 '달동네'로 몰려들었다. 1979년에 발표된 서울시의 '저소득 시민의 생활 실태에 관한 기초조사'에 따르면, 서울시 영세민의 출신 지역별 분포는 호남권 28.3%, 호서권 17.3%, 서울 14.2%, 영남권 11.6%, 경기 11.1%, 이북 10.6%, 강원 4.7%, 제주 0.3% 등이었다. 이농과 서울 이주에서 호남인과 영남인 사이엔 큰 차이가 있었다. "영남의 경우 농촌 퇴출 인구의 대부분은 영남 지역의 산업 부문과 도시에서 흡수했으며, 서울로 이주한 영남 출신의 상당 부분은 대학 진학, 관료 진출, 사업가의 형태를 띤 엘리트나 중산층으로의 이주였"던 것이다.[79]

이러한 이농과 이주로 인해 형성된 반反호남주의에 대해 박상훈은 『박정희를 넘어서: 박정희와 그 시대에 대한 비판적 연구』(1998)에서 "당시 저소득층이 밀집해 있는 서울의 빈민가는 비교적 가까운 거리에 있는 공장에 다니는 불안정한 저임금 노동자, 일용직 노동자, 전통적 상업과 서비스 부문 종사자, 그 밖의 다수의 실업 상태에 있는 빈민 등 공식 부문과 비공식 부문을 유동하는 인구가 뒤섞여 경쟁하는 공간이었다. 그리고 이들 대부분은 타지역으로부터 이주한 지 오래 되지 않은 사람들로서 각자의 사회적 관계와 정체성이 사투리를 상징으로 하는 출신 지역으로 분리되는 경향을 강하게 띠었다"며 다음과 같이 말했다.

"이때 도시의 저소득층 이주자들 사이에 호남권 출신이 다수를 점한다는 사실과, 고용주와 피고용인, 수혜자와 피수혜자의 관계를 맺는 데 있어 호남 출신이 피고용자의 위치에 설 가능성이 높았다는 사실은 매우 중요한 효과를 발휘했다. 한편으로 그러한 사실은 정착과 고용을 위해 경쟁하고 계층의 상승 이동을 열망하는 비호남 출신들의 반호남 의식을 자극하는 객관적 기초였기 때문이다. 그리고 다른 한편으로 그것은 피고용자와의 갈등에서 고용주가 그 원인을 호남의 지역성으로 치환시키는 것을 용이하게 했기 때문이다. 산업화의 초기 단계이자 급격한 도시화의 물결 속에 있었던 당시로서는 두 번째 측면보다 첫 번째 측면이 반호남주의를 자극하는 보다 중요한 계기였다고 할 수 있다. 도시의 과잉인구를 구성하고 있는 이들 하층계급들 사이에 정착과 고용을 둘러싼 생존경쟁이 훨씬 강렬할 수밖에 없었기 때문이다."[80]

박정희는 왜 그렇게 호남을 차별했던 것일까? 어떤 이들은 자신의 정치적 경쟁자인 김대중 때문에 차별했다고도 하지만, 박정희의 호남 차별은 이미 1960년대부터 시작되었기 때문에 그건 설득력이 약하다. 박정희 자신의 편견과 이것저것 따지지 않고 가장 빠른 길로만 치닫기 마련인 군사작전식 경제개발이 주된 이유였던 것으로 보인다. 박정희의 호남에 대한 편견에 대해선 "박정희 대통령이 호남에 대한 편견을 갖고 있으므로 그 밑에서 일하는 공무원들도 그렇게 하는 것이 대통령에 대한 충성으로 알고 호남 편견을 가졌을 것이다"고 보는 시각도 있다.[81]

편견 때문이었건 그 무엇 때문이었건, 일단 그렇게 해서 저질러진 호남 차별은 시간이 흐를수록 구조로 정착되어 자연스러운 '시장 논리'로 호남 차별의 악순환을 가동케 하는 가공할 결과를 낳게 되었다. 한 번 경로가 결정되고 나면 그 관성과 경로의 기득권 파워 때문에 경로를 바꾸기 어렵거나 불가능해지는 이른바 경로의존經路依存, path dependency 현상이 발생한 것이다.[82] 그래서 후일 부산 동아대학교 어느 교수는 "경상도와 전라도에 투자한 액수가 10대 1이라는 것이다. 나는 이 글을 읽고 원적을 전라도로 옮길 생각을 했다. 왜냐하면 전라도 사람들이 불쌍했기 때문이다"고 말하기까지 했다.[83]

제5장

북한에 '경제 경쟁'을 제안한 8·15 선언

'함정 피랍 사건'과 '현충문 폭발 사건'

1970년 6월 들어 국가안보상 우려할 만한 일들이 일어나기 시작했다. 첫 번째로 1970년 6월 5일에 일어난 '해군 함정 피랍 사건'을 들 수 있다. 북한이 연평도 부근 공해상에서 남한 함정(120톤급 포함)을 기습 공격해 납치했고 승무원 20명이 사상死傷했다. 남한 함정의 속도는 12노트인 반면 북한 함정의 속도는 25노트였는데, 당시 해군력은 북한이 훨씬 우월했고 북한의 조선공업은 남한보다 앞서 있어 선박용 엔진을 포함한 각종 함정을 생산하는 건 물론 잠수함까지 자체 건조하는 수준이었다.[84]

1970년에 발생한 남파 간첩선 사건만도 9건에 이르렀는데, 남한은 해군력의 열세로 당하고만 있었다. "당시 북한 간첩선은 우리나라 영해를 자기 앞마당 드나들 듯, 수시로 침투시키고 있었는데, 우리 해군은 속

수무책"이었던 것이다.[85]

두 번째로 주한미군의 병력 삭감 문제가 본격적으로 대두되었다. 1970년 6월 12일자 『뉴욕타임스』는 미군 2만 명을 철수할 것이라는 보도를 함으로써 한국인들에게 큰 반항을 불러일으켰다.[86] 언론이 연일 반대의 뜻을 대서특필할 정도로 주한미군 삭감은 국민들에게 큰 불안감을 안겨주었다.[87]

세 번째로 1970년 6월 22일에 일어난 '국군묘지 현충문 폭발 사건'이다. 이는 북한 무장특공대 3명이 6·25 기념식 때 정례적으로 참석하는 박정희를 암살할 목적으로 서울 동작동 국립묘지 안에 잠입해 현충문 지붕 위에 올라가 폭탄을 장치하려다 실수로 폭발한 사건이었다.[88] 이 사건은 1968년 1월 21일 북한 무장공비들의 청와대 습격 이후 또다시 벌어진 박정희 암살 기도 사건으로 국가안보에 대한 위기의식을 고조시켰다.

'자력 방위'를 위한 방위산업 육성

7월 들어 상황은 더욱 나빠졌다. 7월 6일 미국은 주한미군 2개 사단 중 1개 사단의 철수 방침을 한국 정부에 통고했다. 8월 24일에 내한한 미국 부통령 스피로 애그뉴Spiro Agnew, 1918~1996는 1년 후인 1971년 6월 말까지 철수시킬 방침을 밝히는 동시에 "앞으로 5년 이내에 나머지 주한미군도 완전히 철수될 것"이라고 말했다.[89]

이런 상황에서 박정희가 택한 것은 '자력 방위'였다. 박정희는 이미 1970년 1월 9일 연두 기자회견에서 1970년을 '싸우면서 건설하는 해'

로 정한다고 밝혔는데, 이는 연 3년에 걸쳐 '일면 건설, 일면 국방'이라는 국정지표를 제시한 것이었다.[90]

박정희는 자력 방위를 위해 방위산업을 육성하기로 하고, 1970년 7월 경제기획원 장관에게 250만 향토예비군을 무장시킬 병기를 생산할 수 있는 공장을 건설하라고 지시했다. 1970년 8월 16일엔 국방과학기술연구소가 출범했다. 11월엔 경제기획원에서 4대 핵공장에 대한 보고를 받았는데, 이는 방위산업의 기반이 될 수 있는 주물선 공장, 특수강 공장, 중기계 공장, 조선소 등 네 공장을 '4대 핵공장 건설사업'으로 책정한다는 것이었다.[91]

북한의 존재를 인정한 8·15 선언

박정희는 북한과의 대결에서 시간을 벌 목적으로 8월 15일, 광복절 25주년 기념사에서 북한이 전쟁 도발 행위를 즉각 중단할 것과 '선의의 경제 경쟁'을 하자고 제안했다.[92] 이는 그간의 입장과는 달리 공식적으로 북한의 존재를 인정했다는 점에서 의미를 갖는 것이었다. 박정희의 제안이 '시간 벌기용'이라는 건 김일성도 잘 알고 있었다. 오랫동안 북한 노동당 간부로 일하다 귀순한 황일호는 당시 김일성의 첫마디가 "8·15 선언은 우리의 발목을 잡아두자는 속셈이야"였다고 말했다. 황일호는 "김일성은 8·15 선언이 궁지에서 벗어나기 위한 미국과 박정희의 시간 벌기 술책이라고 봤으며 '선의의 경쟁 제의'에 대해서도 닉슨의 평화주의 노선에 편승, 평화의 너울을 쓰고 민족을 영구 분단시키려는 책동으로 규정했다"고 말했다.[93]

박정희는 광복절 25주년 기념사에서 북한에 '선의의 경제 경쟁'을 하자고 제안했지만, 김일성은 이 제안이 박정희의 시간 벌기 술책이라고 보았다.

박정희의 8·15 선언은 1971년 대선용이기도 했다. 1969년 말 국토통일원이 실시한 남북통일에 관한 여론조사의 결과 국민의 90.16%가 반드시 통일을 해야 한다고 대답했고, 39.5%가 10년 이내에 통일이 된다고 낙관했으며, '통일을 방해하는 책임은 북한 측에 있다'는 대답은 48.46%에 그쳤다. 이미 전후 세대가 인구의 반을 차지한 결과가 여론조사에 반영되었던 것이다. 박정희로서는 이와 같은 변화를 무작정 외면할 수는 없었으며, 또 1971년 대선에서 예상되는 야당의 통일정책 관련 공세에 대해 준비할 필요도 있었던 것이다.[94]

박정희는 1971년 1월 1일 신년사에서도 국가안보 대책을 역설하면서 '60만 국군의 정예화'와 '250만 예비군의 전투력 강화'를 외치는 동시에 '수출의 증대'와 '중화학공업의 육성'을 강조했다.[95] 또 박정희는 1971년 1월 10일 상공부 차관보 오원철을 경제 제2수석비서관으로 임명해 방위산업과 그 기본이 되는 중화학공업 육성을 위한 제2경제비서실을 담당하게 했다.[96] 방위산업 육성 정책의 일환으로, 3월 M-16 소총 공장 건설 계약을 체결했다.

박정희는 1971년 3월 미 7사단 철군 후부터 핵 개발에 착수했다. 그는 이때부터 '자력 방위'의 준말인 '자위'라는 단어를 많이 썼는데 1972년 중반부터는 '자위' 대신 '자주 국방'이라는 용어만을 사용함으로써 더욱 적극적인 자세를 취하게 되었다.[97] 이에 대해 오원철은 다음과 같이 말했다.

"'자위'라는 용어는 북한의 공격에 대한 방위 개념입니다. 그러나 '자주 국방'은 대미 관계까지 포함한 국방의 자주성을 말합니다. 국방의 자주화는 한국의 자주화로 발전해 나가게 되죠. 단순한 용어상의 문제를 넘어선 매우 중요한 변화라고 할 수 있습니다."[98]

신민당 대통령 후보
지명대회

김영삼·김대중·이철승 '40대 기수들'의 도전

1970년 1월 7일 신민당 당수 유진오는 일본 도쿄의 병석에서 기자회견을 통해 당수직 사퇴를 공식 발표했다. 1월 26일 신민당 전당대회에선 유진산이 유진오의 뒤를 잇는 새 당수로 선출되었다. 그러나 그것이 곧 1971년 대선후보의 보장을 의미하는 건 아니었다. 김영삼·김대중·이철승으로 대표되는 이른바 '40대 기수들'의 도전이 만만치 않았기 때문이다(1970년 기준 유진오 64세, 유진산 65세, 김영삼 42세, 김대중 44세, 이철승 47세).

당시 53세였던 박정희는 이른바 '40대 기수들'의 도전에 대해 '어린애들과의 싸움'이라며 폄하하면서, 타협적인 유진산이 신민당 대통령 후보가 되기를 원했다. 그래서 박정희 정권은 유진산에게 돈을 대주면서 정치공작에 임했다.[99] 당시 중앙정보부장이었던 김계원은 후일 다음과

제7대 대통령 선거를 앞두고 신민당 대통령 후보 지명전에 나선 젊은 정치인들 사이에는 미묘한 기류가 흐르고 있었다. '40대 기수'의 대표 주자인 김영삼(오른쪽 첫 번째), 이철승(오른쪽 두 번째), 김대중(왼쪽 첫 번째).

같이 증언했다.

"당시에는 중앙정보부의 가장 중요한 일은 야당 공작이었다. 그래서 골칫거리였던 김영삼 의원(원내총무)이 대통령 후보로 못 나서게 야당(신민당) 지도자 유진산 씨에게 정치자금을 여러 번에 걸쳐 몇천만 원씩 준 적이 있었다. 그런데 나중에 알고 보니 대통령께서도 공화당 김진만 의원을 통해 유씨에게 자금을 주고 있었다. 나를 완전히 믿지 않은 것 같았다."[100]

박정희는 9월 29일의 신민당 대통령 후보 지명대회를 한 달 앞둔 8월 유진산을 이미지 쇄신 차원에서 해외 순방시키고, 유진산이 해외에서 돌아오자 박정희·유진산 회담을 만들어주는 등 열심히 '지원사격'을 해주었다. 대통령 후보 문제로 중앙정보부장이 유진산의 집을 여러 차례 드나드는 것이 목격되었으며, 김영삼·김대중·이철승 3인은 그 점을 물고 늘어졌다.[101]

유진산도 박정희처럼 '40대 기수들'을 '정치적 미성년자', '구상유취口尙乳臭'라는 표현을 쓰면서 경멸감을 내비쳤지만,[102] '40대 기수들'의 바람은 결코 스쳐 지나가는 바람은 아니었다. '40대 기수들'의 유진산 비판은 큰 호응을 얻어 유진산은 전당대회를 2주일 앞둔 9월 21일 후보 경쟁에 나서는 걸 포기하고 말았다. 박정희는 불같이 화를 내면서 중앙정보부의 무능을 질타했고, "내가 김영삼이 같은 애송이와 어떻게 싸우라는 말이냐"고 호통을 쳤다.[103]

김영삼의 자만, 김대중의 승리

박정희의 말처럼, 40대 기수들 가운데 대통령 후보 선출 가능성이 가장 높은 사람은 김영삼이었다. 처음부터 김영삼이 제일 유리했던 데다 유진산이 지명대회를 하루 앞둔 9월 28일 김영삼을 지지한다고 발표해 김영삼의 당선은 기정사실화되었다. 개표 결과를 발표하기도 전인 오전 11시경 『경향신문』은 속보를 내어 '김영삼 압승'이라고 전당대회 결과를 보도하기도 했다.[104]

김영삼은 그런 분위기를 만끽하면서 미리 축하 파티까지 준비하는 등 뚜껑을 열기도 전에 승리감에 도취되어 있었던 반면, 김대중은 마지막 순간까지 발로 뛰면서 최선을 다했다. 김대중의 부인 이희호는 대부분 산동네에 있는 신민당 대의원들의 집을 직접 찾아다니면서 지지를 호소했고, 김대중 부부는 전당대회 전날인 28일엔 밤새도록 지방에서 올라온 대의원 숙소를 돌아다니면서 선거운동을 했다.[105] 김택근은 전당대회가 열린 9월 29일 아침의 풍경을 다음과 같이 묘사했다.

"그날 아침 이색적인 광경이 펼쳐졌다. 김대중 측은 애드벌룬을 띄우고 대회장 벽면에는 김대중 포스터를 촘촘히 붙였다. 어깨띠를 두른 수백 명이 시민회관(지금의 세종문화회관)을 에워쌌다. 그리고 김대중을 외쳤다. 그 맨 앞에 원로 의원 정일형이 피켓을 들고 있었다. 참으로 감동적이었다. 김대중은 그런 정일형의 모습을 평생 반추했다. 그날의 풍

김대중은 신민당 전당대회에서 모든 사람의 예상을 깨고 2차 투표까지 가는 접전 끝에 김영삼보다 48표 많은 표를 얻어 대통령 후보로 선출되었다.

경은 욕설과 폭력으로 얼룩졌던 과거의 전당대회 모습이 아니었다. 신명이 묻어나는 축제였다."[106]

1차 투표에서는 총투표 885표 가운데 김영삼 421표, 김대중 382표, 백지 78표, 기타 4표로 무효표가 82표나 나왔다. 무효표는 모두 이철승계였다. 누구도 과반수를 넘지 못해 다시 치러진 2차 투표에서 김대중은 이철승과 연합해 김영삼보다 48표 많은 458표를 얻어(무효 16표) 신민당 대통령 후보로 뽑히는 이변을 연출했다.[107]

박정희를 섬기는 '박정희교 신도'의 등장

김대중의 대통령 후보 선출은 박정희에겐 더욱 불쾌한 것이었다. 이 사태에 대한 책임은 중앙정보부장 김계원에게 돌아갔다. 김계원은 1970년 12월까지 일하다가 이후락에게 부장 자리를 내주었다. 김계원은 1년여 기간 동안 중앙정보부를 이끌었는데, 박정희는 김계원의 '사납지 못한 일 처리'에 늘 불만이었다. 정치공작도 서툴러 박정희에게서 "야당 사람들한테도 남산골 샌님 소리나 듣는다"고 질책을 받기도 했다.[108]

반면 이후락은 후일의 역사가 말해주듯이 '공작의 명수'인데다 박정희에 대한 충성을 위해선 수단과 방법을 가리지 않는 인물이었다. 이후락은 1년 전 대통령 비서실장을 물러나는 자리에서도 눈물을 훔치며 비서팀에 "박 대통령을 교주로 하는 박정희교를 신앙하는 기분으로 일해야 한다"고 역설한 바 있었다.[109]

박정희를 교주로 모시는 박정희교의 신도로서 중앙정보부를 맡은 이후락에게 떨어진 최대 과제는 1971년 대통령 선거를 박정희의 승리로 이끄는 것이었다. 실제로 이후락의 활약은 승리를 위해 수단과 방법을 가리지 않는 것이어서, 후일 다음과 같은 평가가 나오게 되었다. "71년 대통령 선거는 분명 김대중과 중앙정보부의 대결이었다. 겉으로는 집권 공화당과 야당 신민당의 정권 경쟁이었지만 기실 줄곧 DJ와 중정의 싸움으로 전개됐다."[110]

홋날 시인 고은은 『만인보 22』(2006)에 이후락에 대해 다음과 같이 썼다.

"남산 중앙정보부장 취임식/……/오늘부터 여러분은 박정희 교도입니다/박정희교의 순교가 곧 대한민국의 애국이고 순국입니다/……/이후락은 부장실 책상 의자도/박정희의 청와대 쪽으로 향하고 있다/전화가 없어도/머릿속의 전화로/각하의 뜻을 헤아렸다/굳이 독대하지 않아도/굳이 몇몇 여당이나/국무위원 따위들과 만나지 않아도/각하의 영감과/부장의 영감은 공중을 오고 갔다/……/박정희교 교세는 날로 커져갔다/박정희교는 날로 사나워져갔다/무시무시한 고문과 공작/나라 안에서 나라 밖에서 진행되었다."[111]

평가교수단과
대통령 특별보좌관 제도

지식인을 경멸한 박정희의 지식인관

박정희는 지식인을 경멸했다. 그는 지식인의 비판적 역할을 인정하지 않았으며, 자신의 체제를 긍정할 것만을 요구했다. 박정희는 수년 후 출간된 『민족중흥의 길』(1978)이라는 책에서 '참여와 건설'의 필요성을 역설하면서 다음과 같이 주장했다.

"한동안 우리의 지식층 일부에서는, 이러한 시대적 흐름에서 낙오되어, 비판과 회의, 냉소와 패배 의식, 그리고 부정과 반항 등 온갖 구시대의 낡은 인습에 빠져 있었음을 부인할 수 없다. 무엇을 반대하고 부정하는 데는 앞을 다투면서도, 무엇을 찬성하고 긍정하는 데 있어서는 남보다 앞서기를 주저했다. 사회의 어두운 면을 탓하는 데는 쉽게 뭉치면서, 밝은 면을 키우고 넓히려는 생산적인 노력에는 힘을 모으려 하지 않았다. 심지어는 현실에의 참여를 부끄러워하고, 반항과 비판을 오히려 영웅시하는 풍조마저 있었던 것이다."[112]

　그러나 박정희의 이런 주장은 지나치게 자기중심적인 것이었다. 긍정과 부정은 무엇을 대상으로 삼느냐에 따라 달라지는 것이지 모든 것을 긍정하거나 부정하는 사람은 없기 때문이다. 박정희가 마땅치 않게 생각하는 지식인들은 민주주의와 인권을 찬성하고 긍정하는 데에 앞장섰으며 독재와 인권유린을 부정하고 반대했을 뿐이다.

　박정희가 원하는 '긍정적인' 지식인들이라고 할지라도 박정희가 그들의 실질적인 역할을 중요하게 생각한 것도 아니었다. 박정희에게 지식인은 여전히 사농공상士農工商 풍토가 살아 있는 한국 사회에서 여론 관리를 위한 일종의 '장식'일 뿐이었다. 박정희는 말년엔 지식인들을 그렇게 '장식'으로 이용하는 것에도 싫증을 내서 그들을 직접 만나는 것도 꺼렸다. 박정희는 그가 죽기 딱 1년 전인 1978년 10월 26일 측근들과 환담하면서 이제 곧 이야기할 이른바 '평가교수'에 대해 다음과 같이 말한 바 있었다.

　"평가교수들이 근자에 나더러 잘 만나주지 않는다고 불평하는 모양인데, 여러분 생각해보시오. 그동안 내가 기회 있을 때마다 그들을 만나서 의견이나 건의를 들어보지 않았소. 그러나 그들 이야기에는 별로 새로운 것이 없어요. 그리고 국가적 차원의 정책에 도움이 되는 얘기보다 지엽적인 사소한 것들만 이야기하니 만나는 것이 아깝단 말입니다. 나보고 서운하다고 할 것이 아니라 자기들이 나에게 도움이 되는 어떤 이야기를 해왔는지 생각해보아야 할 것입니다."[113]

박정희의 지식인 이용

박정희는 내심 지식인을 경멸했으면서도 쿠데타를 통해 집권했기 때문에 일종의 치장으로서 지식인이 필요했다. 박정희는 5·16 직후부터 공식·비공식으로 대학교수를 동원하기 위해 최대의 노력을 경주했는데, 박정희의 지식인 이용에 대해 이상우는 "그 자신이 최고회의 부의장, 혹은 의장고문으로 수 명의 대학교수를 거느렸고 최고회의 안에 수십 명의 대학교수들로 구성되는 기획위원회를 설치했다. 김종필이 조직했던 중앙정보부도 정책연구실이라는 이름으로 대학교수들을 포용했다. 실로 5·16 군정은 군인들과 함께 대학교수의 정치였다고 말해도 과언이 아닐 정도였다"며 다음과 같이 말했다.

"이런 풍조는 사실상 박정희 정권 18년간을 통해 마지막까지 지속된 하나의 특징이었다. 박정희는 청와대에 특별보좌관 혹은 비서관으로 대학교수를 영입했을 뿐만 아니라 행정부에는 평가교수단이라는 제도를 두어 교수들로 구성되는 대규모의 브레인 시스템을 운영했다. 이 제도는 한때 전국의 시·도에서까지 실시되기도 했다. 입법부에는 1970년대에 들어와 주로 유정회를 통해 대학교수들이 대거 정치인으로 변신했다."[114]

1965년 7월에 발족한 평가교수단은 처음엔 14명으로 구성되었으나 "70년부터는 90명 선으로 늘어났고, 이에 따라 전공 분야도 발족 당시의 경제학·공학·농학 부문으로부터 정치학·사회학·교육학 등 비경제 분야의 사회과학계 및 인문과학계 전공교수에까지 문호가 확대되었다".[115] 평가교수단으로 위촉되는 교수는 대부분 "정부의 입장이나 시책을 지지하고 호흡이 통하는 인물"들이었는데, 그 점을 확실히 하기 위해

실제로 박정희 자신이 일일이 이름을 체크하며 위촉 대상자를 선정하기도 했다.[116]

평가교수단 제도는 1970년부터 지방까지 확대 실시되어 각 시·도마다 도합 215명의 지방대학 교수들을 위촉하게 되었다. 박정희는 특별보좌관과 평가교수단 제도 이외에도 '화요회'라고 하는 대통령 비밀 자문 그룹을 두었다. 서울대 교수 구범모, 고려대 교수 정재각 등 대학교수 6명으로 구성된 그룹이었다.[117]

평가교수단이 누린 특혜

평가교수단은 교수들에게 상당한 인기를 끌어 은근히 선발되기를 바라는 교수가 많았다는데, 교수들은 왜 평가교수단에 들어가길 원했을까? 무엇보다도 혜택이 많았다. 이상우는 "평가교수들에게는 매월 일정액의 수당이 국고에서 지급되고, 경우에 따라서는 특별 보너스가 지급되기도 했다. 경제적인 혜택 이외에 평가교수들은 자기 전공 분야의 연구 면에서 여러 가지 이점을 누릴 수 있었다"며 다음과 같이 말했다.

"예를 들면 학술연구에 필요한 자료를 입수하는 데 정부 측의 편의를 얻을 수 있었고, 정부의 정책브리핑이나 정부간행물 등 각종 자료 지원도 받을 수 있었다. 그 밖에 정부가 관계하는 국내외의 각종 회의에 대표의 일원으로 참석한다든지, 학술단체의 국제회의 같은 곳에 참가할 수 있는 기회도 자연 많은 편이었다. 이와 같은 혜택 외에 평가교수단 소속 교수들이 누릴 수 있었던 가장 큰 혜택 가운데 한 가지는 신분보장이었다."[118]

신분보장은 교수들에게 큰 의미를 갖는 것이었다. 박정희 정권에 도

전하는 학생 시위가 많아지면서 정부 기관원들의 학원 감시가 심해지고 기관원들이 강의실에까지 들어와 강의 내용을 일일이 메모하는 등의 교권 침해를 저질렀기 때문에 교수들이 극도로 위축될 수밖에 없었다. 게다가 1976년 3월 1일부터는 대학교원 계약임용제 실시로 교수들의 신분보장은 더 큰 위협을 받게 되었다. 실시 첫 해에 전체 교수의 4.7%에 해당되는 460명이 대학을 떠났는데, 그들 가운데 상당수는 민주화운동에 직간접적으로 참여한 교수들이었다. 이런 살벌한 상황에서 평가교수단 소속 교수는 자신의 안전을 지킬 수 있는 데다 행정부나 국회로 들어갈 수 있는 기회까지 누릴 수 있었던 것이다.[119]

이상우는 "재미있는 사실은, 설치 동기가 정부 측의 필요성보다는 오히려 지방대학 쪽의 요구에 보다 많이 기인해 있었다는 점이었다"며 다음과 같이 말했다. "즉 지방대학 쪽에서, 중앙의 평가교수단에는 지방대학 교수가 한 사람도 포함되어 있지 않다고 불만, '우리들에게도 국정에 참여할 수 있는 기회를 달라'고 요구하여 지역개발 평가교수단이 설치되었다는 것이다. 그 단계에 있어 이미 정치와 권력으로부터 스스로를 격리시키려고 했던 전통적인 상아탑의 기풍은 180도 바뀌었음을 뜻하는 것이었다."[120]

대통령 특별보좌관 제도의 발족

1970년 12월 10일엔 대통령 특별보좌관 제도가 발족되었다. 이 제도도 대학교수 등과 같은 지식인 영입의 창구가 되었다는 점에서 중요한 의미를 갖는다. 비록 대통령 특별보좌관이 되는 지식인의 수는 소수

대통령 특별보좌관에는 1968년 선포된 국민교육헌장을 기초한 박종홍도 있었다. 그의 특별보좌관 직 수락은 한국 지식계에 상당한 충격을 주었다. 1968년 12월 5일 국민교육헌장 선포식.

였을망정 이들이 상징적으로 또는 실질적으로 한국 지식계에 미칠 영향이 만만치 않았을 것이라는 이야기다.

대통령 특별보좌관엔 1968년 12월 5일에 선포된 국민교육헌장을 기초한 전 서울대 교수 박종홍(교육·문화 부문)을 비롯해 연세대 함병춘(국제 정치), 서울대 장위돈(국내 정치), 서울대 박진환(농업경제), 고려대 김명윤(세제개혁), 성균관대 장동환(여론조사와 사회심리 분석), 박종홍의 제자인 『한국일보』 논설위원 임방현(국내 정치) 등이었다.

이 가운데 가장 중요한 인물은 '20세기 초반 한국 철학의 중심 인물'로 평가되어온 박종홍이었다.[121] 박종홍은 이미 5·16 군사쿠데타 직후부터 쿠데타 권력기관인 국가재건최고회의 기획위원회 사회분과 위원으로 참여하는 등 군사정권과 밀접한 관련을 맺어왔지만, 그의 특별보좌관직 수락은 이제 한 발이 아닌 두 발을 다 군사정권에 들이밀겠다는 것으로 간주되어 당시 "한국 지식계는 상당한 충격을 받았다".[122] 그러한 '충격'에 대해 박종홍은 1969년 12월 10일자 일기에 다음과 같이 썼다.

"세론이 분분하다. 나는 설명이 불필요하다. 내가 옳다고 생각하는 것을 행할 뿐이다. 나는 중요한 시기라고 생각한다. 교육헌장의 정신을 부식扶植할 의무가 있다. 교육이나 문화는 국가 백년대계다. 여·야가 다를 리 없다. 어느 때나 어디서나 실천하여야 한다. 학문은 그저 안심입명安心立命을 위한 것은 아니다. 나의 철학을 산 철학으로 할 것이냐의 문제는 동시에 이 민족이 사느냐의 문제와 같다."[123]

박종홍은 또 1971년 1월 1일자 일기엔 다음과 같이 썼다. "오전 영시 중. 새해 아침이다. 잠이 아니 온다. 만년을 무사주의로 평온하게 살다 갈 것인가?……나는 진리를 추구하여 살아왔다. 왜 스스로 실천을 못하고 진리라면서 그 실천은 남에게 맡기고 있는 것이 아닌가?……참으로 교육자라면 스스로 실천해 보여야 할 것이다. 보이는 것, 들리는 것은 진리뿐이다. 나는 진리를 위하여 진리를 몸으로 힘차게 나아가야 한다."[124]

박종홍의 박정희 체제 옹호

홍윤기의 말마따나, "한갓 대통령 특별보좌관 자리 하나 맡으면서 이렇게 철학자로서의 모든 존재 근거까지 걸 정도로 심각할 필요가 있었는지는 현재로서 이해하기 힘든 일"이었다.[125] 도대체 자신이 무슨 일을 할 수 있었기에 박종홍은 그렇게까지 과잉된 심각함을 보였던 걸까?

경북대 철학과 교수 김석수는 『현실 속의 철학 철학 속의 현실: 박종홍 철학에 대한 또 하나의 해석』(2001)에서 다음과 같이 말했다.

"그는 국민교육헌장, 새마을운동, 유신운동을 철학의 현실 참여의 중요한 활동으로 간주했다. 그는 3·1 운동의 정신이 국민교육헌장에 계승되어야 하고, 실학 정신(특히 최한기의 과학철학적 정신)이 새마을운동과 유신운동에 계승되어야 한다고 보았다."[126]

홍윤기는 「박종홍 철학 연구: 철학과 권력의 퇴행적 결합」(2001)이라는 글에서 "박종홍 철학은 본질적으로 권력기회주의적 속성에 따라 움직일 수밖에 없었던 박정희 체제의 사상적 허약함에 교육을 통한 제2근대화라는 사상적 발상을 제공했다"며 다음과 같이 말했다.

"박종홍의 철학적 실천은 박정희가 추진한 산업적 근대화와 반공적 독재체제에 국민적 차원의 정신개조 가능성을 보여준 데 그 핵심이 있다. 따라서 민족중흥과 반공민주주의라는 요지로 압축되는 국민교육헌장은 박정희에게 민족적·대중적·총체적 동원이 가능하다는 것을 확신시킴으로써 박정희의 단순한 군산복합 개발독재체제를 현대성 파시즘으로 발전시키는 단초를 제공한 것으로 평가된다."[127]

홍윤기는 이미 국민교육헌장의 제정과 실현이 '명백히 유신쿠데타의 정신적 전주곡'이었다고 했다. 그는 "국가권력의 긍정적 측면만 주시하고 그 부정적 작동 가능성이나 실태에 대해서는 사실상 눈감고 있었던 박종홍 개인의 철학적 실천에서 이것은 오랫동안 꿈꾸어오던 자신의 철학, 나아가 국민국가건설 철학의 정치적·실천적 결실이었다"며 다음과 같이 말했다.

"분명 그가 꿈꾸던 국가는 진정한 의미에서 민주주의 국가는 아니었다. 무엇보다 박종홍에게는 민주주의적 멘털리티와 그 계몽 과정이 결여되어 있었다.……그로서는 1971년 여름에 있었던 사법부 파동과 11월의 전태일 분신 사건을 염두에 두었을 '노임을 위한 고용인들의 요구' 등을 '그렇게 좋은 징조라고 생각할 수 없다'고 했다. 비판에 대한 그의 거리감은 자신의 유신철학이 반민주적이라는 점을 스스로 결코 부당하다고 여기지 않을 정도의 정치적 둔감함으로 체질화되어 있었다."[128]

함병춘의 군사정권 옹호

박종홍 다음으로 중요한 인물은 함병춘일 것이다. 함병춘은 미국 노스웨스턴대학을 거쳐 하버드대학에서 법학 박사학위를 받았고 예일대학 법대에서는 풀브라이트 장학생으로 연구 활동을 한 바 있다. 그는 미국통 학자로서 처음에는 통일원 고문으로, 이후 1970년에서 1973년까지는 대통령 정치 담당 특별보좌관을 지냈다.

함병춘은 나중에 주미 대사로 발탁되어 1973년 12월부터 1977년 5월까지 워싱턴에서 활약했다. 주미 대사 시절 그의 주된 역할은 이른바 '박동선 스캔들'을 잠재우고 유신체제를 옹호하는 것이었다.[129] 그는 군사정권을 조선시대의 주자학적 정치 문화의 폐해와 연결시켜 다음과 같이 옹호했다.

"정치와 관련된 일체의 폭력을 싫어하다가 보니 그런 폭력을 다루는 전문가인 군인들을 천시하게 되었다. 국방 임무까지도 비판과 기피의 대상이 되었다. 국방을 강화하는 것이 조정의 덕치를 손상시키는 결과를 빚을 것 같으면 차라리 군사적 패배를 감수하고 침략자들에게 아부하는

함병춘은 대통령 정치 담당 특별보좌관을 지냈는데, 주미 대사 시절에는 유신체제가 정당하다는 주장을 펼쳤다.

쪽을 택하였다. 이것은 외교적 자살행위이다. 상무 정신을 가진 문화권에서 보면 이런 주자학적 정치 문화는 경멸스럽고 맥빠지며 정체적이고 퇴보적이며 병적인 현상인 것이다."[130]

함병춘은 미국인들을 대상으로 "한국적 민주주의의 정당성을 설명하고 미국적 잣대로 개발도상국의 인권 문제를 비판하는 문제점을 지적"하는 일에 앞장섰으며,[131] 귀국 후에도 유신체제를 정당화하는 주장을 펼쳤다.

학계에서 존경을 누린 박종홍의 영향력

앞서 지적했던 것처럼, 박종홍이나 함병춘 같은 지식인 개개인이 중요하다기보다는 그들이 한국 지식계에 미칠 수 있는 영향력이 더 중요하다고 보아야 할 것이다. 특히 박종홍은 학계에서 큰 존경을 받는 인물이었기 때문에 그의 영향력도 컸다.

박종홍의 제자인 이한빈은 『일하며 생각하며: 이한빈 회고록』(1996)에서 "내가 1946년부터 서울대학교에서 철학을 배운 박종홍 교수는 우리 세대의 정신적 지주였다. 해방 후 겨울에 난방도 안 된 추운 동숭동 강의실에서도 한 번도 휴강이 없는 교수로서의 성실한 정열, 단정한 자세와 근엄한 풍모, 고전과 선인의 사상에서 귀중한 유산을 현재와 미래로 투사하려는 건설적인 지적 자세, 이런 것들은 재학 중 강의실에서만 아니라 내가 사회에 나온 뒤에도 계속 저서나 신문에 기고한 글들을 통해서 평생 교훈을 받았다"며 다음과 같이 말했다.

"특히 4·19 후 혼탁한 시기에 1961년 『한국일보』 연두사에 실린 「한국의 길」-변혁기를 맞아 아무리 우리의 갈 길이 험해도 그런 길을 걷기 위해서 우리는 태어났다는 시대정신을 일깨워주던 글-은 내가 평생 기억하는, 잊지 못할 메시지로 명심해왔다. 한마디로, 나는 박종홍 선생님으로부터 항상 나라의 장래를 위해서 성실히 생각하고, 생각한 바를 잘 정리해서 기회 있는 대로 후진들을 위해서 말과 글로 발표해야 된다는 '행동하는 지성인'의 도리를 배웠다."[132]

60여 편의 글로 이루어진 『스승의 길: 박종홍 박사를 회상한다』(1977)라는 추모집엔 '세계적인 대학자이시며 대철인', '태양처럼 빛날 것이다’, ‘한국의 스피노자’, ‘고결한 인생’, ‘우리나라 지성을 대표하는 철학자’, ‘뜨거운 애국자’, ‘한국의 1천 년에 걸친 유학 전통의 최후를 장식하는 마지막 선비’ 등과 같은 극찬이 가득했다.[133] 1996년에도 여전히 ‘경건한 선비, 성실하고 탁월한 교육자, 민족혼을 불러일으킨 애국적 지성 그리고 현대 한국에서 진정한 철인’이라는 극찬이 계속되었다.[134]

그런 극찬을 한 지식인들은 한국의 주류 지식인들이었다. 그들이 과연 박종홍의 유신 지지까지 포함해 박종홍의 철학을 그렇게 높이 평가하는 것인지 아니면 학연을 중심으로 한 한국 특유의 연고주의와 학벌주의 문화 때문에 그러는 것인지 그건 알 길이 없었다.

정인숙 살해 사건과
'요정 정치'의 천태만상

정인숙의 수첩에서 나온 33장의 명함

1970년 3월 17일 밤 11시경, 서울 마포구 합정동 부근의 강변3로에 멈춰서 있는 검정색 코로나 승용차에서 권총에 넓적다리를 관통당해 신음하고 있는 한 사내와 머리와 가슴에 총을 맞아 이미 숨진 한 젊은 여인이 발견되었다. 부상당한 사내는 정종욱(당시 34세), 숨진 여인은 정인숙(당시 26세)으로 두 사람은 남매 관계로 밝혀졌다.

나중에 정인숙의 집에서 발견된 정인숙의 소지품에선 정관계 고위층의 명함 26장이 포함된 33장의 명함이 쏟아져 나왔다. 이후 경찰 수사는 지지부진해졌고 언론 보도가 수사를 대신하는 일이 벌어졌다. 언론은 정인숙에게 숨겨진 아들이 하나 있고, 정인숙이 당시 정관계 고위층 전용이라 할 수 있는 고급 요정 '선운각'을 드나들었다는 걸 밝혀냈다.

일주일 후에 나온 검찰 수사 결과에 따르면, 범인은 오빠인 것으로

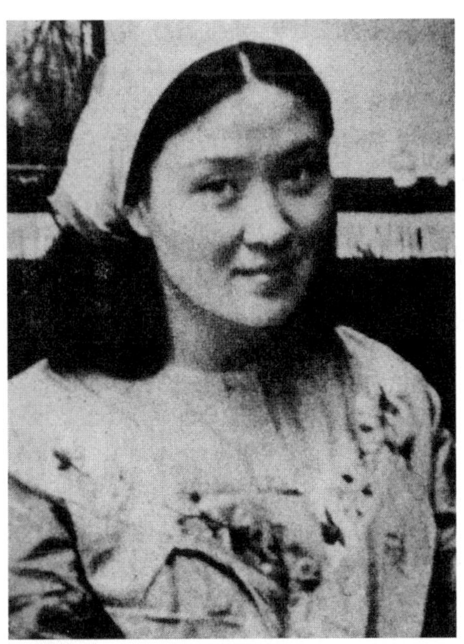

1970년 3월 17일 검정색 코로나 승용차에서 살해된 채 발견된 정인숙의 죽음 뒤에는 한국의 '밀실 음모 정치'라는 검은 그림자가 길게 드리워져 있었다.

밝혀졌다. 정종욱은 정인숙의 운전기사 노릇을 하면서 정인숙의 문란한 행실을 지적했으나, 정인숙이 듣지 않고 자신에게 심한 욕설을 퍼붓자 가문의 명예를 위해 누이동생을 죽이고 강도를 당한 것처럼 위장하려 했다는 것이었다.[135]

정인숙 살인 사건은 그렇게 일단락되었지만, 의혹은 한두 가지가 아니었다. 성급히 종결지으려는 수사 태도도 의심을 샀거니와 정종욱이 사용했다는 권총이 발견되지 않았고, '증거'는 오직 정종욱의 자백뿐이라는 점이 의혹을 증폭시켰다. 정종욱에 대해선 '권세가들에게 희생된 세상에서 가장 억울한 인물 중의 한 사람'이라는 설이 떠돌았다.[136]

그런 의혹으로 인해 소문은 꼬리에 꼬리를 물고 퍼져 갔다. 정인숙의 숨겨진 아들(성일)이 박정희의 아들일 것이라는 소문이었다. 당시 이러한 소문은 박정희의 귀에까지 들어가 박정희는 중앙정보부장 김계원에게 다음과 같이 말했다고 한다. "항간에 정 여인이 남긴 세 살배기 사내애가 '대통령의 씨'로 소문나고 있으나 사실이 아니다. 더이상 추측 보도나 의혹을 부추기는 소문이 나지 않도록 하라."[137]

박정희인가, 정일권인가?

박정희의 지시를 받은 중앙정보부는 언론에 보도 통제를 가해 사건 발생 10일 후인 3월 27일부터 정인숙과 관련된 기사는 언론 지상에서 완전히 사라졌다.[138] 당시 미국 『워싱턴포스트』의 일본 도쿄 지국장으로 한국을 취재했던 셀리그 해리슨Selig Harrison, 1927~2016은 박정희 정권이 정인숙 사건과 관련된 외신 보도까지 적극적으로 막았다며 다음과 같이 회고했다.

"당시 국외로 나가던 모든 언론을 감시하고 있던 박 정권은 이 사건을 보도하는 것이 1971년 4월로 예정된 대통령 선거에서 박정희의 전망을 위태롭게 함으로써 한국 정치에 간섭하는 행위라며 『워싱턴포스트』의 한 편집간부를 설득했다. 그렇게 해서 이 기사는 정일권이 선거 전 내각 개편에 따라, 부분적으로는 추문 때문에 총리직에서 물러난 뒤인 1971년 2월까지 보류됐다."[139]

그러나 아무리 그런 통제를 해도 사람들의 입을 타고 번져 나가는 소문만큼은 어찌할 수가 없었다. 아이의 아빠로 박정희뿐만 아니라 당시 국무총리였던 정일권도 새로운 유력 후보로 등장하면서 이 사건은 세간의 호기심을 더욱 자극했다. 그래서 "강변3로, 오빠조심, 명함조심"이란 유행어가 생겨났는가 하면,[140] "정인숙의 수첩에 오르지 못하면 유명인사가 아니다"는 말까지 떠돌았다.[141]

여기에 북한까지 끼어들어 사실상 박정희를 지목하면서 "누구의 아들인가?"라는 내용이 담긴 대남선전 삐라를 뿌려댔다.[142] 또 당시 유행하던 나훈아의 〈사랑은 눈물의 씨앗〉이란 노래 가사를 다음과 같이 바꿔 부르는 노래까지 등장했다.

"아빠가 누구냐고 물으신다면/청와대 미스터 정이라고 말하겠어요/만약에 그대가 나를 죽이지 않았다면/영원히 우리만이 알았을 걸/죽고 보니 억울한 마음 한이 없소.(1절) 성일이가 누구냐고 물으신다면/고관의 씨앗이라고 말하겠어요/그대가 나를 죽이지 않았다면/그렇게 모두가 믿지는 않았을 걸/죽고 나니 억울한 마음 한이 없소.(2절)"[143]

국회 대정부 질문

급기야 이 사건을 둘러싼 의혹은 1970년 5월 12일에 열린 임시국회 본회의의 의제로까지 떠올랐다. 당시 야당은 1969년 9월 공화당의 3선 개헌안 날치기 통과 이후 국회를 아예 떠났다. 그러다가 박정희의 지원을 받은 유진산이 1970년 1월 26일 신민당 전당대회에서 유진오의 뒤를 잇는 새 총재로 뽑혔고, 유진산은 5월 2일 국회 복귀를 선언했다.

야당 의원들이 대정부 발언을 통해 정인숙 사건과 관련된 의혹을 밝히라고 촉구하기도 전에 법무부 장관 이호가 미리 상세한 보고를 했다.

이는 야당이 이 문제로 더는 떠들지 말아달라는 뜻에서 여야 비밀협상의 결과로 나온 것이었지만, 유진산은 미친 척하고 2시간 반 동안이나 일장 연설을 한 끝에 다음과 같이 말했다.

"어제 이호 법무가 올라오길래 무슨 법무 행정의 주요 문젠가 했더니 느닷없이 웬 강변3로 여자 살인 사건이란 말야(웃음소리). 대통령이 여자 살인 사건을 갖고서 모처럼 안 하던 결심을 해 갖고서 전 각료들을 국회에 내보내 자진 보고케 하라고(웃음소리). 질문이나 하면 그때 가서 거짓말을 하든지 말든지(웃음소리). 무슨 놈의 오빠가 여동생의 난륜亂倫을 분개해 가지고 권총을 쏘았다고. 도대체 무슨 까닭으로 그 문제를 참 지나칠 정도로 상세히 보고하느냔 말야(웃음). 미인 사건이라니까 여러분은 흥미가 있을지 모르겠지만 그런 친절은 없어도 좋지 않느냐 이거요. 국회의원의 질문이 나올 텐데 대통령 지시로 나온 분께서 하필 그 정인숙이라는 괴미인 살인 사건을 장시간 보고하니까 새로운 의문이 생긴다 이겁니다(웃음)."[144]

유진산의 뒤를 이어 야당 의원들의 질문 공세가 이어졌다. 조윤형은 정일권과 정인숙의 관계에 대한 소문과 이 노래를 공개하면서 수사상의 의혹을 지적했고, 김상현은 다음과 같이 박정희 관련 의혹설까지 제기했다. "정 여인에 관계된 사람이 26명이나 된다고 하고 총리가 관계되었다, 대통령이 관계되었다, 이렇게까지 얘기가 돌아다닙니다.……정 여인 사건은 계획된 각본에 의한 타살이요, 청부살인 의혹이 있습니다."[145]

김상현의 발언은 본회의장을 발칵 뒤집어 놓았고 의원의 원내 발언에 대한 면책특권 시비까지 불러일으켰지만, 박정희 정권하에서 진상규명은 애초부터 기대하기 어려운 일이었다. 또 신민당 의원 조윤형과 함

정인숙 살인 사건은 국회 대정부 질문에서 신민당 의원 조윤형이 정일권과 정인숙의 관계에 대한 의혹을 제기하고, 김상현은 박정희 의혹설까지 제기할 정도로 그 파장이 컸다. (『경향신문』, 1991년 1월 16일)

께 이 사건을 집요하게 물고 늘어졌던 공화당 의원 김용진이 이 사건에 대한 국회 질의 얼마 뒤 고속도로에서 트럭에 치여 교통사고로 숨졌다는 것도 의혹을 증폭시켰다.[146]

아직도 진실을 밝힐 때가 아니다?

20년형을 선고받았으나 1989년 5월 11일 19년의 형기를 마치고 모범수로 가석방된 정종욱은 1991년에 『아직도 최후의 심판은 남아 있다』는 책을 내 자신이 정인숙을 죽이지 않았다고 주장해 이 미스터리의 구조가 매우 복잡하다는 것을 시사했다. 정인숙 사건은 그 실체가 드러나지 않았다는 점에서 여전히 현재진행형이다. 어느 정도 표현의 자유를 누릴 수 있었던 1988년 『실록 정인숙』, 『박 정권과 정인숙 사건』 등과 같은 책들이 나오기도 했지만,[147] 과연 누가 진범인가 하는 건 여전히 수수께끼로 남아 있다.

사건 당시 마포경찰서장이었던 이거락(이후락의 동생)은 1994년 『신동아』 인터뷰에서 범인은 정종욱이 틀림없다고 말했지만,[148] 의문은 여전히 계속되었다. 2000년 7월 14일에 방영된 MBC-TV 〈이제는 말할 수 있다〉의 '땅에 묻은 스캔들: 정인숙 피살 사건'편은 진짜 범인을 밝히는 데까진 이르지 못했지만, 범인이 정종욱이 아닐 수 있다는 가능성은 설득력 있게 보여주었다. 이 프로그램을 제작한 PD 김동철은 사건 관련 인사들이 아직 생존해 있는 데다 여전히 두려운 게 많아서인지 진상을 알 만한 사람들이 모두 "아직 때가 아니다"는 이유로 굳게 입을 다물었다며 제작의 어려움을 토로했다.[149]

'정성일의 아버지' 미스터리

아직 많은 점이 미스터리로 남아 있지만, 정인숙 사건이 박정희 정권 수뇌부의 타락상을 잘 보여주었다는 것만큼은 분명한 사실이다. 이 사건은 당시 박정희를 비롯한 고위층 인사들이 고급 요정을 매개로 한 밀실 음모 정치를 하면서 부정부패를 저지르고 문란한 성생활을 곁들인 데에서 비롯된 것으로, 이는 1970년대 박정희 정권 치하 정치 행태의 한 면을 극명하게 보여준 것이었다.

출소 후 정종욱은 자신이 살인죄를 뒤집어쓴 것은 "사건 직후 아버지가 면회 와서 '성일이 아버지가 뒤를 돌봐주기로 했으므로 일단 네가 동생을 쐈다고 진술해 파문을 진정시켜라'라고 종용했"기 때문이었다고 밝혔다.[150] 그는 정성일의 아버지가 누구인지에 대해선 다음과 같이 말했다.

"(정일권이) 한 달에 한 번꼴로 서교동 집으로 찾아왔지요. 그리고 동생이 그이가 아들 하나만 낳아달라고 한다며 상의를 해 처음엔 가족들이 극구 반대를 했지요. 출산 후에는 1주일에 한 번꼴로 찾아와 성일이를 안고 즐거워했으며 늘그막에 아들을 얻어 소원을 이뤘다는 뜻에서 성일이란 이름까지 직접 지어왔어요. 성일이도 자기 아빠가 TV에 비치면 '아빠'라고 소리치며 좋아했지요."[151]

정인숙의 아들 정성일은 1991년 6월 5일 서울 가정법원에 정일권을 상대로 친자확인 소송을 제기했으며, 1993년 3월엔 『전 당신의 아들이었습니다』란 책을 내고, 그해 5월 다시 서울 가정법원에 정일권을 상대로 친자확인 소송을 다시 제기했지만, 1994년 1월 정일권이 사망함으로써 그의 노력은 수포로 돌아가고 말았다.

그러나 1993년 SBS-TV의 〈주병진쇼〉에 출연한 정성일은 "최근 정씨(정일권)가 나와의 직접 통화에서 '당신은 나의 아들이 아니며 내가 모시던 분의 아들'이라고 밝혔다"고 말해 자신이 박정희의 아들일 수도 있음을 시사해 묘한 여운을 남겼다.[152] 전 중앙정보부장이었던 김형욱도 회고록 『혁명과 우상』(2009)에서 정성일이 박정희의 아들일 것이라고 주장했는데, 그 내용은 다음과 같다.

"그렇다면 초점은 그 아이가 정일권의 아들 정성일이냐, 아니면 박정희의 아들 박성일이냐로 좁아진다.……여기서 놓쳐서는 안 될 결정적인 문제점이 있었다.……자, 문제의 아이 성일 군이 정일권의 아들이었다고 치자. 그렇다면 그 아이의 정체를 알 수도 있었을 최대현, 노진환, 문학림이 정일권의 명예를 보호하기 위하여 박정희가 상당한 의혹의 대상이 되는 현실을 감수하면서까지 침묵을 지켰을 것인가? 당시 정일권은 과연 그만한 일을 강행할 만큼 국정에 실권을 장악하고 있었던가? 그후 정일권은 국회의원 자격도 없는 노진환을 공화당 전국구 의원으로 밀어 넣고 일등공신 최대현을 청와대 사정 보좌관실에서 박정희의 비서로 일하게 할 만큼 정치적으로 강력하였던가? 어림도 없는 일이었다. 따라서 이 의문들에 대한 나의 대답은 결단코 '아니다!'였다. 이렇게 보자면 성일 군의 아버지는 누구였는지가 스스로 명백해진다. 또 하나 명백한 것은 성일 군의 아버지가 성일 군의 어머니인 정인숙 여인을 살해한 장본인이라는 점이다. 이걸 성일 군의 입장에서 보자면 아버지가 어머니를 죽인 골육상쟁극骨肉相爭劇이었다."[153]

박정희의 놀라운 엽색 행각

정성일의 진짜 아버지가 누구이건, 이 사건은 1970년대 내내 계속된 박정희를 비롯한 고위층 인사들의 상상을 초월하는 엽색 행각의 한 자락을 드러내 보였다는 것이다. 정인숙 사건 당시 중앙정보부의 고위 간부였고 1980년대에 국회의원을 지낸 모 인사는 "정 여인을 편력한 이들은 박정희, 박종규, 정일권 씨 등이었다. 지금은 이승을 떠난 사람이 많지만 당시 그녀의 수첩에는 정·재계 요인 27명의 전화번호가 적혀 있었다"고 증언했다.[154] 특히 박정희의 엽색 행각은 이미 1960년대부터 유명했다. 영화배우 문일봉은 1991년 여러 여성지에 "62년 한 만찬장에서 처음 만난 박 전 대통령과의 사이에 딸 셋을 낳았다"는 내용의 글을 기고하기도 했다.[155]

1966년 박정희의 부인 육영수는 당시 방첩부대장인 윤필용에게 다음과 같이 하소연한 적도 있었다. "윤 장군님, 이건 절대로 여자의 시샘에서 하는 이야기가 아닙니다. 각하께 여자를 소개하면 소개했지 왜 꼭 말썽날 만한 탤런트들을 소개합니까?"[156] 박정희 부부와 친하게 지냈던 재미 언론인 문명자는 자신이 1968~1969년 사이 "육 여사에게 박정희가 주색잡기를 즐기는 안가에 대해 제보한 일이 있다"면서 다음과 같이 말했다.

"내가 그 안가에 대해 알게 된 것은 신진자동차 사장 김창원의 부인 때문이었다. 당시 신진은 이후락이 밀어주는 몇 개 기업 중의 하나로 승승장구하고 있었다. 그 여세를 몰아 신진자동차는 1969년 4월 『경향신문』의 경영권까지 장악했는데, 그때 나는 『경향신문』 워싱턴 특파원으로 일하고 있었다.…… '대체 어떤 여자들이 드나드는데요?', '죽은 정인숙이도 왔었고, 유명한 여배우도 드나들고 스튜어디스들도 있고 심지어 육 여사 단골 미용사까지 불러다 즐긴답니다.' 나는 집에 돌아와 육 여사에게 전화를 걸었다.…… '저 담벼락 보이시죠? 그 안이 안가랍니다. 이후락이가 온통 금으로 도배를 해놓고 재벌들하고 대통령 모시고 밤마다 여자들 하고 노는 데랍니다.' 그때 그 담장을 바라보던 육 여사의 표정을 나는 지금도 잊을 수가 없다. '어쩌면 이럴 수가' 하는 비애에 찬 표정이었다. 그러고 보면 참 나도 못된 일을 많이 한 셈이다."[157]

부정부패를 심화시킨 '요정 공화국'

박정희 개인의 엽색 행각보다 더 중요한 것은 박정희의 그런 행태로 인해 공직사회 전반의 '요정 정치'와 성 문란이 극에 이르렀고 이는 부정부패를 심화시켰다는 점일 것이다. 조성식은 다음과 같이 말한다.

"1970년대 서울의 요정은 비밀요정까지 포함, 100개에 가까웠다. 그중 접대부 수가 50명이 넘는 대규모 요정은 10여 개였다. '북한산 3각'이라 불린 삼청각, 청운각, 대원각을 비롯해 낙원동의 오진암 한성(뒷날 명월로 바뀜), 회현동의 회림, 종로의 옥류장 등은 저마다 정계 거물들을 단골로 잡고 '요정 정치' 시대를 열었다. 그 시절 요정업계 사장들은 재벌그룹 회장 부럽지 않은 돈을 벌었다. 또 이른바 일류 기생들은 정치인 재벌총수와 동거 또는 '첩살이'를 하며 호화저택을 마련하는가 하면 평생 살아가는 데 지장 없을 정도의 큰돈을 모으기도 했다."[158]

박정희 정권하에서 모든 중요한 정치적 결정은 요정에서 이루어졌다. 기생들이 술자리에서 들은 이야기는 다음 날 TV 뉴스에 그대로 나타났으니, 중앙정보부가 국가안보와 정권안보 차원에서 요정을 특별 관리하는 것도 놀랄 일은 아니었다. 중앙정보부 요원들은 요정들을 드나들면서 '누가 얼마나 자주 오며 주요 파트너는 누구냐' 하는 걸 꼼꼼히 챙겼다. 예컨대, "한윤희를 자꾸 김종필 씨 파트너로 앉히지 말라"고 요구하는 등의 자상함(?)까지 베풀었다. 제2의 정인숙 사건이 생길까봐 염려해 그랬다는 것이다.[159]

또 중앙정보부는 서울 퇴계로 라이온호텔 2층에 '미림美林팀'을 만들어 운영했는데, 이들은 요정의 정보를 총괄 수집하는 곳이었다. 전 중앙정보부원 최종선은 "그 방을 눈여겨보면, 장안의 일류 요정 마담들이, 주인들이, 때로는 일류 탤런트들이 숨을 죽이고 다소곳하게 들어갔다가 다소곳하게 나오곤 합니다. 때로는 눈퉁이가 퍼렇게 터져 나오는 사람들도 간혹은 있었을 것입니다. 무엇 하는 곳이냐구요?"라면서 다음과 같이 말했다.

"만약 누가, 제2인자군에 속하는 인물은 말할 것도 없고 이른바 정재계 요인들이 '삼청각', '오진암' 또는 '선운각(정인숙이 나가던 요정)'이던지, 모여서 같이 점심을 하였다든지, 저녁에 한잔하였다면, 바로 그곳 '미림Team'을 통하여 정보부장은 그 즉시에 누가 언제 어디서 누구들과 모여 무슨 이야기를 하면서 돈을 얼마 쓰고 그 돈은 누가 냈으며 누구는 어떤 여자아이에게 어떤 짓거리를 했고, 그야말로 모든 것을 즉각 알게 되는 것입니다. 말 잘 안 듣거나 태도가 흐릿하면 눈퉁이가 퍼렇게 멍드는 건 아무것도 아니요, 그 정도로 안 되면 그까짓 요정 하나, TV 출연 계약 같은 건 한순간에 물 건너가는 것입니다."[160]

밤낮 구분이 없는 박정희 정권 실세들의 엽색 행각

일류 기생을 놓고 정치인들끼리 서로 차지하겠다고 다투는가 하면, 요정들끼리의 경쟁도 제법 치열했다. 1972년 7·4 남북공동성명이 발표된 직후엔 중앙정보부장 이후락의 지원을 받은 삼청각이 청운각의 10배 크기로 한꺼번에 500~600명이 들어갈 수 있는 요정을 지었다. 개업식 파티엔 이후락을 비롯한 중앙정보부 요원 50여 명이 참석했고 인기 연예인들이 대거 동원되었다고 하니, 이 정도면 '요정 공화국'이라고 해야 하지 않을까?[161]

　박정희 주최 연회에 퇴짜맞은 연예인을 공직자가 가로채는 일도 있었다는 것도 흥미롭다 못해 엽기적인 사실이다.[162] '성性생활의 평등'을 추구하겠다는 것이었을까? 하긴 그래서였는지는 몰라도 이런 '요정 문화'는 군부에까지 파급되었는데, '요정 문화'를 한 단계 발전시킨 해괴한 작태를 보여준 게 바로 보안사령관 J였다.

　보안사 수사1국장을 지낸 예비역 대령 백동림의 증언에 따르면, 보안사령관 J는 사령관 집무실 옆에 사령관 전용 사우나실을 만들어놓고 청와대 상납용이라는 핑계를 대고 '마사지 걸' 2명을 채용, 일과 시간에도 수시로 마사지를 즐겼다는 것이다. 또 지방 예하부대 순시 때는 저녁에 주석자리를 마련토록 하면서 20세 미만의 접대부를 준비하라고 특별 지시를 내리는 바람에 미처 준비를 하지 못한 예하 부대장들은 술집 마담과 짜고 모든 접대부를 20세 미만으로 둔갑시키는 일도 있었다는 것이다.[163]

　이처럼 박정희 정권 실세들의 엽색 행각엔 밤과 낮의 구분이 없었다. 시인 고은은 「요정 종업원 임도빈」이라는 시에서 임도빈의 증언에 근거해 다음과 같이 말한다.

　"70년대 성북동 대연각이라 우이동 삼청각이라/아니 코밑의 청진동 장원이라/거기 가면/온통 번드르르르/아리따운 여인의 치맛자락 방바닥을 쓸어가며/교자상 가득히/산해진미/……/점심때라면 밥도 은수저로 떠넣어 주고/그렇게 밥 먹고 나면/야들야들한 손으로/등때기 굳은 살 풀어주고/슬슬 졸음 오는 척하면/뒷방으로 모셔가/그 침침한 방 요 위에 눕혀져/졸음은커녕/잠은커녕/난데없는 운우의 정이 쏟아지다니/

정아무개가 뒹군 방/이아무개가 뻗은 방/박아무개/김아무개가 늘어진 방/이렇게 점심때/대낮 주색까지 마치니/퇴근 후에는/영락없는 모범공직자 아니었던가/그것으로도 모자라지만."[164]

33명이 죽은
와우아파트 붕괴 사고

불도저처럼 밀어붙인 아파트 건설

1960년 244만 명(전체 인구의 10%)이던 서울 인구는 1970년 543만 명(전체 인구의 18%)으로 급증했다. 농촌에선 먹고살 길이 없어 무작정 서울로 온 이농 인구 덕분이었다. 이들에게 가장 큰 문제는 주택이었다. 서울의 산비탈과 고지대엔 하루가 다르게 판자촌이 늘어갔고 그로 인한 문제가 심각했다. 서울시장 김현옥은 당시 상황에 대해 후일 다음과 같이 말했다.

"1960년대 말 서울의 판잣집은 기어이 해결해야 할 과제였습니다. 도심·외곽 할 것 없이 들어찬 판자촌은 한마디로 서울의 행정을 마비시킬 정도였으니까요. 내 발상은 간단했습니다. 쓰러질 듯 누워 있는 판잣집을 번듯하게 일으켜 세우자는 게 그것이었습니다. 바로 아파트지요. 당시에는 서대문 금화지구 7만 채를 포함, 서울시 100만 평 땅에 14만

5,000채의 판잣집이 널려 있었습니다."[165]

'불도저'라는 별명을 갖고 있던 김현옥은 별명답게 진짜 불도저처럼 아파트 건설을 밀어붙였다. 처음엔 '서민아파트'로 불리다가 후에 '시민아파트'로 개명된 이 같은 아파트 건설에 대해 국토개발연구원 주택연구실장 고철은 다음과 같이 말했다.

"1969년부터 1971년까지 3년 동안 240억 원을 투입해 2,000동 10만 호의 아파트를 산비탈·고지대에 있는 무허가 불량주택을 모두 헐고 짓는다는 야심찬 계획이었다.……김 시장이 얼마나 저돌적으로 사업을 추진했는지는 예산 내역만으로도 가히 짐작할 수 있다. 1969년 서울시의 총예산이 416억 원이었는데 전체 예산의 12.4%에 해당하는 51억 원을 시민아파트 건설에 사용했다. 그러나 20~30도의 비탈에 철근도 제대로 넣지 않았고 콘크리트 혼합 비율도 지켜지지 않았다. 산꼭대기에는 수돗물이 나오지 않아 하수돗물로 콘크리트 반죽을 했다. 아직도 기억에 생생한 와우아파트 붕괴 사고가 그때 터졌다.……이 사건으로 시민아파트 건설은 중단됐다."[166]

그랬다. 뜻은 좋았지만, 너무도 무리한 군사작전이었다. 1980년대 후반에 나온, 건설회사 회장 K의 다음과 같은 증언도 참고할 필요가 있겠다. "김현옥이가 서울시장 할 때 내가 '시민아파트는 50년, 60년 갈 수 있게 짓자'고 하니까 실적 올리려구 마구 지어 지금 15년 만에 다 헐어버리는 결과가 되지 않았어. 그 사람은 부산시장 할 때 내가 박통에게 천거해서 서울시장 된 사람인데 얼마 전 이후락이와 같이 골프를 칠 때 조인해 라운딩을 한 적이 있는데 그 얘기를 꺼내니까 '그때 K형 말을 들을 걸' 하더군."[167]

그러나 당시의 급박한 상황에서 50~60년 갈 수 있는 아파트를 짓는다는 건 사치스러운 것이었는지도 모른다. 15년 만에 헐망정 스스로 무너지지는 않는 아파트를 짓는 건 얼마든지 가능한 일이었을 텐데도, 당시 한국 사회에 만연해 있던 부정부패는 그것마저도 용납하지 않았다는 점에 주목할 필요가 있을 것이다.

33명의 생명을 앗아간 아파트 붕괴 사고

1970년 4월 8일 아침 6시 30분쯤 서울 마포구 창전동 와우산 중턱에 세워진 와우아파트 붕괴 사고는 군사작전식 개발독재의 어두운 면을 여지없이 노출시켰다. 33명의 생명을 앗아가고 40명에게 중경상을 입힌 이 사고는 부정부패로 얼룩진 날림공사의 표본이었기 때문이다.

목사 박형규는 4월 11일 YMCA에서 열린 '와우아파트 도괴 사건과 시민적 관심'이라는 특별 강연에서 이 사건을 가리켜 "숫자만 늘리면 칭찬받는 종적 권력구조, 돈이면 제일이라는 업자들의 사고방식, 이런 것들이 얽혀서 빚어진 결과"라고 말하고, 이른바 '와우식 근대화'가 지속된다면 우리는 모두 죽게 되는 결과가 올 것이라고 비난했다.[168]

시인 김지하는 『사상계』 1970년 5월호에 발표한 담시 「오적」에서 "모든 집은 와우식으로!"라고 외쳤는데, '와우식'은 이후에도 계속된 날림공사의 전형을 말하는 것이었다. 와우아파트 붕괴 사건이 일어난 또 다른 이유 중의 하나는 와우산 중턱, 너무 높은 곳에 지었기 때문이다.

판자촌을 철거하고 대신 그 자리에 지어준 시민아파트라 국민들의 분노는 더욱 컸다. 그것도 준공 3개월, 입주 20일 만에 15개 동 전체가

서울 마포구 와우산 중턱에 세워진 와우아파트가 붕괴되면서 33명이 죽고, 40명이 중경상을 입었다. 이 사건은 군사작전식 개발독재의 전형을 보여준다.

무너진데다 사고 발생 한 달 전부터 부실공사 사실과 위험성을 서울시에 여러 차례 진정했는데도 서울시는 묵살했다.[169] 심지어 붕괴 나흘 전 붕괴 우려가 있으니 주민들을 대피시켜야 한다는 진단이 나왔는데도 서울시는 이마저 외면했다.

"'적은 예산과 싼 공사비'가 맞물려 빚어낸 날림공사, 이것이 하루 아침에 지상에서 통째로 사라져버린 와우아파트 붕괴의 가장 큰 원인이었다. 그리고 그 뒤에는 성과 위주의 전시행정이라는 정부 당국의 무능과 무책임이 자리하고 있었다.……집 없는 서민들을 위한 정부의 배려라는 시민아파트 2,000동 건립 계획, 김현옥 서울시장에게 막사이사이상 후보 추천의 영예까지 안겨준 이 '꿈의 계획'은 한마디로 국민투표를 앞둔 시점에서 정치적 전시효과를 노린 생색내기용 사업에 불과했던 것이다. 와우아파트 붕괴는 성장드라이브 정책하의 성과 위주 졸속 정책으로 일관한 박정희 정권의 체질을 그대로 보여준 전형적 인재였다."[170]

부실, 싸구려, 날림공사

이런 문제는 와우아파트에만 국한된 게 아니었다. 정도의 차이는 있을망정 와우아파트와 비슷한 시기에 지어진 대부분의 서민 아파트들이 그런 식이었다. 남산아파트의 경우 배전 공사, 세탁장 공사, 외벽 시멘트 공사가 엉망이어서 도저히 살 수가 없다고 주민들이 서울시장에게 집단으로 시정 건의를 냈고, 20여 가구는 방 안으로 분뇨가 스며들어 아예 수세식 화장실을 폐쇄해야만 했다.[171]

매년 연탄가스로 수천 명이 사망할 정도로 당시 연탄가스는 공포의 대상이었는데(1975년에 연탄가스 사망자는 5,000명이었다), 금화지구 아파트에서는 연탄가스 중독 사고가 자주 일어나 큰 말썽을 빚었다. 월곡지구 아파트에서는 옥상에서 놀던 아이들이 떨어져 죽는 일까지 벌어졌다.[172] 와우아파트는 그런 모든 문제가 총합적으로 나타난 사고였는지도 모른다.

"와우아파트 역시 근원적 부실 요인이 고스란히 반영된 싸구려 공사였다. 공사에 소요된 비용은 당시 시세의 절반에도 못 미치는 평당 1만 원꼴, 철근 기초를 제대로 않고 콘크리트 배합시 모래를 지나치게 섞는 등 3류업자들이 급조한 '누가 봐도 무리한' 전형적 날림공사였다. 단 며칠 만에 끝낸 기초공사는 말할 것도 없이 허술했고, 전체 건물 완공에 소요된 공기 또한 짧았으며 시멘트 배합이 적었다는 기본적 하자 이외에도, 지형에 맞게 설계를 새로 해야 하는데 전에 썼던 금화아파트 설계도를 그대로 사용한 점, 기둥과 기둥 사이를 잇는 주 기둥에 골조 시멘트를 넣지 않은 점, 슬래브를 만들 때 철근 규격이 설계보다 가는 것을 사용했음에도 이를 묵인, 준공검사를 내준 점 등 믿을 수 없을 만큼 하자투성이였다."[173]

선거 때만 멈춘 판자촌 철거

박정희 정권이 이런 엉터리 군사작전을 전개한 건 1971년으로 예정된 양대 선거(1971년 4월 대통령, 5월 국회의원)를 염두에 두었기 때문이다. 1970년대 내내 그랬지만 선거를 앞두고선 평소 강하게 밀어붙이던 판자촌 철거도 잠시 멈추었다. 그러나 선거만 끝나면 판자촌 철거는 밀린 걸 보충이라도 하겠다는 듯 더욱 무자비하게 이루어졌다. 빈민운동을 한 목사 정진동은 『행동하는 신학 실천하는 신앙인』(1995)에 기고한 글에서 다음과 같이 말했다.

"대표적인 예를 든다면, 신설동 철거 사건이다(1971년 6월 13일~8월 14일). 또한 양대 선거로 인해 예산이 바닥난 당국은 무리하게 골조만 세워서 철거민에게 분배했던 서울 시민아파트(8평형) 골조 공사비와 광주단지 대지(20평) 값을 일시불로 상환할 것을 독촉했다. 당국의 이유인즉 철거민이 아파트에 살지도 않고, 또한 광주단지의 경우에는 집을 짓지도 않고 모두 전매했다는 이유였다. 그러나 철거민들은 시민아파트의 경우 아파트 골조 공사비(약 20만 원)의 이자 및 내부 시설비(약 16만 원)와 그리고 광주단지 건축비(최소 40만 원)가 없어서 대부분 전매할 수밖에 없었다(약 70% 전매)."[174]

이 일시불 상환 계고장이 동기가 되어 1971년 6월엔 시민아파트 주민 3,000여 명이 시청 앞에서 시위를 벌이기도 했다. 그러나 박정희 정권은 늘 미봉책으로 대응했기 때문에 이런 문제들은 결국 1971년 8월 광주대단지 사건으로 폭발하게 되었다.

시인 김지하의
'오적'

다섯 도둑의 부패상을 풍자한 담시

개발도상국의 경제개발엔 부정부패가 따라붙기 마련인가? 박정희 정권은 경제개발에서 괄목할 만한 성과를 거두고 있었지만, 온갖 부정부패로 위에서부터 썩어 문드러지고 있었다. 시인 김지하는 이러한 부패상을 풍자한 「오적伍賊」이라는 시를 『사상계』 1970년 5월호에 발표했다. 「오적」은 재벌, 국회의원, 고급공무원, 장성, 장차관 등 다섯 도둑에 대해 통렬한 비판을 담은 풍자 담시譚詩였다.

"(재벌) 재벌놈 재조 봐라/장관은 노랗게 굽고 차관은 벌겋게 삶아/세금받은 은행 돈, 외국서 빚낸 돈/온갖 특혜 좋은 이권 모조리 꿀꺽/이쁜 년 꾀어 첩삼아, 밤낮으로 직신작신 새끼까지 여념없다/귀띔에 정보 얻고 수의계약 낙찰시켜/헐값에 땅 샀다가 길 뚫리면 한몫 잡고…….

(국회의원) 조조같이 가는 실눈, 가래끓는 목소리로/혁명공약 모자

쓰고, 혁명공약 배지 차고/가래를 퉤퉤 골프채 번쩍/우매한 국민 저리 멀찍 비켜서랏/골프 좀 쳐야것다…….

(고급공무원) 어허 저놈 봐라 낯짝 하나 더 붙었다/유들유들 숫기도 좋거니와/산같이 높은 책상 바다 같이 깊은 의자 우뚝나직 걸터 앉아/쥐 뿔도 공없는 놈이 하늘같이 높이 앉아/한손은 노땡큐 다른 손은 땡큐땡 큐/되는 것도 절대 안 돼 안 될 것도 문제없어/책상 위엔 서류뭉치, 책상 밑엔 돈 뭉치/높은 놈껜 삽살개 낮은 놈엔 사냥개라/공금은 잘라먹고 뇌 물은 청해 먹고…….

(장성) 엄동설한 막사없어 얼어죽는 쫄병들을/일만 하면 땀이 난다 온종일 사역시켜/막사 지을 재목갖다 제 집 크게 지어놓고/부속차량 피 복 연탄 부식에 봉급 위문품까지 떼어 먹고/배고파 탈영한 놈 군기잡자 주어패서/영창에 집어넣고…….

(장차관) 굶더라도 수출, 안 팔려도 증산/아사한 놈 뼉다귀로 현해탄 다리 놓아/가미사마 배알하잣/예산 몽땅 먹고 입찰에서 왕창 먹고/행여 냄새 날라 질근질근 껌 씹고 켄트 피워물고…….”[175]

부정부패 고발도 반공법 위반

원래 이 시가 『사상계』에 실렸을 때엔 아무런 문제가 되지 않았다. 이 시를 읽은 박정희는 크게 분노했지만 당시 중앙정보부장 김계원은 건드리면 커지니 소리 없이 묻어두는 게 낫다는 쪽으로 박정희를 달랬 다. 후일 김계원은 「오적」에 대해 다음과 같이 말했다.

“문제의 시라는 걸 읽는 순간 경악했고 김지하는 참 머리가 좋은 사람이라는 느낌이 들었다. 지금도 그 인상은 지워지지 않고 있다. 어떻게 그렇게 어려운 한자까지 갖다 붙여가며 썼는지……."[176]

박정희 정권은 「오적」이 실린 『사상계』 1970년 5월호를 서점에서 수거하고 앞으로 시판하지 않는다는 조건으로 「오적」을 눈감아주기로 했다.[177] 그러나 이 시가 야당인 신민당 기관지 『민주전선』 1970년 6월 1일자에 전재轉載되면서 정치 문제로 비화되었다. 당시 『민주전선』은 무려 10만 부씩이나 찍어 가두판매하는 등 일종의 대안언론으로 기능하고 있었기 때문에 박정희 정권으로선 용납하기 어려웠던 건지도 모른다. 박정희 정권은 김지하와 『사상계』 발행인 부완혁을 포함한 4명을 구속했다. 남한의 극심한 부패상 폭로는 '북괴 주장의 동조'에 해당되는 것으로

김지하는 재벌, 국회의원, 고급공무원, 장성, 장차관 등 다섯 도둑에 대해 통렬한 비판을 담은 풍자 담시 「오적」을 『사상계』에 발표했다. 박정희 정권은 김지하 등 4명을 구속했다.

반공법 위반이라는 것이었다. 『민주전선』엔 신민당 당수 유진산의 반대로 군장성 부분은 삭제된 채로 실렸는데도 이런 노력이 별 효과를 보지 못한 것이다.[178]

박정희 정권이 「오적」에 강경 대응한 것은 정인숙 사건과도 무관치 않았다. 「오적」에는 정인숙과 관련된 내용도 나오거니와 『민주전선』 2~3면에 걸쳐 실린, 정인숙 사건 관련 기사는 정인숙의 아들 정성일이 박정희의 자식일 것이라는 소문을 그대로 실었던 것이다.[179]

『사상계』 폐간, 『씨올의소리』 창간

박정희 정권의 그러한 탄압과 더불어 어용 언론과 지식인은 「오적」을 용공 좌경으로 성토했지만,[180] 「오적」은 많은 사람의 공감을 샀다. 당시 서울대 학생이었던 양길승은 훗날 『역사비평』(1995년 겨울호)에 쓴 글에서 "장장 20쪽이 넘게 숨 몰아 쉴 사이 없이 욕설과 쌍소리를 섞어 쏟아내는 이 「오적」은 동빙고동이라는 부유층의 주거지가 도둑촌이라 불리며 사회문제가 되었을 때 그 도둑이 재벌, 국회의원, 고급공무원, 장성, 장차관이라는 것을 그야말로 속 시원히 풀어준 시 아닌 시이다. 어찌 시가 그 당시의 현실을 담아낼 수 있을까?"라면서 다음과 같이 말했다.

"서울대 상대에서 발간하던 『상대평론』에 담 하나를 사이에 두고 수영장을 집 안에 갖춘 호화주택과 판자촌이 다닥다닥 붙어 있는 화보가 실린 적이 있었다. 집 안에 엘리베이터 수준이 아니라 에스컬레이터를 놓고 실내 분수대에서 폭포를 감상하는 아방궁이 실제로 있었고, 바로 거기에서 별로 떨어지지 않은 판자촌에서는 어린 노동자와 풀빵 하나라도 더 먹으려고 10리도 넘는 길을 걸어다니는 노동자가 있었다. 아니 그보다 더 무참한 것은 1971년에 벌어진 소위 '광주廣州대단지 민란'이라고 불린 민중투쟁 때는 굶주리다 못해 말하기조차 끔찍하게 인육을 먹었다는 소문까지 떠돌 정도로 빈곤이 심각하였다. 그리고 그 빈곤은 부정과 부패, 즉 바로 이들 오적에 의해 조장되고 심화되고 창조되어왔다는 것을 어떤 다른 방법으로나 또다른 이에 의해서는 그 이상 시원하게 노래할 수 없었을 것이다."[181]

이 사건으로 『사상계』의 발행이 중단되자 『조선일보』는 판권을 인수해 계속 간행하려는 계획을 세우고 편집실까지 두었으나 판권 인수 교섭이 여의치 않아 포기해버렸다. 문화공보부(문공부)는 1970년 9월 26일자로 『사상계』의 등록을 말소시켜버렸는데, 부완혁의 소송 제기로 '사상계 등록취소 처분'을 취소하라는 원심 판결을 확정한 대법원 판결이 1972년 4월 26일에 나왔다. 그러나 여러 여건이 여의치 않아 『사상계』는 복간되지 못한 채 사라지고 말았다.[182]

『사상계』를 통해 큰 활약을 했던 함석헌은 1970년 4월에 개인 잡지인 『씨올의소리』를 창간했다. 4월 19일에 창간호 3,000부를 발간한 이 잡지는 편집위원으로 계훈제, 김동길, 이태영, 장준하, 천관우 등을 영입했으며 나중에 김성식, 안병무, 법정 등이 참여했다(이 잡지는 1980년 4월 창간 10주년을 맞았는데, 당시 발행부수는 1만 부가량이었다. 그러나 10주년을 맞은 지 3개월 후인 7월 31일 문공부가 172종의 정기간행물을 무더기로 등록 취소할 때에 폐간되었다).[183]

정부 고관들이 사는 '도둑 마을'

그런데 박정희는 「오적」에 대해 과연 어떤 생각을 했던 걸까? 고위층의 부정부패를 전혀 모르고 있었던 걸까? 오늘날에도 그렇지만 당시 박정희를 지지하는 사람들 가운데 상당수는 박정희가 부정부패를 없애기 위해 애를 썼다고 믿었다. 그건 과연 진실일까? 그게 진실이라면, 왜 「오적」과 같은 시가 나오게 되었는지 진실을 알아보기 위해 애를 썼어야 했던 게 아닐까? 『사상계』는 이미 1970년 2월호에, 정부의 고관들이 살고 있는 신흥 주택가인 동빙고동 일대가 '도둑 마을'이라고 불린다며 그 실태에 대해 다음과 같이 보도했다.

"이들 주택의 건축비는 최저 5천 내지 6천만 원에서 최고는 3억 원. 그런데 그곳 주인공들은 한 달에 몇만 원의 봉급밖에 받지 못하는 전·현직 각료나 대통령 비서실을 중심으로 한 고급 관료이다.……건축 자재는 외국 수입품이 사용되고, 사치품의 수입을 규제하는 법률은 마이동풍, 건물의 유지비만도 매월 10만 원은 들며, 승용차 두 대, 옥내 엘리베이터, 응접실의 열대어 등 사치스럽기 그지없다. 개중에는 매달 수백만 원의 경비를 지출하는 경우도 있다고 하는데, 이들 주택이 계속 범죄 행위에 의해 유지된다는 결론을 내리지 않을 수 없다."[184]

이 기사에서 '옥내 엘리베이터'에 눈길을 보낸 독자가 많았을 게다. 당시는 '엘리베이터 걸'이라는 직업이 있을 정도로 건물의 엘리베이터도 귀한 시절이었기 때문이다. 1970년 엘리베이터 걸 8명을 뽑는다는 기업에 400여 명이 몰릴 정도였으며, 기업들은 앞다퉈 이 안내양들을 사옥의 마스코트처럼 내세웠다. "매년 미인 엘리베이터 걸을 6명씩 특채해

고객 서비스의 첨병 역할을 맡기고 있다"는 은행도 있었고, 1971년에 분양된 여의도 시범아파트엔 엘리베이터 걸 98명이 고용되기도 했다.[185]

1970년 3월에 발생한 병역 부정도 매우 심각한 수준이었다. 전국 11개소의 병무청 중에서 6명의 청장과 2명의 부청장, 사무관 등 24명이 해임되고, 민간인 476명, 군인 군속 71명이 군의 수사를 받은 사건이었다.[186] 국가안보를 신앙으로 내세운 박정희 정권하에서 이런 병역 부정이 발생했다는 것은 과연 무엇을 말하는 것이었을까?

무엇을 위한 5·16이었는가?

독재를 하더라도 부정과 부패만큼은 없애야 할 것 아닌가? 아니 독재의 목적이 그게 아니었는가? 박정희는『국가와 혁명과 나』에서 다음과 같이 말하지 않았던가?

"우리는 일을 하여야 한다. 고운 손으로는 살 수 없다. 고운 손아, 너로 말미암아 우리는 그만큼 못살게 되었고, 빼앗기고 살아왔다. 소녀의 손이 고운 것은 미울 리 없겠지만, 전체 국민의 1% 내외의 저 특권 지배층의 손을 보았는가? 고운 손은 우리의 적이다. 보드라운 손결이 얼마나 우리의 마음을 할퀴고, 살을 앗아간 것인가. 우리는 이제 그러한 정객에 대하여 증오의 탄환을 발사하여주자."[187]

그러나 이제 증오의 탄환을 맞아야 할 주범은 박정희와 그 일행이 되고 말았다. 박정희의 독재와 부정부패는 동전의 양면과도 같은 것이 되어버렸다. 어느덧 박정희는 심각한 권력 중독증에 빠져 본말의 전도를 일삼게 된 것이다. 그러니 과거 박정희가 했던 말을 기억하는 사람들은 심한 배신감을 느끼지 않을 수 없었을 것이다. 당시 청와대 비서관이었던 김종신도 그런 사람 중의 하나였다. 그는 큰마음 먹고 박정희에게 "혁명 주체들이 정신을 차려야 되겠습니다. 5·16 혁명을 할 당시 그들의 생활과 지금의 생활을 비교 점검해 보셨습니까?"라고 물으면서 다음과 같은 고언을 했다고 한다.

"서울 시내를 걸으면 사람들이 높은 빌딩을 가리키며 '이것은 누구의 것, 저것은 누구의 것'이라 합니다. 시골에 가면 '저 산은 누구의 것, 저 들은 누구의 것' 하며 권력층 사람들의 이름이 오르내리고 있습니다. 저도 남자로서 충분히 이해는 합니다만, 지도층 사람들의 여자 관계가 문란한 것 같습니다. 영화배우나 탤런트가 화면에 비치면 고위층의 이름이 따라다닙니다. 공직자는 오만해지고 탐욕스러워져서 서민들과 거리가 생겨 민심이 이탈되고 있습니다. 공화당의 어떤 국회의원 후보는 선거에 떨어질 것으로 미리 점치고 선거자금이 나오면 다 쓰지 않고 돌려놓았다가 이자놀이나 하고 살아가겠다고 합니다."[188]

당시엔 이렇게 김종신처럼 양심적인 생각을 하고 박정희를 지지한 사람이 많았다. 그래서 김종신도 그런 고언을 드리면 박정희가 부끄러워하면서 무언가 깨달을 것이라고 믿었던 모양이다. 그러나 박정희가 보인 반응은 뜻밖의 것이었다.

김종신은 "권력층 사람들의 이름과 구체적인 사례를 들어 대통령에게 거침없이 말했다. 참고 듣고 있던 대통령이 아니나 다를까, 벼락을 내렸다. 무서운 일이라도 일어날 것만 같아 덜컥 겁부터 났다. 벌떡 일어난 대통령은 방 안을 이리저리 헤매며 무엇인가를 찾기 시작했다. 어디서 담뱃갑을 찾아 들었다. 담배를 뽑아 들고 불을 붙이는 그의 손과 턱은 심하게 떨리고 있었다"며 다음과 같이 말한다.

"그전에도 몇 번 성난 대통령을 본 적이 있었지만 그날처럼 무서운 얼굴은 처음으로 보았다. 대통령은 소리를 버럭 질렀다. '임자는 틀렸어! 왜 그런 말을 대통령에게 와서 하는 거야? 비서실장이나 경호실장에게는 해봤나?' 나는 대통령이 '나에게'라고 하지 않고 '대통령에게'라고 자신을 지칭하는 데서 비위가 상했다. '그런 사람들에게는 말할 필요가 없습니다', '왜!', '오늘 제가 각하께 드리는 말씀은 비서관이 대통령에게 드리는 말씀이 아닙니다. 한 인간이 존경하는 어른에게 마음속에서 우러나오는 말씀을 드리는 것입니다.' 대통령은 어이없다는 표정으로 줄담배만 계속 피워 대며 나를 노려보고 있었다. 그즈음 대통령은 담배를 끊고 있었다."[189]

독재와 부정부패는 동전의 양면

김종신의 이 고언으로 인해 청와대엔 난리가 났다. 김종신이 용납할 수 없는 '하극상'을 범했다는 말까지 나왔다. 김종신은 대통령 비서실장에게 불려갔다 나오면서 혁명 주체의 한 사람인 대변인 강상욱을 면전에서 "당신들이 5·16 혁명을 할 때 무슨 마음가짐으로 했나? 혁명 일성一聲으로 '나라의 장래를 우려해 오다가 일어선 것이다'라고 했었다. 이 땅에서 부정부패를 일소하고 참신한 기풍을 진작시켜 흐트러진 국가기강을 바로잡고 조속한 시일 내에 원대 복귀하겠다고 말하지 않았나? 돈이면 최고라고 하는 황금만능주의에 오염된 사회풍조를 바로잡고 '성실한 사람이 잘사는 사회, 도덕이 존재하는 희망찬 국가를 재건할 기틀을 잡겠다' 하기에 나도 당신들의 의욕에 공감, 고무된 바 있었다"며 다음과 같이 말했다.

"지금의 당신들은 어떠한가? 고루한 구정치인들의 전철을 그대로 답습하며 정치자금 염출이라는 미명 아래 축재에 눈이 어두워 색깔도 구분 못하고 있다. 선거하는 데 돈이 필요한 것은 사실이지만, 혁명을 주도한 당신들은 무슨 구변으로 이를 합리화시킬 수 있겠는가? 나는 김지하라는 시인이 쓴 「오적」을 읽고 분통을 금치 못했다. 박 대통령이 도둑의 깃발을 든 돼지로 둔갑되어 정 여인의 앞가슴을 입에 물고 있는 그림도 보았다. 당신들이 양심의 가책을 받지 않고 진정한 용기가 있는 사람들이라면 '오적'을 떳떳이 국민들에게 공개하고 김지하를 공개 처벌해야 한다. 그렇지 않으면 '오적'을 사실대로 시인하고 할복자살이라도 할 용기가 있는가? 이러지도 저러지도 못하는 비겁자들이라면 모두 공직에서 깨끗이 물어나주기를 바란다."[190]

그러나 결국 물러난 건 김종신이었다. 박정희 정권 수뇌부는 말할 것도 없고 박정희부터 이미 썩을 대로 썩어 있었던 것이다. 김종신은 고위층의 부정부패를 눈감아주지 않고선 독재권력을 유지하기 어렵다는 걸 미처 몰랐을 것이다. 박정희는 무력만으로 정권을 유지한 것이 아니었다. 매수와 포섭을 위해 늘 정치자금이 필요했다. 나중에 박정희가 죽은 뒤 청와대 금고에서 엄청난 돈이 쏟아져 나온 것도 바로 그런 성격의 자금이었던 것이다. 그렇게 박정희부터 부정부패를 저지르고 있는데, 고위층 스스로 저지르는 부정부패에 대해 어떻게 칼을 빼들 수 있었겠는가?

이 시절이 이렇게 어둡기만 했던 건 아니었다. 너무도 당연한 말이지만, 밝고 즐거운 모습도 많았다. TV가 점점 대중화되면서 프로그램 내용의 통속화가 시도된 가운데 대중의 여가생활엔 큰 변화가 일어났다. 그런 변화를 단적으로 보여준 것이 1970년부터 나타나기 시작한 일일 연속극 붐이었다. 일일연속극은 역으로 TV 대중화에도 기여했다.(역사 산책 2: 일일연속극 〈아씨〉의 인기 참고)

일일연속극 <아씨>의 인기

일일연속극은 1964년 TBC 개국 프로그램 <눈이 나리는데>가 최초였지만, 이는 기술적 한계 때문에 스튜디오에서 사전 녹화가 아닌 생방송으로 제작되었다. 제작 여건상 무리를 범한 것으로 25회로 막을 내릴 수밖에 없었다. 1969년 1월 표준녹화기의 도입으로 기술적인 어려움이 해결되자, 1969년 5월 KBS의 <신부 1년생>이 태어났고, 1969년 8월 8일에 개국한 MBC-TV는 개국하면서 집중적으로 일일극을 편성하기 시작했다. 오명환은 텔레비전 보급과 일일극 인기의 함수관계를 주장했다. 전년 대비 수상기 증가율이 가장 현저했던 1969년(89.2%), 1970년(69.7%), 1971년(62.4%) 3년간은 일일연속극의 인기상승률이 가장 높았다는 것이다.[191]

TBC의 <아씨>(임희재 극본, 고성원 연출)는 1970년 3월 2일부터 1971년 1월 9일까지 253회 방영되었는데, 당시로선 엄청난 인기를 누렸다. 1930년대부터 1950년대에 이르는 30년 동안을 시대적 배경으로 삼은 〈아씨〉는 지체가 높고 체통을 내세우는 양반댁으로 시집온 아씨(김희준 분)가 남편의 무절제한 외도와 냉대 속에서 기막힌 운명의 시련을 겪으면서도 인내와 순종으로 시부모를 봉양하고 지아비를 섬기는 내용이었다. KBS의 『한국방송사』(1977)는 "당시 〈아씨〉가 TV 드라마 사상 굉장한 인기를 모을 수 있었던 것은 주인공 아씨가 자기 희생을 일관해온 전형적인 한국 여성의 운명에 대한 깊은 동정과 공감 때문이었으리라"라면서 다음과 같이 말했다.

"〈아씨〉가 방영되는 동안 드라마가 시작되기 전에 문단속을 잘하여 도둑을 조심하고 수도꼭지가 꼭 잠겼는지 다시 한번 점검한 뒤에 이 프로그램을 시청해달라는 내용의 이색 스포트가 방송된 것은 방송 사상 그 유례를 찾아볼 수 없는 일이었다. 한편 아씨의 남편(김세윤 분)이 한창 외도를 하며 아씨를 냉대하는 장면들이 속출되고 있을 무렵 부인들이 떼를 지어 방송국으로 몰려와 남편을 작품에서 죽여주든가 개심시켜 달라고 사뭇 협박조의 간청을 하던 일도 〈아씨〉를 화제 머리에 올릴 때는 빼놓을 수 없는 토막 얘기가 될 것이다."[192]

〈아씨〉의 인기가 어찌나 대단했던지 이 드라마가 방송되는 중인데도 각 영화사들이 경쟁적으로 영화화를 시도해 드라마가 끝나기도 전에 이미 2편의 영화가 상영되었으며 주제가도 히트를 쳐 많은 사람의 애창곡이 되었다.[193] 〈아씨〉의 대성공에 힘입어 1971년 일일연속극은 전년에 비해 9편에서 13편으로 늘었고 주간극은 12편에서 9편으로 줄었다. 20분을 주축으로 한 일일극이 오후 7시에서 10시에 이르는 주시청 시간대에 편성되어 '기간 전략 품목'으로 정착되었다.[194] 당연히 방송사들간 일일연속극 경쟁도 매우 치열했다. 1971년, KBS가 오후 8시 20분과 9시 30분, TBC가 오후 7시와 8시 30분과 10시 정각, MBC가 오후 7시 50분과 9시 10분과 9시 40분에 각각 20분 일일극을 월요일부터 금요일까지 편성해놓고 치열한 싸움을 벌였다.[195]

제11장

청년 노동자
전태일의 분신자살

"우리는 기계가 아니다!"

박정희식 개발독재의 어두운 면은 극심한 빈부격차와 노동자 착취로도 나타났다. 영세한 봉제공장이 1,000여 개나 밀집되어 있는 평화시장엔 2만 7,000여 노동자가 일하고 있었는데, 이들은 대부분 가난한 농촌 가정 출신이고 대개 14세에서 24세 사이의 젊은 여성들이었다. 그들의 노동 조건은 상상을 초월할 정도로 열악했지만, 업주는 말할 것도 없고 정부는 시정을 바라는 노동자들의 탄원서를 10여 차례나 묵살했다. 노동자들은 언론에 호소도 해보았지만 별 효과를 얻을 수도 없었고 대대적인 시위는 경찰의 방해로 좌절당했다.[196]

탈출구가 막혀 있는 그런 절망적인 상태에서 재단사로 일하던 23세의 전태일은 1970년 11월 13일 근로조건 개선을 요구하며 온몸에 석유를 뿌리고 불을 질러 자살했다. 전태일은 불길에 휩싸인 채 이렇게 부르짖었다. "근로기준법을 준수하라! 우리는 기계가 아니다! 일요일은 쉬게 하라! 노동자들을 혹사하지 마라!"

전태일의 어머니 이소선은 훗날 "병원에 갔는데 태일인 아직 살아 있었어. 옷은 홀랑 벗겨지고 하얀 약이 온몸에 발라져 있고 온통 붕대로 가려져 있어서 얼굴을 알아볼 수가 없었어. 팔다리는 이미 굳어져 있었는데도 목소리만은 아직 또랑또랑했어. '혹시 살 수 있지 않을까' 하는 생각이 들었지. 눈물을 보이지 않으려고 있는 힘을 다했지만 소용없었어"라면서 다음과 같이 말했다.

"성경책을 붙들고 '이 가여운 목숨 당신 뜻대로 하소서' 하는 기도밖에 할 수가 없었지. 태일이가 오히려 날 위로하는 거야. '어머니, 내가 못다 이룬 일 어머니가 이루어주세요' 하면서. 그때 생각했지. 우리 아들이 하려고 했던 일이 뭔진 자세히 모르지만 근로자를 위하는 일일 테고 태일이의 성품을 보았을 때 그건 좋은 일, 훌륭한 일일 거다. 그렇지만 그 일이 쉬운 일이 아니고 이렇게 목숨까지 바쳐야 하는 무척 어려운 일이겠지. 그래도 걱정 말아라. 내 목숨이 붙어 있는 한 기어코 내가 너의 뜻을 이룰 것이라고."[197]

왜 전태일이 만든 모임은 '바보회'였을까?

1948년 8월 26일 대구에서 태어난 전태일은 1964년 봄, 당시 16세의 나이에 서울 평화시장 내에 있는 삼일사에 견습공으로 취직했다. 그는 인간 이하의 열악한 노동 조건을 몸소 겪으면서 노동과 인권 문제에 대해 관심을 갖게 되었다. 전태일은 자신의 일기에 이 시기에 대해 다음과 같이 기록했다.

"끝날이 인생의 종점이겠지. 정말 하루하루가 못 견디게 괴로움의 연속이다. 아침 8시부터 저녁 11시까지 하루 15시간을 칼질과 다리미질을 하며 지내야 하는 괴로움. 허리가 결리고 손바닥이 부르터 피가 나고, 손목과 다리가 조금도 쉬지 않고 아프니 정말 죽고 싶다.……육체적 고통이 나에게 죽음을 생각게 하는 것이 아니라 정신적 고통이 더욱 심하기 때문이다.……언제나 이 괴로움이 다 없어지나."[198]

평화시장 노동자들의 열악한 노동 환경에 절망한 전태일은 "근로기준법을 준수하라! 우리는 기계가 아니다"고 외치며 온몸에 석유를 뿌리고 불을 질러 자살했다.

그렇게 괴로워하던 전태일은 우연한 기회에 '근로기준법'에 대한 이야기를 듣고 몇몇 동료와 모여 1969년 6월 '바보회'를 결성했다. 왜 하필 '바보회'라는 이름을 붙였을까? 전태일은 다음과 같이 설명했다.

"우리는 당당하게 인간적인 대접을 받으며 살 권리가 엄연히 있는데도 불구하고, 여태껏 기계 취급을 받으며 업주들에게 부당한 학대를 받으면서도 바보처럼 찍소리 한 번 못하고 살아왔다. 그러니 우리 재단사들의 모임은 바보들의 모임이다. 이것을 우리가 철저하게 깨달아야 하며 그래야만 언젠가는 우리도 바보 신세를 면할 수 있다."[199]

평화시장 노동자들의 참상

그러나 노동 실태에 대한 설문조사 등 '바보회'에서 추진했던 일들은 업주들의 방해로 무산되었을 뿐만 아니라 전태일은 해고되었다. 그후 2년 동안 막노동판을 전전한 전태일은 1970년 9월 다시 평화시장으로 돌아와 다른 동료들과 함께 근로조건 개선을 위한 노력을 계속했다. 그러나 당국과 업주의 방해 공작이 워낙 거세 결국 전태일은 분신자살이라고 하는 극단적인 방법을 택하게 되었다. 그렇다면, 당시 평화시장 노동자들이 처해 있던 참상은 어떠했던가? 조영래의 『전태일 평전』은 다음과 같이 기록하고 있다.

"노동 시간은, 작업량이 비교적 많은 기간(가을, 겨울, 봄)은 보통 아침 8시 반 출근에 밤 11시 퇴근으로 하루 평균 14~15시간이었다. 일거리가 밀릴 때에는 물론 야간작업을 하는 일도 허다하며, 심한 경우는 사흘씩 연거푸 밤낮으로 일하는 경우도 있다. 업주들이 어린 시다들에게 잠안 오는 약을 먹이거나 주사를 놓아가며 밤일을 시키는 것도 이런 때이다.……

미싱사의 손가락 끝은 살갗이 닳고 닳아서 지문이 없다. 자크(지퍼)를 달 때에는 둘째와 셋째 손가락 끝이 빨개져서 누르면 피가 솟아 나온다. 하루의 일을 끝내고 자리에서 일어나면 어지럼증이 나고, 장딴지가 띵띵 붓고 몸 구석구석이 쑥쑥 아리게 되며, 힘이 빠져서 걸음을 걷기가 힘들다. 퇴근할 때 구두를 신으려면 부어오른 발등이 구두에 들어가지 않아 억지로 구두끈을 졸라맨다. 미싱사들의 발등에는 거의 예외 없이 구두끈 자국이 남아 있다.……

나쁜 환경 중에서도 가장 대표적인 것은 다락방이란 것이었다. 이것은 업주들이 좁은 작업장의 공간을 최대한으로 활용함으로써 생산비를 절감하고자 만든 것인데, 바로 이 사실이야말로 한국의 저임금 경제가 딛고 선 냉혹한 인간 경시, 인간 비료화, 저 참혹한 노동지옥을 상징하고도 남음이 있다. 부모로부터 물려받은 멀쩡한 육신을 제대로 바로 펴지 못하고 비좁은 작업장 사이를 허리를 꾸부리고 걸어 다니는 노동자들을 상상해보라.……

전태일이 1970년도에 조사한 바에 의하면, '재단사 100% 전원이 신경성 소화불량, 만성위장병, 신경통 기타 병의 환자', '미싱사 90%가 신경통 환자임. 위장병, 신경성 소화불량, 폐병 2기까지.' '평화시장 종업원 중 경력 5년 이상 된 사람은 전부 환자이며 특히 신경성 위장병, 신경통, 류머티즘이 대부분임.'……사정이 이러하니 '평화시장 여공은 시집가도 삼 년밖에 못 써먹는다'는 말이 나오는 것도 무리가 아니다."[200]

언론은 무엇을 하고 있었던가?

언론만 제 역할을 해주었더라도 전태일이 죽음으로 항거할 필요는 없는 일이었다. 그러나 언론은 전태일과 그 일행을 외면했다. 9월 중순 전태일을 포함한 3명의 재단사는 동양방송국의 '시민의 소리' 프로그램 담당자를 찾아간 일이 있다. 담당자는 확실한 통계자료나 근거가 없는 '추상적인 이야기(?)'는 방송에 내보낼 수 없으니 좀더 구체적인 자료를 정리해서 다음에 와보라고 거절했다.[201]

전태일은 10월 6일 노동청장 앞으로 '평화시장 피복제품상 종업원 근로개선 진정서'를 제출했는데, 뜻밖에도 이것이 노동청 출입기자가 10월 7일 『경향신문』에 보도했다. 「골방서 하루 16시간 노동」이라는 표제와 '소녀 등 2만여 명 혹사', '거의 직업병…노동청 뒤늦게 고발키로', '근로조건 영점…평화시장 피복공장'이라는 부제가 달린 『경향신문』 사회면 톱기사는 전태일 일행을 감격시켰다. 그건 "우리도 인간인가보다. 우리 문제도 신문에 날 때가 있나 보다"는 감격이었다. 그들은 『경향신문』 300부를 사서 평화시장에 돌렸고, 그날 저녁 평화시장 일대는 축제 분위기였다.[202]

그러나 노동청과 기업주는 관심을 보이는 척하더니 곧 외면했고, 오히려 경찰이 가세해 노동자들을 더욱 통제하려 들었다. 10월 24일 대대적인 데모를 계획했으나 경찰의 방해로 실패로 돌아가고 말았다. 바로 이런 좌절로 전태일은 분신을 결심하게 된 것이었다.[203] 언론도 최소한의 양심은 있었던 걸까? 언론은 사건 직후 한동안 모호한 태도를 취하다가 나중에 관심을 기울이기 시작했다. 이에 대해 조영래는 다음과 같이 말

골방서 하루16時間노동

少女등 2萬여명 酷使
거의 職業病…勞動廳 뒤늦게 告發키로

勤勞조건零點…平和시장被服공장

『경향신문』이 평화시장의 열악한 노동 환경을 보도하자, 전태일 등은 "우리도 인간인가보다. 우리 문제도 신문에 날 때가 있나 보다"고 감격했다. (『경향신문』, 1970년 10월 7일)

했다.

"전태일의 죽음, 그리고 그에 잇따른 학생·노동자·종교인들의 궐기는 노동 문제를 사회여론의 제1차적 관심사로 등장시켰다. 종전엔 노동 문제라면 사실 보도조차 기피하던 신문, 방송, 잡지 등의 보도기관은 날이면 날마다, 달이면 달마다 노동 문제에 관한 보도·특집기사·논설을 실었다. 마치 전태일이 죽음으로써 여태껏 존재하지 않았던 노동 문제가 갑자기 폭발적으로 생겨나기나 한 듯했다."[204]

양심을 강타당한 대학생과 지식인

전태일은 '바보회'를 결성한 뒤 평화시장 내 노동 실태에 관한 설문지를 작성하고, 『축조 근로기준법 해설』을 샀다. 그는 전문적인 법 용어와 한자가 나올 때마다 "내게도 대학생 친구 하나 있었으면 원이 없겠는데"라고 탄식하며 그 책을 읽고 또 읽었다.[205] 바로 이 이야기가 대학생들의 양심을 강타했다. 구해근은 『한국 노동계급의 형성』(2002)에 다음과 같이 썼다.

"학생들은 전태일이 관계 당국을 상대로 외롭게 투쟁하면서 자기에게 도움을 줄 수 있는 지식인들과 사귀기를 바랐다는 사실을 전해 들었을 때 특히 큰 충격을 받았다.⋯⋯전태일의 죽음은 학생들을 크게 깨우치는 계기가 되었다. 학생들은 경제성장의 영광 뒤에 숨겨져 있던 한국 사회의 심각한 문제를 발견했다. 그것은 학생들이 정치적 쟁점들에 사로잡혀서 관심을 기울이지 않았던 문제였다."[206]

지식인들의 양심도 강타당했다. 이광일은 『당대비평』(1998년 여름호)에 기고한 글에서 전태일의 분신자살이 "이제까지 대중의 가슴속에 '위대한 작가' 또는 '보편적 지식의 소유자'로 새겨져 있던 지식인에 대한 관념을 뒤흔든 계기였다는 점에서 중요한 의미를 지닌다"며 다음과 같이 말했다.

"왜냐하면 그 행위는 권력과 자본의 억압, 유혈적 수탈에 대한 저항일 뿐만 아니라 지배 메커니즘과 맺고 있는 지식체계, 지식인들에 대한 '도전'이었기 때문이다. 바로 여기서부터 중립적 위치에서 영혼을 판다고 믿어졌던 또는 스스로 그렇게 믿어왔던 당시의 많은 지식인들이 왜

이 사건을 계기로 그토록 자신들의 존재와 역할에 대해 번민하게 되었는지 알게 된다."[207]

학생 시위와 기독교인들의 참회

11월 16일 서울대 법대생 100여 명은 전태일의 시체를 인수해 학생장으로 거행하겠다고 했고, 이날 서울대 상대생 400여 명은 무기한 단식농성에 들어갔다. 11월 20일에는 서울대생과 이화여대생들이 법과대에서 추도식을 열고 항의시위에 나섰고, 같은 날 연세대·고려대생들도 항의 집회를 열었다. 이날 서울대에는 무기한 휴업령이 떨어졌지만 서울대생들은 철야 농성을 계속했다.[208]

11월 21일 신민당 대통령 후보 김대중은 전태일 사건과 관련하여 성명을 발표하면서 이를 '정치 문제화'했다. 11월 22일 새문안교회 대학생부 학생 40여 명은 전태일을 죽음으로 몰고간 사회와 그 공모자인 자신들의 죄를 참회하는 금식 기도회를 열었다. 11월 23일엔 연세대생 200명이, 11월 24일에는 한국외국어대생들이 성토대회를 가졌다.

11월 25일 기독교인들은 신구교 합동으로 전태일 추모 예배를 드렸으며, 이들은 추도사에서 "우리 기독교인들은 여기에 전태일의 죽음을 애도하기 위해 모인 것이 아니라 한국 기독교의 나태와 안일과 위선을 애도하기 위해 모였다"고 말했다.[209]

아닌 게 아니라 전태일의 죽음은 기독교계 일각에도 큰 충격을 주었는데, 이에 대해 이우정은 『행동하는 신학 실천하는 신앙인』(1995)에 기고한 글에서 다음과 같이 말했다. "기독교인들이 무관심하게 짓밟힌 인권, 인간 파괴의 잔혹성 등이 폭로되면서 '우리의 무관심이 전태일을 죽였다! 우리도 간접적인 살인자다!' 하는 고백을 하게 되었다. 이런 반성과 회개는 도시 빈민 선교를 위한 수도권특수지역선교위원회가 결성되는 열매를 맺게 한다.(1971.9)"[210]

박정희는 1971년 1월 17일 연두 기자회견에서 전태일의 죽음을 염두에 두고 노동 문제를 거론했으며, 신민당 대통령 후보 김대중은 1월 23일 연두 기자회견에서 '전태일 정신의 구현'을 선거공약으로 내놓았다.[211] 전태일의 분신자살 사건은 다른 노동자들에게도 큰 영향을 미쳤으며 이후 본격적인 노동운동이 벌어지게 만든 중요한 계기가 되었다. 10여 일 후인 11월 25일 조선호텔 이상찬의 분신 기도, 1971년 2월 한국회관(음식점) 김차호의 분신 기도, 1971년 8월 신진자동차 노조 900여 조합원과 가족 1,000여 명의 대규모 파업농성, 1971년 9월 한진상사 파월 노동자 400여 명의 대한항공 빌딩 옥상 방화 농성 등이 대표적인 사건들이었다. 한진상사 노동자들은 "임금의 절반에 해당되는 돈을 떼어 먹혔다"면서 기물을 파괴하고 방화를 하면서 체불된 노임 지불을 요구했다.

1971년에 일어난 노동 분규 사건은 1,656건을 헤아렸는데, 이는 전년도의 165건의 10배가 넘는 것이었다(1969년엔 130건).[212] 노동운동과 동시에 도시 빈민들의 생존권 투쟁도 활성화되었지만, 그들이 감당해야 할 시련과 고통은 끝이 없었다.

'경부고속도로'와 '닭장집'

경부고속도로는 한국 경제의 얼굴을 바꾼 1970년대의 큰 출발점이었다. 그러나 경부고속도로는 희망과 번영만 실어나른 게 아니었다. 전태일노동자연구실 대표 박승옥은 1991년에 쓴 「1970년대-'고속도로'와 '닭장집'」이라는 글에서 "칠십 년, 이 해에는 이후 십 년을 상징하는 두 개의 화려한 행사가 있었다. 경부고속도로의 개통식과 포항종합제철의 기공식이 그것이다. 해마다 사십여 만 명에 달하는 농민들이 절망과 희망을 동시에 싣고 농촌을 떠나 이 고속도를 통해 고속으로 도시에 진입했다"며 다음과 같이 말했다.

"저임금 노동자로 흡수된 이들이 흙 대신 기계를 만져 쏟아낸 공산품은 다시 이 고속도를 통해 거대한 컨테이너 선박에 실려 해외시장으로 수출되었고, 이는 한강의 기적이라 지칭되는 초고속 경제성장의 원동력이 되었다.……칠십 년대 내내 매일같이 천오백여 명에 가까운 농민들이 보따리를 싸고 도시로 도시로 이주해갔다. 더이상 나빠질 게 없다는 절망 끝의 희망을 안고 농민들이 밀려드는 것은, 국가 시책에 따른 지극히 자연스런 흐름이었다.……낙원으로의 지름길로 선전되던 고속도로 끝에는 지옥 같은 도시의 '다락방'이 있었다. 칠십 년 십일 월 십삼 일 청년 노동자 전태일의 분신으로 사회적 주목을 끌었던 평화시장의 다락방은, 칠십 년대 노동자들의 생활상을 단적으로 나타내는 하나의 상징이었다."[213]

『동아일보』 1971년 신년호는, 6·25 전쟁이 1950년대를 상징하듯, 전태일의 죽음은 1970년대 한국의 문제를 상징하는 가장 뜻깊은 사건이라고 평가했다.[214] 이 평가가 옳았음은 이후의 역사가 입증해주었다. 전태일의 어머니 이소선도 아들의 뜻에 따라 2011년 사망할 때까지 40여 년 간 노동운동과 민주화운동에 헌신한다.

이소선은 노동운동가들을 자신의 자식처럼 대해 "노동자들의 어머니"라는 별칭을 얻었으며, 민주화운동 중에 희생된 사람들의 가족 모임인 전국민족민주유가족협의회를 만들고 초대 회장을 역임하기도 했다. 1980년 이소선을 심문하던 수사관이 남긴 우스꽝스럽다 못해 기가 막힌 '명언'이 하나 있다. "북괴에서는 김일성을 모두 아버지라고 하는데 남한에서는 이소선을 모두 어머니라고 부르니 이소선도 '빨갱이'가 분명하다."[215](역사 산책 3: '우리들의 어머니'가 된 이소선 참고)

'우리들의 어머니'가 된 이소선

전태일이 죽은 후 이소선은 태일의 동료들이 중심이 된 청계피복노동조합을 만들고 키우는 일에 헌신했다. 그는 "나는 비록 아들 하나를 잃었지만 이렇게 똑똑하고 믿음직스러운 아들들을 만난 것에 크게 위안을 받았다"고 했다.[216] 이소선은 '전태일의 어머니'를 넘어서 '우리들의 어머니'가 되었다. 시인 고은은 『만인보 10』(1996)에서 이소선에 대해 다음과 같이 썼다.

"어머니였다/한 아들을 시대에 바치고/떨쳐일어나/아들의 어머니가 아니라/7백만 노동자의 어머니였다/아니/장기표의 어머니이기도 하고/누구의 어머니이기도 했다/작은 몸이었다/그 몸에서/다부진 말 한 마디 서툴게 나오자마자/질화로의 뜨거운 재가 날렸다/먼바다로부터의 파도가 몰려왔다/어머니/라는 말이/그렇게도 열렬한 정치일 줄이야."[217]

이소선의 '우리들의 어머니' 역할은 1970년대는 물론 1980년대와 1990년대를 거쳐 2000년대까지, 아니 2011년 향년 82세로 사망할 때까지 내내 계속되었다. 2006년 11월 전국노동자대회 때 '전태일노동상'을 주고 단상을 내려가던 이소선이 갑자기 뒤돌아와 사회자한테서 마이크를 낚아채고는, 도저히 그냥 갈 수 없다며 쏘아붙였다.

"입으로만 노동자는 하나라고 외치면 뭐하냐. 가장 밑바닥에서 소외받고 고통당하는 비정규직을 나 몰라라 해서 어찌 민주노총이라 할 수 있냐. 지금 정규직이라고 천년만년 정규직 할 것 같냐. 정규직이 비정규직과 손잡고 싸우지 않으면 얼마 못 가 정규직도 비정규직 신세가 되어 발목에 쇠사슬 차고 노예처럼 일하게 될 거다."[218]

2008년 12월 오도엽은 이소선의 구술을 받아 쓴 『지겹도록 고마운 사람들아: 이소선 여든의 기억』을 출간했다. 이소선은 오도엽에게 "배웠다는 사람들이 나한테 와서 열사님은 어떻고 저떻고 하는데 그게 말이냐? 어느 부모에게 자식이 열사겠냐. 그냥 아들이야. 태일이는 열사도 투사도 아닌, 사람을 너무나 사랑했던 사람이야"라고 말했다.[219]

이소선은 "태일이 이야기를 하다 보면 미쳐버리고", "한 번 이야기를 하면 사흘을 아파서 누워 있어야 하는" 어머니였다. 그간 '우리들의 어머니'가 되느라 180차례나 '범법자'가 되었고 세 차례 감옥에 갔다온 이소선은 기자에게 이렇게 말했다.

"태일이가 살았으면 올해가 환갑인데, 친구들은 다 장가가서 아들도 낳고 손자도 보고 했는데, 살았으면 손자가 벌써 장가갈 때가 됐겠구나, 그런 생각을 했지. 산(묘)에 가 보고 싶어서 생일날(음력 8월 26일) 혼자 가서 앉아 있다가 왔어. 니가 간절히 부탁한 것 아직 이루지 못했구나, 하는 죄책감에 할 말이 없어."[220]

<table>
<tr><td>제2부
1971년</td><td></td></tr>
</table>

박정희 1인 체제의 완성

- '언론 화형식'과 '언론자유수호선언'

- 서승·서준식 형제 '간첩' 조작 사건

- 제7대 대통령 선거

- 4·27 대선과 지역 갈등

- 제8대 국회의원 선거와 '진산 파동'

- 사법부 파동과 사법부 탄압 공작

- 그린벨트와 산림녹화

- 광주대단지 폭동 사건

- 실미도 사건의 비극

- 공화당 '4인 체제'의 몰락

- '10·15 위수령'과 '12·6 국가비상사태'

- 프레스카드제와 MBC 〈뉴스데스크〉

- 포크 음악, 라디오 DJ, 미팅

'언론화형식'과
'언론자유수호선언'

이희호와 팻 닉슨의 사진 촬영 논란

1971년 1월 신민당 대통령 후보 김대중은 미국을 방문했다. 김대중은 미국 주요 언론과 유럽 등의 미국 주재 특파원들과도 미국기자클럽NPC에서 만났으나, 대통령 리처드 닉슨Richard Nixon, 1913~1994은 만나지 못했다. 그러나 미국 방문에 동행했던 부인 이희호는 백악관을 방문해 닉슨 부인 팻 닉슨Pat Nixon, 1912~1993을 만났다. 이 만남은 귀국 후 서울에서 사진 촬영 여부로, 여야 간 거짓말 시비의 대상이 되었다.

이희호는 훗날 『이희호 자서전 동행』(2008)에서 "나는 당시 MBC 특파원이었던 문명자 씨의 도움으로 백악관 행사에 참석해 리처드 닉슨 대통령의 부인인 팻 여사를 잠깐 만났다.……내가 닉슨 대통령 부인과 찍은 사진을 보도자료로 만들기 위해 무교동의 한 사진관에 복사를 맡겼다"며 다음과 같이 말했다.

"이를 어떻게 알았는지 경찰이 탈세 혐의로 사진관을 조사한다며 가택수색을 한 다음 사진이 없어졌다. 우리가 항의하자 공화당 의장과 대변인이 기자회견을 자청해 김대중 씨 부인은 닉슨 대통령 부인과 만난 적이 없으면서 거짓말을 한다고 나를 파렴치한 거짓말쟁이로 몰아붙였다. 마침 다른 컷 사진이 있어서 이번엔 사진 전문가를 집으로 불러 복사해 공개했다. 그러자 이번에는 단순 분실을 여당에 덮어씌우려고 간계를 부린다며 나를 비난했다. 참 어처구니없는 일이었다."[1]

당시 신민당이 사진 탈취를 알리면서 성토하자, 공화당 대변인은 야당의 자작극이라고 하면서 미 대사관에 문의한 결과 이희호가 닉슨 부인을 만나 적이 없음이 확인되었다고 말했다. 그러나 '미 대사관 확인' 운운도 거짓으로 밝혀졌다.[2]

이 에피소드가 시사하듯이, 제7대 대통령 선거(1971년 4월 27일)가 다가올수록 박정희 정권은 모든 신경을 곤두세우면서 야당에 도움이 될 일이라면 수단과 방법을 가리지 않고 미리 결사 저지하겠다는 투지를 불태우는 것처럼 보였다. 당연히 박정희 정권의 언론통제도 더욱 극심해졌으며 언론은 그런 통제에 순응하는 자세를 보이기 시작했다. 김대중을 용공으로 몰려는 정치공작도 아주 저급한 수준에서 치열하게 이루어졌다.

월간지 『다리』 탄압 사건

4·27 대선을 두 달 앞둔 1971년 2월 12일 문학평론가 임중빈과 그의 글 「사회참여를 통한 학생운동」이라는 글을 실은 『다리』 편집인 윤형두와 발행인 윤재식을 반공법 위반 혐의로 구속한 것도 바로 그런 공

작의 일환이었다. 임중빈의 글 가운데 반공법 위반으로 문제가 된 대목
은 다음과 같은 것이었다.

"침묵이 미덕이며 안정만이 특효약이라는 기만적 발상. 희망의 좌
절, 욕망의 좌절, 지성의 좌절 속에 좌절은 기교를 낳고 그 기교 때문에
다시 좌절하는 이 나라 사이비 지식인 작태나 언론인의 곡필, 한낱 오락
산업에 동원되고 있는 문화예술인의 추태.……아메리카의 문화혁명은
단순한 광기의 발산…….”[3]

이런 정도의 글을 반공법 위반이라고 트집을 잡는 것도 문제였지만,
그 글은 『다리』 1970년 11월호에 실렸던 것인데 석 달이 지나 뒤늦게
구속을 한 건 이 사건이 대선을 앞두고 주도면밀하게 기획된 정치공작
이었음을 말해주는 것이다. 박정희 정권은 관련자들이 김대중과 밀접한
관계를 맺고 있다는 걸 겨냥했다.

김대중의 측근 김상현은 『다리』의 고문 직함을 가진 실제 소유주였
으며, 『다리』의 발행인인 윤재식은 김대중의 공보비서였고, 임중빈은 대
선용 『김대중 회고록』을 집필 중이었다. 그리고 윤형두가 운영하는 범우
사는 김대중의 선거용 책자들을 시리즈로 이미 간행했거나 준비하고 있
었다.[4] 윤형두는 실제로 사건 전 정보기관원에게서 김대중 관련 책들을
내지 말라는 협박을 받았다.[5]

재판을 맡은 판사 목요상은 윤형두·윤재식을 직권 보석으로 풀어주
었고, 전원 무죄판결 내려 검찰과 갈등을 빚게 되었는데, 이는 나중에 사
법 파동의 한 원인이 되었다. 이 사건으로 『김대중 회고록』은 나올 수 없
었고 『다리』는 문을 닫고 말았다. 변호사 한승헌은 『재판으로 본 한국현
대사』(2016)에서 "목 판사에게도 올 것이 왔다"며 다음과 같이 말했다.

박정희 정권은 「사회참여를 통한 학생운동」이라
는 글이 반공법을 위반했다며, 문학평론가 임중빈,
『다리』 편집인 윤형두, 발행인 윤재식을 구속했다.
1970년 9월 월간 『다리』 창간호. (국립한글박물관 소장)

"사법부의 독립을 지키는 데 앞장섰지만, 유신헌법에 의한 1973년
의 법관 재임용에서 탈락되어 사법부를 떠나고 말았다. 소신과 용기를
다한 법관의 쓸쓸한 퇴장이었다.……『다리』지 필화 사건은 그런 의미에
서 사법사에 기록될 만한 사건이 되었고, 그만큼 값진 교훈을 남겼다."[6]

편집국장 옆에 앉은 중앙정보부원

나날이 심해지는 박정희 정권의 언론통제에 언론은 말없이 굴종했
다. 이에 항의해 1971년 3월 24일 서울대 법대생들은 학생총회를 열고
일간 신문과 잡지 등을 불태우는 '언론화형식'을 가졌다. 3월 25일 서울
대 문리대생들도 학생총회를 열고 '언론인에게 보내는 경고장'을 채택
했지만 신문엔 단 한 줄도 보도되지 않았다.

3월 26일 서울대 문리대·법대·상대 학생회장단 30여 명은 '민중의 소리 외면한 죄 무엇으로 갚을 텐가'라는 플래카드를 앞세우고 동아일보사 앞까지 찾아가 '언론인에게 보내는 경고장', '언론화형선언문', '언론인에게 고한다' 등의 유인물을 행인들에게 나눠주고 마이크로 낭독했으며 언론화형식을 가졌다.

학생들은 '언론화형선언문'을 통해 "이제 권력의 주구, 금력의 시녀가 되어버린 너 언론을 슬퍼하며 조국에 반역하고 민족의 부름에 거역한 너 언론을 민족에 대한 반역자, 조국에 대한 반역자로 규정하여 민중의 이름으로 화형에 처하려 한다"고 선언했다. 학생들은 또 '언론인에게 보내는 경고장'에서는 언론인들이 "선배 투사의 한 서린 해골 뒤에 눌러앉아 대중을 우민화하고 오도하여 얻은 그 허울 좋은 대가로 안일과 축제를 일삼는 자들"이라고 규탄했다. 이 '경고장'은 그 근거를 다음과 같이 밝혔다.

"정치 문제는 폭력이 무서워 못 쓰고, 사회 문제는 돈 먹었으니 눈감아주고, 문화 기사는 판매부수 때문에 저질로 치닫는다면 더이상 무엇을 쓰겠다는 것인가.……신문이 신문을 위해 있는 것이 아니요 대중을 위해 있는 것일진대, 폭력이 무서웠다고, 돈맛이 좋았다고 그렇게 나자빠져 버리면 그만인가! 도둑 지키라는 파수꾼이 망보기꾼으로 둔갑한 꼴이 아니고 무엇인가! 듣건대 일선 기자의 고생스런 취재는 겁먹고 배부른 부차장 선에서 잘리기 일쑤고, 힘들게 부차장 손을 벗어나면 편집국장 옆에서 중앙정보부원이 지면을 난도질하고 있다니 이것이 무슨 해괴한 굿거리인가. 통탄할 언론의 무기력과 타락은 이미 인내의 한계를 넘어서고 있다."[7]

"정상배로 전락한 신문 경영자"

학생들의 주장은 결코 과장된 것이 아니었다. 언론인 송건호는 『한
국현대언론사』(1990)에 당시 어느 언론사 한 논설위원의 개탄을 다음과
같이 전했다. "상공부 문제는 이런 사정으로, 서울시 관계 문제는 저런
사정으로, 건설부 문제는 또 이러저러한 사정으로, 경제기획원 관계 기
사는 또 다른 사정으로 모두 사설로 다루어서는 안 된다는 회사 측의 지
시니 차라리 사설난을 없애버리는 것이 좋겠다."[8]

그런가 하면 주한 미 대사관이 3월 30일자로 미 국무부에 보낸 보
고서는 "선거철 한국 언론에 가해지는 압력이 『한국일보』 사태로 극명
하게 드러났"다고 했다. 이 보고서는 "이 신문은 공화당 내의 유명인사
인 장기영 사주가 소유하고 있음. 『한국일보』의 부장 2명이 중앙정보부
의 압력에 의해 해직된 것으로 전해지는데 이들은 신민당의 활동에 지
나친 지면을 할애했다는 것임"이라면서 다음과 같이 말했다.

"특히 주목을 끄는 것은 이들 언론인들은 김대중 신민당 후보 집에
서 발생한 폭탄투척 사건을 집중 보도하면서 신민당에 동정적인 논조를
취했다는 혐의를 받고 있다는 것(이는 다분히 정보부의 시각에서 본 것임).
이들 2명의 부장들은 장기영 사주에게 충성을 다해 일해온 인사들로서
최근 공화당 성향으로 기운다는 인상으로 초래된 구독자 감소 추세를
막기 위해 신민당 활동에 대한 보도를 늘렸다고 말했음."[9]

또 이 보고서는 영화관의 '대한뉴스'에 대한 불만도 소개했다. "한
국의 영화관에서는 영화가 시작되기 전 애국가가 연주되며 애국심을 고
취시키기 위한 1분 30초짜리 '대한뉴스'가 상영됨. 이 홍보영화는 태극

기와 한국의 명승지를 차례로 보여주고 마지막으로 애국가가 울려퍼지면서 대통령의 모습을 보여줌. 관중은 모두 기립해야 함. 그런데 최근 박정희 대통령 얼굴이 화면에 등장할 때 관중이 일어서야 하는 데 대한 불평불만의 소리가 높음. 일부에서는 박 대통령의 얼굴을 등장시키는 것은 선거법 위반이라는 지적도 나왔음."[10]

그런데 왜 학생들은 하필이면 동아일보사 앞에서 그런 시위를 벌였을까? '언론인에게 보내는 경고장' 가운데 다음과 같은 대목은 당시 『동아일보』의 위상을 잘 말해주었다.

"동아야 너도 보는가. 하늘 무서운 줄 모르고 올라만 가는 조선의 저 추잡한 껍데기를. 너마저 저처럼 전락하려는가. 동아야 너도 알맹이는 사라지고 껍데기만 남았는가. 우리는 신문 경영자가 이미 정상배로 전락했음을 단정하고 또한 신문을 출세의 발판으로 이용하려는 가짜들이 적지 않음을 알고 있다. 여기서 우리는 한 가닥 양심을 지니고 고민하고 있는 언론인이 어딘가에 있으리라 믿으며 그들께 호소한다."

또 4월 2일 연세대생 500여 명도 교련 거부 성토대회를 갖는 자리에서 '전국 언론에게 보내는 메시지'를 채택했는데, 이와 같은 학생들의 반독재 자유언론 시위는 연일 계속되어 결국 서울대 법대·문리대·상대·사대·가정대 등이 휴강하는 사태에까지 이르렀다.[11]

기자들의 '언론자유수호선언'

대학생들이 선언한 한국 언론의 사망은 박정희 정권엔 축복이었다. 실제로 박정희는 그렇게 죽은 언론을 매우 흡족하게 생각해 그해 4월 7일

제10회 신문의 날 치사에서 "우리 언론은……조국 발전을 위한 공헌의 전통을 확립하였습니다"고 언론을 추켜세웠다.[12] 그간 박정희는 언론이 마음에 들지 않을 때엔 그 어떤 상황에서건 비판적인 직설을 마다하지 않았던 걸로 미루어 그건 의례적인 치사가 아니라 박정희의 진심으로 보아야 할 것이다.

박정희는 언론에 대해 흡족하게 생각한 반면, 학생들의 반독재 자유언론 시위는 연일 계속되었으며, 이는 양심적인 기자들에게 적잖은 영향을 미쳤다. 『동아일보』 기자들은 4월 15일 '언론자유수호선언'을 했는데, 편집국에서 선언대회 개최가 좌절되자 별관 2층 회의실로 자리를 옮겨 강행했다. 30여 명이 참석한 이 선언대회에 참석한 간부들 가운데엔 논설위원 송건호와 사회부장 김중배가 있었다. 이날 편집국장 박권상은 중앙정보부에 전화를 걸어 중앙정보부 요원의 철수를 요구했는데, 그는 당시 상황을 다음과 같이 회고했다.

"15일 아침 일찍 중앙정보부 보안담당 차장보에게서 기자들의 선언 경과를 묻는 전화가 걸려왔다. 그때 『동아일보』를 출입하던 중정 요원이 문화부 쪽에서 왔다갔다하는 것이 눈에 띄었다. 나는 차장보에게 '젊은 기자들이 당신들의 출입금지를 결의했다. 나로서는 받아들이지 않을 수 없으니 당장 철수시켜달라'고 말했다. 그는 '고려해보겠다'고 답했고 나는 다시 '고려만으로는 안 된다. 지금 철수시키지 않으면 우리가 쫓아내겠다'고 경고했다. 그는 '15분만 기다려달라. 부장(이후락)의 허락을 받아 철수시키겠다'고 말했고 곧 그 요원은 사라졌다. 이날부터 8개월 후인 12월의 국가비상사태 선포까지 기관원의 출입은 중단됐다."[13]

『동아일보』 기자들의 언론자유수호선언에 힘입어 『한국일보』 기자

『동아일보』 기자들은 4월 15일 별관 2층 회의실에서 논설위원 송건호와 사회부장 김중배 등 30여 명이 참석한 가운데 '언론자유수호선언'을 했다. (『기자협회보』, 1971년 4월 16일)

들도 4월 16일 자유언론수호선언을 했으며 4월 17일엔 『조선일보』·『대한일보』·『중앙일보』 기자들도 참여했다.

교련 철폐와 공명선거 운동

박정희 정권은 대학생들을 통제하기 위해 1971년 1학기부터 대학 교련을 대폭 강화해 주 2시간이던 것을 주 3시간으로 늘린 데다, 집체교육까지 강요해 재학 중 71시간의 교련을 받아야 졸업할 수 있게 했다.

교관도 전원 현역으로 교체했다. 이에 학생들은 교련 거부 성토대회를 열면서 반독재 자유언론 시위를 병행하는 것으로 대응했다.

이런 시위는 4월 2일 연세대생들의 교련 거부 성토대회를 시작으로 여러 대학으로 번져나갔다. 4월 14일엔 11개 대학 학생 대표 200여 명이 모여 '민주수호전국청년학생연맹'을 결성하고 교련 철폐 운동과 공명선거 캠페인을 전개하기로 결의했다. 4월 15일의 교련 반대 데모는 서울 시내에서 2만여 명이 참여했으며, 시위는 4월 21일까지 계속되었다.[14]

4월 21일에는 4·19와 6·3 세대의 청년들이 '민주수호청년협의회'를 결성하고 민주적인 선거가 실시되도록 하기 위해 적극적인 행동에 나설 것을 결의했다. 구체적인 방법은 선거 참관 운동이었는데, 4월 24일 현재 13개 대학의 1,250여 명의 학생이 참관인으로 지원했다.

한편 재야인사들은 4월 8일 '민주수호선언'을 발표한 데 이어 4월 19일 '민주수호국민협의회'를 발족했다. 이 협의회는 이전의 3선 개헌 반대 범국민투쟁위원회와는 달리 김재준, 이병린, 천관우 등 비정치인들을 대표위원으로 하여 구성했으며, 그 구성원의 출신도 학계, 언론계, 법조계, 종교계, 문학계 등 다양했다.

이 협의회는 민주수호전국청년학생연맹, 민주수호청년협의회, 민주수호기독청년협의회 등 공명선거를 위해 새로이 결성된 청년·학생단체들을 수용하여 대대적인 선거 참관 운동을 전개했는데, 참관인단의 수는 6,000명을 상회했다.[15] 그러나 이들은 조직 기반도 없었거니와 시간적 여유도 없어 이후락의 중앙정보부가 대대적으로 시도한 부정선거를 막아내기엔 역부족이었다.

제2장

서승·서준식 형제 '간첩' 조작 사건

보안사가 연출한 반공 드라마

박정희 정권의 정보기관들은 4·27 대선을 앞두고 '건수 올리기' 경쟁을 벌이기 시작했다. 이후락의 중앙정보부가 밀어붙인 『다리』 탄압 사건에서 별 재미를 보지 못하자, 김재규의 육군 보안사가 나서 새로운 사건을 조작해냈다. 4·27 대선이 열흘도 남지 않은 시점인 1971년 4월 18일 '선거를 틈타 민중봉기를 일으켜 정부를 전복시키려고 암약'해왔다는 혐의로 재일교포 대학생 서승(27세, 서울대 사회학과 대학원 2학년), 서준식(24세, 서울대 법대 3년) 형제 등 '간첩' 10명에 대한 구속영장이 청구된 것이다. 이 사건으로 서준식은 7년 형을, 서승은 무기형을 선고받았다.

당시 박정희 정권은 서로 무관한 여러 사건을 한데 묶어 서승·서준식을 주범으로 하는 50명가량의 대조직으로 이루어진 학원 침투 간첩단 사건을 만들어내 이를 수개월에 걸쳐 라디오와 텔레비전에서 반공 드라마로 선전했다. 박정희 정권은 서승이 10개월가량 김대중의 측근 김상현의 집에 기거한 적이 있었다는 점에 주목해 공산혁명 기도, 김대중과의 관계를 자백하라고 서승을 포함한 다른 관련자들에게 혹독한 고문을 가했다.

서승이 당한 잔인한 고문

서승은 "더이상 고문을 당하면 내 뜻과는 달리 무슨 이야기가 나올지 모른다는 공포감"이 생긴데다 계속되는 고문이 너무 고통스러워 자신의 온몸에 경유 난로 기름을 끼얹었고 분신을 기도했다.[16] 서승은 『분단 시대의 피고들: 한승헌 변호사 변론 사건 실록』(1994)에 쓴 글에서 다음과 같이 말했다.

"취조는 처음부터 거칠게 시작되었다. 심문의 각본은 이미 짜여져 있었다. 그 내용의 하나는 내가 북한의 지령을 받아 서울대학에 지하조직을 만들어 학생들의 군사교련 반대투쟁과 박정희의 대통령 3선 반대투쟁을 배후 조종하여 인민봉기를 선동하고 정부 타도와 공산혁명을 기도했다는 것이다. 다른 하나는 당시 김대중 후보의 심복이자 선거참모였던 김상현 의원을 통해 그에게 일본에서 불순한 정치자금을 전달했다는 것이었다. 대통령 선거를 앞두고 반독재투쟁의 선봉인 학생운동에 일대 타격을 가하고, 김대중 후보에게 '용공'의 오명을 덮어씌움으로써 공포 분위기 속에서 박정희의 대통령 3선 야망을 이루려는 각본이었다.

심문은 말 그대로 무자비했다. 몽둥이로 맞고 바닥에 구르면서 고문을 이겨낼 수 없다는 절박한 공포감에 사로잡혔다. 만약 이 각본을 받아들인다면? 무서운 자문이었다. 4·19 이후 강물처럼 피흘리며 이루어온 민주화와 통일을 향하는 학생운동은 커다란 타격을 받는다, 민중의 군사독재 타도 열망과 미래를 향한 희망도 물거품이 되고 만다, 입이 찢어져도 각본을 받아들일 수 없다. 죽어도 그럴 수는 없다.……

창 밖으로는 연이어 연행되어오는 학우들의 모습이 스쳐 지나갔다. 이웃 건물들에서는 밤새 학우들의 처참한 비명소리와 신음소리가 터져 나왔다. 각본은 움직일 수 없다. 조서 작성을 위한 고문만이 남아 있었다. '마음대로 하라'고 목구멍에서 튀어나오려는 말을 안간힘으로 눌렀으나 고문의 아픔은 죽음보다 더했다. 취조관에 매달려 '차라리 죽여라! 제발 죽여달라'고 몇 번이나 애원했는지 모른다.……

혼자 되다니!……항상 감시가 원칙인데 기적과 같은 일이 일어난 것이다. 지금밖에 기회는 없다. 취조관이 다시 들어오면 각본대로 하고 말 것이다. 가물가물 타고 있는 난로가 눈에 들어왔다.……연료탱크를 들어올려 마개를 열고 머리에 기름을 부었다. 성냥이나 라이터를 찾았으나 보이지 않아 책상 위의 조서를 한 장 집어들고 둘둘 말아서 난롯불을 붙였다.……경비병이 눈치채지 못하게 이를 악물고 비명을 참았지만 불길이 어깨에서 얼굴로 옮겨붙자 더이상 견디지 못하고 '어-어-어-' 하는 비명이 터져 나오고 말았다.……

비명을 듣고 경비병이 방으로 뛰어들어와 방화수 양동이의 물을 끼얹었다. 순간 불은 소리를 내어 확 타올랐다. 놀란 그는 구원을 요청하러 뛰어나갔다. 나는 불덩어리가 되어 바닥을 구르다 문 밖으로 굴러나갔다.……아무런 고통도 없고 '모든 것은 끝났다'는 안도감과 고요함만이

육군 보안사는 재일교포 대학생 서승과 서준식 형제 등을 '민중봉기를 일으켜 정부를 전복시키려고 암약'해왔다는 혐의로 구속영장을 청구했다. 그 후 서승은 모진 고문을 당해야 했다. 얼굴에 붕대를 감고 법정에 출석한 서승.

있었다. 들판에 버려진 아이처럼 서글픈 정적 속에서 땅에 누워 빨려 들어갈 것 같은 하늘을 올려다보고 있었다. 눈물이 흘러내렸다. 입안에서 되뇌었다. '어머니, 미안해요. 어머니, 용서하세요.'

대통령 선거를 일주일 앞둔 1971년 4월 20일, 육군보안사령부는 4개망 51명으로 이루어진 이른바 '재일교포학원침투간첩단사건'을 발표했다. 거기에는 나와 동생 준식, 그리고 서울대 사회학과 학우들이 들어 있었다.”[17]

선거를 엎기 위한 음모극

물론 그 사건은 철저하게 조작된 것이었다. 서승·서준식 형제가 1970년 서울대 법대 재학 중 불법적으로 7박 8일 동안 북한 여행을 다녀온 건 사실이었지만, 그건 어디까지나 재일교포로서 모국에 대한 그리움에서 방문을 했던 것이지 그들은 간첩 행위를 전혀 하지 않았다. 이 사건은 무서운 음모극이었다. 김대중의 측근 김상현은 이렇게 말했다. "만일 박정희 후보가 질 경우 서승 사건과 연계시켜 선거 자체를 뒤엎어 버리려는 전략이었다고 한다. 조봉암이 그런 식으로 죽어갔던 것 아닌가."[18]

그것뿐만이 아니었다. 중앙정보부의 조작으로 어차피 선거는 박정희가 이기게 되어 있었지만, 만일의 경우에 대비하기 위해서인지 유권자들을 위협하는 소문은 여기저기 떠돌아다녔다. 최규장은 『언론인의 사계』(1998)에서 다음과 같이 말했다.

"박정희·김대중 후보가 마지막 선거 유세 대결을 벌일 때 윤필용 당시 수도경비사령관이 김대중이 당선되면 '서울 거리에서 탱크를 보게 될 것'이라고 미 CIA 책임자에게 했다는 말은 언론에는 뻥긋도 안 했지만 입에서 입으로 활달하게 옮겨 다녔다."[19]

중앙정보부가 그런 중요한 일을 수도경비사령관에게만 맡겨둘 리는 없었다. 중앙정보부 특명수사국에는 특명사항이 하달되었다. 당시 중앙정보부원 최종선은 『산자여 말하라: 나의 형 최종길 교수는 이렇게 죽었다』(2001)에서 다음과 같이 말했다.

"하루는 지나가는 개도 웃을 특명이라는 게 내려왔는데, 내용인즉, '총칼로 잡은 정권 쉽게 내줄 것 같으냐? 피바다가 될 거다!'라는 식의 깡패 양아치들이나 할 상스러운 협박공갈 유언비어를 시중에 나가 퍼뜨리면서 국민을 겁주라는 게 국가안보 최고기관이라는 중앙정보부 특명수사국에 내려온 특명사항이었습니다. 이게 비싼 밥 먹고 할 일이란 말입니까? 이게 조국을 위해 생명을 바치기로 결심한 우리에게 하라는 짓거리입니까?"[20]

그러나 그게 바로 중앙정보부, 아니 박정희 정권의 본질이요 정체성이었다. 박정희도 나중에(1972년 2월 22일) 청와대 출입을 그만두게 된 기자들을 위해 베푼 저녁식사 자리에서 이렇게 말했다. "김(대중)씨가 당선되었다고 할지라도 모측에서 가만히 있지 않았을 것이요. 내가 극력 막는다 해도 그들은 움직였을 것이야."[21]

점쟁이들을 유언비어 유포에 이용하는 수법도 동원되었다. 최종선은 "점쟁이들까지 잡아다가 유언비어를 조작하여 유포하도록 공작하고 협박할 정도로 정권 연장을 위하여는 이미 체면도 없고 자존심도 없이 모든 추악한 방법을 다 동원"했다고 말했다.[22]

제3장

제7대
대통령 선거

'김대중 바람' 대 색깔론

"10년 세도 썩은 정치, 못살겠다 갈아보자." "논도 갈고 밭도 갈고 대통령도 갈아보자." 이와 같은 선거 구호를 외치고 다닌 신민당 대통령 후보 김대중의 선거 유세는 큰 바람을 불러일으켰다. 10만 명을 넘는 인파가 몰려드는 건 보통이었고 서울 장충단공원 유세는 100만 명이나 되는 엄청난 인파가 몰려들었다. 그래서 이런 일까지 생겨났다.

"이후락 정보부의 또다른 주요 임무는 김대중 연설 청중 숫자에 관한 보도 통제였다. 차장보 등은 직접 『동아일보』를 드나들며 연일 김대중의 유창한 웅변에 쏠리는 인파가 보도에 부각되지 않도록 노력했다. 그 바람에 4·27 선거를 열흘 앞두고 기자들의 불만이 폭발, '정보 요원의 신문사 출입금지', '정보부의 언론 간섭 중지'를 결의하는 사태가 빚어지기도 했다."[23]

김대중은 대선 공약을 7개 항목으로 정리해 제시했다. "1인 독재에서 제2의 해방으로(법제 정치), 폐쇄 전쟁 지향에서 적극 평화 지향으로(통일), 예속 외교에서 자유 실리 외교로(외교), 정권 안보에서 민족 안보로(안보), 특권 경제에서 대중 경제로(경제), 불신과 절망에서 희망과 대중사회로(사회·복지), 질식·압박에서 자유·창조로(교육문화)."[24]

4월 18일 서울 장충단공원 유세는 선거 유세의 백미였다. 김택근의 『새벽: 김대중 평전』(2012)에 따르면, "오후 2시쯤 신민당 당사를 나왔다. 안국동 네거리에서 무개차에 올랐다. 사람들이 몰려들었다. 거대한

신민당 대통령 후보 김대중의 서울 장충단공원 유세에는 100만 명이 넘는 엄청난 인파가 몰려들어 큰 바람을 불러일으켰다.

인파가 차를 에워쌌다. 그 넓은 장충단공원이 터질 듯했다. 연단에 올라서니 눈 가는 곳은 모두 사람이었다. 100만 인파였다."[25]

과연 100만 인파였는가? 당시 『동아일보』 추산으로는 30만 명이었다.[26] 강성주는 "이날 모인 인파는 60~100만으로 제각각이었다. 장충단 공원 29만 7,000 m^3(90,000평)에서 시설물이나 수목 등을 제외하고 사람이 들어설 수 있는 면적과 인근 도로까지 빽빽하게 사람이 차 있었다면 100만 명 추산도 무리는 아니었다"고 했다.[27]

이런 유세에서 김대중을 가장 고통스럽게 만든 건 무엇이었을까? 그는 훗날 회고록에서 "내가 가장 난처했던 것은 약간 불결한 얘기이지만, 소변을 볼 시간 없었던 일이다"며 이렇게 말했다. "연설장에서는 군중들이 보고 있기 때문에 안 됐고, 연설이 끝나 시내 변두리로 나서게 된다 하더라도 바로 뒤에 20~30대씩이나 되는 차들이 따라오고 있기 때문에 내려서 볼일을 볼 수도 없었다. 나는 선거 중에 이런 일이 가장 고통스러웠다."[28]

김대중 바람에 대한 박정희 정권의 공개적 대응은 주로 색깔론이었다. 선거를 한 달쯤 남긴 3월 하순부터 간첩단 사건이 잇달아 터졌다. 중앙정보부와 보안사령부가 경쟁하듯 발표했다. 투표 4일을 앞두고 지하당 간첩단 13명을 검거했다고 공표했다. 외무부 장관 최규하와 공화당 대변인은 "김대중 후보의 언론·체육인 등의 남북교류, 4대국 안전보장, 예비군제 폐지 공약을 북한이 지지 표명했다"고 발표했는가 하면, 국방부 장관 정래혁은 "예비군 폐지는 김일성 남침을 촉진·유도하는 이적행위다"는 성명을 발표했다.[29] 박정희도 질세라 열심히 전국 유세에 나서 그의 전국 유세는 130회를 기록했다. 이와 함께 박정희의 선심 공세도 이루어졌다. 주한 미 대사관이 3월 30일자로 미 국무부에 보낸 보고서에 따르면, 30일 이전 한 주간에 발표된 조치들은 다음과 같다.

"서울시는 시내 무허가 건물 3분의 1을 양성화한다는 조치를 발표함. 건설부는 부산 지역의 대대적인 개발계획을 공표함. 교육부는 정부 및 민간단체가 출연하는 장학기금을 조성하여 내년 가을 519명의 대학생에게 장학금을 지급하고, 75년까지는 장학금 수혜자의 수를 2,535명으로 늘린다는 계획을 발표함. 농협은 3월 1일자로 소급하여 농가 부채 미상환분에 대한 연체료를 삭감해주겠다고 발표함. 5월 5일(어린이날)까지 서울에 20개의 어린이공원을 신설할 계획을 공표함."[30]

박정희의 대선 자금은 국가예산의 10%

4·27 대선은 언론이 자유롭지 못한 가운데 치러진데다 박정희 정권은 대규모의 부정선거를 자행해 결국 정권을 재장악하는 데 성공했다. 박정희는 634만 2,828표(53.2%)를 얻었고, 김대중은 539만 5,900표(45.3%)를 얻었다. 선거가 끝나고 박정희는 94만여 표밖에 차이가 나지 않은 것에 대해 "하마터면 정권 도둑맞을 뻔했다"고 말했다지만, 정작 정권을 도둑맞은 건 김대중이었다.

1971년 국가예산은 5,242억 원이었는데, 박정희는 이 선거에서 국가예산의 10%가 넘는 600~700억 원을 썼다(600억 원은 김종필, 700억 원은 강창성의 증언).[31] 입석버스 요금이 15원, 연탄 1장 20원, 커피 50원, 정부미 80kg이 7,000원 하던 시절이었으니[32] 지금 기준으로 따지면 조兆 단위를 넘는 엄청난 돈이었다.

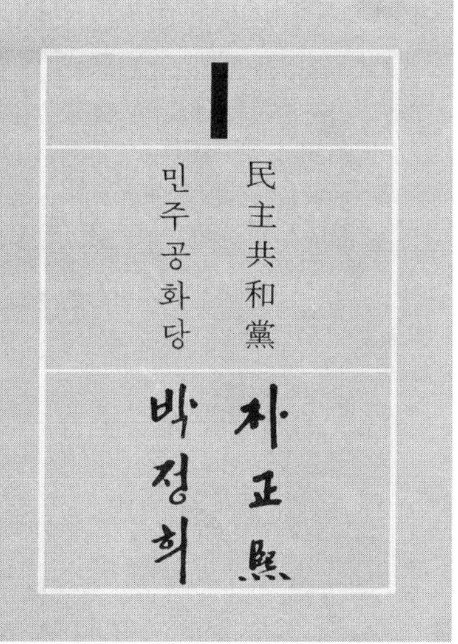

제7대 대선에서 박정희는 634만 2,828표, 김대중은 539만 5,900표를 얻어 박정희가 승리했지만, 대규모의 부정선거가 자행되었다. 김대중 후보의 선거 포스터와 박정희 후보의 명함형 홍보물. (대한 민국역사박물관 소장)

박정희 정권은 대선 자금을 위해 한국에 진출해 있는 미국계 기업들에서 약 850만 달러를 거둬 들였다. 여기엔 거대 석유기업인 칼텍스사가 제공한 400만 달러와 걸프사가 제공한 300만 달러가 포함되어 있었다.[33] 이들은 박정희 정권에 정치헌금을 내고 한국의 석유산업을 사실상 집어 삼켜버렸다.

박정희의 대선 자금 창구는 공화당 재정위원장인 김성곤이었는데, 걸프사의 사장 밥 도시Bob Dorsey, 1912~2001는 1970년대 후반에 열린 미의회 청문회에서 자신이 1971년 대선 자금을 뜯긴 것에 대해 다음과 같이 증언했다.

"문제(정치헌금)를 해결하기 위해 서울에 갔다. 김성곤 씨가 집으로 초대했다. 내가 평생 만나본 인물 가운데서 아마도 가장 다루기 힘든 인물이었을 것이다. 그날처럼 모욕을 당한 일은 처음이었다. 그는 거칠고 깐깐한 자금 모집책이었다. 그는 1,000만 달러를 요구했으나 결국 300만 달러로 낙착됐다. 그 돈은 걸프 본사의 자금에서 지출된 것이지만 일단 바하마에 있는 바하마탐사(주) 회사로 돌려져 그 회사 장부에 경비로 기록했다가 한국으로 건네졌다."[34]

걸프사는 1975년 5월 16일에 열린 미 의회 프레이저 청문회에서도 "우리가 전 세계의 외국 정부에 제공한 500만 달러에 달하는 정치자금 중 80%가 한국의 공화당 정권에 지불되었다"고 증언했다.[35]

중앙정보부의 투표 결과 조작

앞서 지적한 바와 같이, 당시 언론은 이미 박정희 정권에 의해 장악되어 있어 사실 보도를 제대로 할 수 없었다. 심층 취재로 박정희 정권의 부정선거를 폭로한 거의 유일한 기사는 울산의 개표 부정을 다룬 대구『매일신문』5월 1일자와 6일자 기사였다. 울산 주재기자 한종오는 자신이 개표장에서 본 것과는 전혀 다른 결과가 나온 데에 의심을 품고 취재를 한 결과 울산시장이 중앙정보부의 지시를 받고 투표 결과를 조작했다는 걸 알게 되었다. 이에 대해 허용범은『한국 언론 100대 특종』(2000)에 다음과 같이 썼다.

"심증을 굳힌 한종오 기자는 울산시장 집무실로 달려갔다. 비서에게 '대검에서 시장을 잡으러 수사관들이 내려오고 있다'는 거짓말을 하고 시장 면담 요청을 해놓았다고 한다. 그런데 문 밖에서 기다리는 그의 귀에 시장실 안에서 뭔가를 찢는 소리가 들리고 이어 시장이 집무실의 다른 문을 통해 밖으로 나가는 느낌이 들었다. 한 기자는 시장 집무실 휴지통에서 찢어진 메모지 여섯 조각을 주워 집으로 돌아와 일일이 맞추기 시작했다. 거기엔 개표 조작에 중앙정보부가 개입되었고, 박정희의 표를 82.1%로 하라는 뜻의 메모가 씌어 있었다."[36]

당시 신민당의 울산 지구당 위원장이었던 최형우도 울산 울주 지역의 개표 결과를 보고 경악했다. 그는 회고록 『더 넓은 가슴으로 내일을』(1993)에서 다음과 같이 말했다.

"각 투표함마다 김대중 후보 지지표가 10표를 넘지 않았다. 내가 살고 있던 우정동의 경우 집안 식구들의 것만 합쳐도 12표였고 친척들과 친구들의 것을 합치면 100표가 훨씬 넘었다. 그런데도 김대중 후보 지지표가 집안 식구들 숫자에도 못 미치는 7표밖에 나오지 않은 것이었다. 개표 부정이 얼마나 심했으면 이 지경에 이를 수 있다는 말인가. 분노 이전에 수치심으로 온몸이 부들부들 떨렸다."[37]

"이번이 마지막 출마"라는 거짓말

박정희는 4·27 대선에서 유권자들에게 "이번이 마지막 출마"라는 것을 강조하면서 '마지막'에 약한 우리 국민의 약한 심성을 파고들어 제법 재미를 보았다. 김대중이 4월 17일 전주 유세부터 "박정희 정권이 종신 총통제를 획책하고 있다"고 폭로했기 때문에 박정희로서는 그에 대항할 필요도 있었으리라.

그런데 그 아이디어가 『조선일보』에서 나왔다는 게 흥미롭다. 박정희는 이미 군정 초기부터 당시 『조선일보』 사장 방일영의 집을 찾아가 사적인 교류를 가질 만큼 『조선일보』와는 가까웠는데,[38] 박정희와 『조선일보』의 상부상조相扶相助 관계는 1970년대 내내 지속된다. 『조선일보』 회장 방우영이 자신의 자서전 『조선일보와 45년』(1998)에서 밝힌 말을 들어보자.

"박 대통령의 부산 유세를 앞두고 이후락 실장이 본사를 찾아와 환담 중에 '결정적 묘안이 없느냐'고 물었다. 이때 최석채 주필이 '3선만 하고는 더이상은 안 하겠다고 국민 앞에 공약을 하라'고 말해주었다. 그래서인지 박 대통령은 부산 유세에서 처음으로 국민 앞에서 '이번만 하고는 다시는 여러분께 표를 달라고 하지 않겠다'고 말했다."[39]

박정희가 단지 말만 한 건 아니었다. 한 편의 신파극을 연출했다. 그는 4월 24일 부산 유세에 이어 25일 서울 유세에서는 눈물까지 흘리며 "더이상 여러분들에게 표를 달라고 하지 않겠다"고 호소했다. 아닌 게 아니라 그 말은 사실이었다. 김대중의 폭로 그대로 박정희는 이후 민주주의 자체를 부정하는 유신으로 국민의 투표권을 아예 박탈해버렸으니 말이다.

4·27 대선과
지역 갈등

"신라 임금을 뽑자"는 선동

4·27 대선은 지역주의, 특히 영남 지역주의가 강하게 드러난 선거였다. 박정희는 경북에서 92만표(박정희 133만 표, 김대중 14만 표), 경남에서 58만 표(박정희 89만 표, 김대중 31만 표)를 이겼는데, 이 영남 지역 승리는 전체 승리 득표 94만 표보다 56만 표나 많은 것이었다. 반면 김대중은 박정희를 전북에서 23만 표(박정희 30만 표, 김대중 53만 표), 전남에서 40만 표(박정희 47만 표, 김대중 87만 표), 서울에서 39만 표(박정희 80만 표, 김대중 119만 표)를 이겼다. 박정희는 이미 1967년 대선에서 윤보선에 비해 영남표만 136만 표를 앞섰는데, 그것은 전국적으로 박정희가 이긴 116만 표보다 20만 표나 웃도는 것이었다.[40]

그러한 영남 몰표는 박정희가 지역감정을 적극적으로 부추긴 결과였다. 1971년 대선에선 특히 국회의장 이효상의 활약이 눈부셨다. 그는

4·27 대선은 영남 지역주의가 강하게 드러난 선거였는데, 박정희가 지역감정을 적극적으로 부추긴 결과였다. 1971년 4월 25일 공화당 대통령 후보 박정희의 서울 유세장에 모인 군중들.

1963년 대선에서도 9월 10일 대구 수성천변에서 열린 공화당 유세장에서 다음과 같이 말한 바 있는 지역 분열주의자였다.

"이 고장은 신라 천 년의 찬란한 문화를 자랑하는 고장이지만 이 긍지를 잇는 이 고장의 임금은 여태껏 한 사람도 없었다. 박 후보는 신라 임금의 자랑스러운 후손이다. 이제 그를 대통령으로 뽑아 이 고장 사람을 천 년 만의 임금으로 모시자."[41]

이효상은 1963년 대선에서 재미를 본 수법을 또 써먹은 것이다. 그는 선거 유세 때마다 "경상도 대통령을 뽑지 않으면 우리 영남인은 개밥에 도토리 신세가 된다"고 지역감정을 부추기는 숱한 망언을 양산해냈다.[42] 그 밖에도 공화당 정치인들은 영남 지역 유세에서 다음과 같은 발언들을 쏟아냈다.

"박 대통령은 경상도 대통령 아이가.""문둥이가 문둥이 안 찍으면 어쩔끼고.""경상도 사람 쳐놓고 박 후보 안 찍는 사람은 미친 사람이라.""1천만 명에 가까운 경상도가 주동이 되고 단결만 하면 선거에 조금도 질 염려가 없다.""경상도에서는 쌀밥에 뉘 섞이듯 야당표가 섞여 나오면 곤란하니 여당표 일색으로 통일하자.""우리 지역이 단합하여 몰표를 밀어주지 않으면 저편에서 쏟아져 나올 상대방의 몰표를 당해낼 수 없다."[43]

'피의 보복이 있을 것'이라는 선동

공화당과 중앙정보부 요원들의 활약도 만만치 않았다. 김옥두는 『고난의 한길에도 희망은 있다』(1999)에서 "그들은 김대중 후보가 정권을 잡으면 경상도 전역에 피의 보복이 있을 거라는 인간의 원초적 공포심을 자극하는 터무니없는 발언을 공공연히 하고 다녔다. 아울러 '우리가 똘똘 뭉쳐 몰아주지 않으면 우리는 망한다. 서울이고 경기도고 전라도고 우리 표를 빼낼 곳이 없다. 우리가 몰표를 던짐으로써 우리의 지도자, 조국 근대화의 기수를 건져내야 한다'라고 부추켰다"며 다음과 같이 말했다.

"그리고 경상도 지역의 공무원들에겐 '김대중이기 만약 정권을 잡으면 모조리 모가지가 날아갈 것'이라고 떠들어댔다. 아울러 공화당원과 경찰, 중앙정보부 요원들은 서울에서 영남 지역으로 내려온 참관인들에

게 '이 전라도놈(김대중 후보를 지칭) 앞잡이들아, 모두 꺼져버려라!'라고
스피커를 동원해 대대적으로 협박하고는 공명선거 감시단 참관인들을
모조리 쫓아버리곤 했다. 이 때문에 영남 지역에는 참관인들이 아예 발
을 붙일 수가 없었다. 또한 영남 지역 야당 인사들에게는 '이 선거는 경
상도와 전라도의 싸움인데 당신은 왜 전라도놈 앞잡이 노릇을 하고 다
니느냐? 정 그렇게 하고 싶으면 이 마을에서 없어져라!' 하면서 여럿이
떼로 몰려와 구타·협박하였다. 혹은 술과 밥과 돈으로 매수하여, 투표
당일 야당 참관인으로 참석 못하게끔 했다. 설령 참석한다 해도 그들이
어떠한 선거부정을 저질러도 찍소리 하지 못하도록 만들었다."[44]

"럭키치약을 사지 말자"는 공작 선동

또 영남 지역에선 중앙정보부가 저지른 것으로 의심되는, 기이한 일
들이 벌어졌다. 선거 막바지에 대구에선 "호남인이여 단결하라", "백제
권 대동 단결" 같은 유인물이 호남향우회 명의로 나돌아다녔다. "럭키치
약을 사지 말자"는 유인물도 유권자들의 집에 대량 살포되었다. "호남에
서는 영남인의 물건을 사지 않기로 했다", "전라도에서는 김대중이 발
씻은 물까지 마신다"는 흑색선전도 난무했다. 부산에서도 "호남 후보에
게 몰표를 주자", "호남인이여 단결하라", "때는 왔다. 전라도 사람은 뭉
쳐라"는 구호가 전봇대에 나붙고 여기저기 떠돌아다녔다.[45]

중앙정보부는 당시 '선거 전략의 귀재'로 불렸던 김대중의 선거참
모 엄창록을 김대중과 분리시키는 공작을 저질렀는데, 김대중의 측근 권
노갑은 "현지 여론이 하루 아침에 들끓기 시작하는데 시간이 없어 손쓸

겨를도 없었다. 아, 이게 자취를 감춘 엄창록의 수작이라고 단정하지 않을 수 없었다"고 말했다.[46]

이와 같은 지역 분열주의 작태에 대해 『동아일보』는 선거가 끝난 지 며칠 후인 5월 1일자 칼럼을 통해 "메뚜기 이마만도 못한 곳에서 이렇듯 민족분열을 꾀하는 자는 과연 누구인가! 아무리 정치가 좋고 대통령 자리가 탐난다 할지라도 민족을 분열하여 가면서까지 일신의 부귀와 영달을 누려야만 할 것인가?"라고 개탄했다.[47]

그러나 모든 언론이 다 그렇게 개탄한 건 아니었다. 민주언론운동시민연합 신문모니터분과는 "『동아일보』 1971년 4월 30일자 「지역감정의 극한 대결」은 당시 공화당이 지역감정을 이용한 선거운동을 하고 있음을 밝히고 있다.……그러나 『조선일보』의 보도내용은 사뭇 달랐다. 1971년 4월 3일자 '표따라 말따라'라는 스케치 기사에서 잠깐 언급했을 뿐이다. 당시 『조선일보』는 여권에 대한 의제로 유세장에서 문제가 됐던 '지역감정'보다는 박정희 후보가 주장했던 '안보'와 '경제개발' 문제를 쟁점으로 다뤘다"며 다음과 같이 말했다.

"반면 지역감정에 관한 한 오히려 호남 지역과 더 연관지어 보도하는 경향을 보였다. 3월 9일자 「한 표 바람은 불었다」라는 기획기사가 대표적 예다. 이 기사는 '호남 푸대접론의 부당성을 갈파하는' 호남지방의 공화당 지구당 위원장을 취재한 것이다. 이 기사는 '전남북의 거의 모든 공화당 조직은 유권자들 곁으로 다가가 무장된 이론으로 '푸대접론'과 맞씨름을 벌여 진땀을 흘리고 있는 실정이다'라고 보도했다.……이처럼 『조선일보』는 이때부터 지역감정 문제에 있어서 호남을 먼저 거론, 그 일차적 책임을 호남에 돌리는 게 아닌가 하는 지적을 받았다."[48]

박정희의 호남 차별 인사정책

대선이 끝난 지 보름 가까이 되는 5월 10일, 국회의장 이효상은 대구교육대학교에서 가진 강연에서도 여전히 지역감정을 조장하는 발언을 했다. 공화당 의장 백남억도 비슷한 발언을 했다. 5월 19일 전북대에선 700여 명의 학생이 모여 규탄대회를 열었다. "조국통일이라는 민족적 지상 목표 아래 굳게 뭉쳐야 할 중요한 시기에……동서를 분열시키려는 처사는 일국의 지도자라는 입장으로서 도저히 용납될 수 없는 처사다."[49]

사실 박정희와 그 일행에겐 동서 분열주의를 해소할 뜻이 전혀 없었다. 오히려 그건 이용 대상이었다. 실제로 4·27 대선이 그런 방식으로 치러졌는데도 이 점에서 박정희를 옹호하는 사람이 적지 않았다. 예컨대, 박정희의 비서실장을 지낸 김정렴은 박정희가 광주와 전주 유세에서 "공업화 안 돼서 당신들 안타까워하지만 나중에 두고 보시오. 다른 데 공해 때문에 시달릴 때 당신네들은 더 깨끗한 공장 지어 가지고 나중에 더 잘 산다"고 말했다는 걸 거론하면서 박정희를 옹호했다.[50]

박정희는 경제개발 과정에서 호남 차별을 저지른 데 이어 정부 인사에서 또 한 번 호남 차별을 저지름으로써 먼 훗날까지도 한국 사회가 지역주의의 수렁에서 헤어나지 못하게 만드는 역사적 범죄를 저지르게 된다. 박정희의 이후 인사정책에 대해 한승조는 『박정희 붐, 우연인가 필연인가』(1999)에서 다음과 같이 말했다.

"1971년 대통령 선거 이후부터 제4공화정의 엘리트 충원에서 지역적 편향이 두드러지기 시작한다. 첫째, 남한 7도 중에서 경상남북도 출신이 가장 많았다(34.9%). 둘째, 그동안 불문율처럼 유지되어오던 북한 출신의 비율이 감소하면서 그 자리를 경상도 출신이 메움으로써 전라도 출신보다 2배 이상 증가하였다(34.92% 대 12.7%). 또 각료직 이외에도 군장성, 대통령 비서실 기타 행정부를 감독하거나 영향을 주는 직책의 요직에도 경상도 출신이 눈에 띌 만큼 많이 기용되었음은 널리 알려진 사실이었다."[51]

제8대 국회의원 선거와
'진산 파동'

신민당 당원들의 습격을 받은 유진산

대통령 선거에 참관인으로 참여했던 대학생들은 선거부정을 들고 나와 1971년 5월 25일로 예정된 제8대 국회의원 선거를 거부할 것을 주장했다. 5월 17일에는 27명의 서울대생과 고려대생이 신민당 중앙당사에서 총선 거부 결의문을 전달하고 농성을 벌이다가 그중 7명이 구속되는 사건까지 발생했다. 전국에서 학생 데모가 벌어졌고, 전북대에서는 지역감정을 유발하는 데에 앞장섰던 국회의장 이효상을 비난하는 규탄대회가 벌어지기도 했다.

그런 와중에서 신민당 당수 유진산은 이상한 태도를 보여 이른바 '진산 파동'이 발생하게 되었다. 원래 충남 금산을 지역구로 하고 있던 유진산은 서울 영등포 갑구로 지역구를 옮겼는데, 이때에도 공화당 길재호와 묵계설 시비가 인 적이 있었다. 그런데 이번에는 유진산이 영등포 갑구마저 포기하고 전국구 후보 1번으로 옮긴 것이다.

당의 공식기구와 일절 협의하지 않고 유진산 혼자 그렇게 결정한데 다, 영등포 갑구에는 공화당 후보로 박정희의 처조카 사위이자 청와대에 서 외자 담당 수석비서관을 지낸 장덕진이 나올 예정이었다. 그리고 신민 당 공천은 유진산 대신 29세의 젊은 청년 박정훈에게 돌아가 의혹을 증 폭시킨 것이다. 이게 바로 이른바 '진산 파동'이 일어나게 된 배경이었다.

금품 수수설이 떠돌면서 흥분한 당원 수백 명이 유진산의 집을 습격 하고 당사에 들어가 유진산의 사진을 불태우는 사태까지 벌어졌다. 유진 산은 잠적했다가 5월 10일에 당수직은 사퇴했으나 전국구 후보는 고수 했다. 민주수호국민협의회는 5월 13일 진산 파동은 여야간에 오랫동안 누적된 비열한 암거래가 빙산의 일각으로 노출된 사례로 야당의 존립 이유가 이처럼 부인되는 정치 풍토는 지양되어야 한다는 성명을 발표했 다. 박정훈은 선거 막바지에 가서 사퇴했는데, 이때에도 거래설이 떠도 는 등 잡음이 끊이질 않았다.[52]

신민당의 '실질적인 대승'

신민당이 내분으로 몸살을 앓았던 반면, 박정희는 공화당 내에 친위 체제를 구축하기 위해 공천에 깊숙이 개입했다. 박정희는 5·25 총선의 공천 과정에서 지역구 공천자 88명 중 절반에 해당하는 41명을 군부 출 신으로 공천하고, 그 외에도 경호실 출신 8명, 대구사범학교 출신 4명, 중앙정보부 출신 4명을 공천해 친위 세력이 전체 공천자의 3분의 2를 점했다.[53]

제8대 국회의원 선거에서 공화당은 113석, 신민당은 89석을 얻어 신민당이 '실질적인 승리'를 거두었다. 제8대 국회의원 선거 당시 전국의 득표 상황을 표기한 게시판. (대한민국역사박물관 소장)

5·25 총선의 153개 지역구에서 공화당 86명, 신민당 65명, 국민당 1명, 민중당 1명이 당선되었다. 공화당은 52.45%를 득표해 전국구 27석, 신민당은 47.55%를 얻어 전국구 24석을 얻어 전국구를 합친 의석 수는 공화당 113석, 신민당 89석이 되었다.

공화당 현역 의원 26명이 무더기로 낙선한데다 공화당은 서울의 17개 지역에서 단 1석만을 건졌고 제7대 국회 때보다 야당의 의석이 2배로 늘어나, 5·25 총선 결과는 "당시의 형편으로 미루어선 야당의 실질적인 대승"으로 간주되었다.[54] 이 선거 결과를 1년 5개월 후에 나타난 유신체제와 연계시켜 다음과 같이 해석하는 시각도 있다. 정치학자 김세중은 『한국정치동태론』(1996)에 쓴 글에서 다음과 같이 주장했다.

　"1971년 총선에서 국회의원 3분의 2 의석 확보에 실패한 박정희는 헌법개정이라는 법 절차를 밟아 장기집권을 모색하는 것이 사실상 불가능하게 되었다. 따라서 그는 이번에는 비상계엄의 선포 아래 새로운 헌법을 채택하는 식의 비상한 방법을 동원하지 않을 수 없었던 것이고 이것이 바로 유신체제 도입의 권력정치적 배경이라고 할 수 있다."[55]

언론의 김대중 보도 통제

　총선 열흘 후인 6월 4일 박정희의 혁명 동지였던 김종필은 제11대 국무총리에 취임했지만, 그는 훗날 회고록에서 이렇게 말했다. "하지만 실제 나의 위상은 혁명 초기 한 시대의 연출자 겸 동업자에서 이 무렵엔 조력자 수준으로 바뀌어 있었다."[56] 총선 후 박정희는 대선시 경쟁자였던 김대중이 신민당 내에 뿌리를 내리지 못하게끔 김대중에 대한 탄압을 강화했다. 1971년 7월 20일 신민당 당수를 뽑는 전당대회를 전후로 하여 중앙정보부는 김대중을 '잊힌 인물'로 만들기 위해 언론을 철저히 통제했다.

　이와 관련, 김옥두는 『고난의 한길에도 희망은 있다』(1999)에서 "중앙정보부는 신문사 및 TV 방송국에 압력을 넣어 김대중 의원에 관한 것은 일체 보도가 되지 않도록 엄청난 통제를 가하고 있었다. 신문사에 보도지침을 내려 '김대중에 관한 기사는 좋든 싫든 무조건 쓰지 마라. 김대중이라는 이름 또한 쓰지 마라. 이름만 봐도 국민들이 생각한다'고 협박을 가했다"며 다음과 같이 말했다.

　"텔레비전에 대한 통제는 어느 정도였냐 하면, 어느 날 김 의원이 아시아영화제에 초대받아 참석했다가 주최 측의 배려로 한국 배우 옆에 앉은 적이 있었다. 그때 텔레비전 카메라가 배우들 얼굴 비치느라고 김 의원이 잠깐 TV에 두 번 정도 얼굴이 나온 적이 있었는데 중앙정보부는 그걸 트집 잡아 '왜 얼굴이 두 번씩이나 나왔느냐?'고 방송국을 발칵 뒤 집어놓을 정도였다."[57]

제6장

사법부 파동과 사법부 탄압 공작

판사들의 자체 정화운동

1970년대는 한국 사법부 역사상 최악의 세월이었음이 틀림없다. '사법 살인'이라는 말이 나올 정도로 사법부는 박정희 독재정권의 하수인으로 전락했으니 말이다. 그러나 모든 법관이 그런 치욕에 순응했던 것은 아니었다. 나름으로 법의 최소한의 명예를 지키기 위해 치열한 노력을 한 법관들이 있었고, 그들의 그런 노력이 박정희 정권과 충돌하여 벌어진 사건이 바로 '사법부 파동'이었다.

1970년, 사실 여부에 관계없이 사법부가 망신을 당할 만한 일들이 있었다. 그해 10월 사법부에 대한 국회 법사위의 국정감사 때, 법관들이 지나치게 세속화되었다는 비판이 제기되었다. 또 그 무렵 한국인 살해사건으로 국내법으로 기소된 미군 병사들이 "한국 법관들은 뇌물에 민감해 공정한 심판을 기대할 수 없다"면서 한국 법원을 기피하는 일까지 벌

어졌다.[58]

당시 법에 대한 불신이 만만치 않았다는 건 분명한 사실이었다. 1971년 1월 대구고법과 대구·부산지법 등 12개 지원 판사 100여 명이 '권력으로부터의 독립', '청탁 배제', '자체 쇄신' 등 3개 슬로건을 내걸고 자체 정화운동을 시도한 것도 바로 그런 이유 때문이었을 것이다. 그러나 그 운동은 곧 흐지부지되고 말았다.

이에 대해 이상우는 『박정권 18년: 그 권력의 내막』(1986)에서 "한국 사법사상 처음 있는 법원 정풍운동은 각계와 여론의 지지 속에 한동안 국민들의 주시와 기대를 모았다. 그러나 출발할 당시의 굳은 다짐에도 불구하고 이 운동은 얼마 가지 않아 흐지부지되고 말았다"며 다음과 같이 말했다.

"한때 법원 주변에서 서성거리고 있던 사건 브로커들을 단속하기도 했고, 사법부 직원들이 외식을 삼가고 커피를 주문하지 않기로 결의하는 등 움직임을 보였으나, 이러한 자세의 가다듬음도 별로 오래 계속되지 못했다. '거세개탁擧世皆濁'이라고밖에 표현할 수 없었던 당시의 사회 풍토 속에서, 그리고 더욱 비대해지고 거침없어져 가는 통치권력 앞에서, 양심과 독립을 지키려 했던 사법부의 몸부림은 너무나 미력했기 때문이었다."[59]

박정희 정권의 사법부 탄압 공작

박정희 정권은 1971년 6월 22일 대법원의 국가배상법 위헌판결에 대해 불만을 가졌다. 당시 국가배상법(제2조 제1항)에는 "현역 군인이 직무 수행 중 사고로 다치거나 순직할 경우 국가는 손해배상 책임을 지지 않는다"는 규정이 있었는데, 대법원은 이 규정이 위헌이라는 판결을 내렸던 것이다. 또 대법원은 위헌판결을 대법원 판사 3분의 2 찬성으로 하게 되어 있는 것도 위헌이며 일반 판결처럼 과반수로 해야 한다고 판시했다. 박정희 정권이 불만을 느낀 것은 이 국가배상법 위헌판결은 당시 베트남전쟁 파병 사상자가 많아 국가재정에도 부담이 된다는 이유 때문이었다.[60]

6월 29일 서울지법 부장판사 양헌은 신민당 당사에서 총선 거부를 주장하며 농성을 벌여 구속기소된 서울대생 정계성 등에 대해 무죄를 선고했는데, 이 판결도 박정희 정권을 불편하게 만들었다. 박정희는 위헌판결에 찬성한 대법원 판사들을 가리켜 "나라 형편을 모르는 사람들"이라며 분노했으며, 신민당사 농성 학생들의 무죄판결에 대해서도 격분하여 대법원장 민복기에게 직접 전화를 걸어 유감을 표시했다.[61] 앞서 거론했던 『다리』 탄압 사건도 7월 16일 서울지법 단독판사 목요상에 의해 전원 무죄판결을 했는데, 이 또한 박정희 정권을 화나게 만들었다. 목요상은 자신의 무죄판결 결심을 눈치 챈 검찰과 중앙정보부에서 갖은 회유와 압력을 받았는데도 굴하지 않고 소신을 지킨 것이었다.

박정희 정권은 이와 같은 일련의 움직임을 보면서 법관들 전체에 대해 강한 위협을 할 필요가 있다고 판단했다. 박정희 정권의 그런 음모의 희생양으로 부장판사 이범렬을 택했다. 공안 당국은 7월 28일 이범렬 등 재판부가 제주 출장시 사건담당 변호사에게서 '대접'받은 것을 꼬투리 잡아 구속영장을 신청했던 것이다. 이 영장은 증거인멸과 도주의 우려가 없다는 이유로 기각되었으나, 판사에 대한 구속 시도는 법원을 경악시켰고 급기야 서울형사지법 판사 42명 중 37명이 즉각 항의 사표를 쓰기에 이르렀다. 민사지법 판사들도 집단사퇴를 결의했다.

박정희 정권의 재판권 침해 사례

법관에 대한 검찰의 구속영장 신청이 동료 판사들에 의해 거부되자, 검찰은 접대부와의 '관계'까지 들춰내는 등 치졸한 공세를 펼쳤다.[62] 이에 대해 서울민사지법 판사들은 7월 30일 그동안의 재판권 침해 사례를 폭로하는 것으로 맞섰다. 판사들이 밝힌 침해 사례는 다음과 같은 내용이었다.

"반공법 등 사건에서 검찰의 뜻과 다른 판결을 한 법관은 용공분자로 취급, 압력을 가하고 신원조사를 실시했다. 법관이 구속영장 기각 무죄판결을 하면 '부정한 판사'라고 공공연히 비난했다. 법관을 미행하고 함정수사, 가정조사, 예금조사까지 하는 일이 있었다. 구속영장을 법원 창구에 신청하지 않고 판사실로 가져와 강청強請하는 일이 잦다. 법원 내에 사건이 생기면 무고한 법관을 피의자 취급해서 모욕, 협박, 폭언을 서슴지 않는다. 담당 검사가 법관에게 자신의 '명맥이 걸려 있다'는 말까지 하며 재판 결과에 영향을 끼치려 한다."[63]

7월 31일 대한변호사협회도 검찰의 사법권 간여와 피의사실공표를 비난하는 성명을 발표했다. 법관의 사표 제출은 대구, 청주 등으로까지 확대되어 415명의 법관 중 3분의 1이 넘는 153명의 법관이 사표를 내기에 이르렀다. 법관들은 법무부 장관 신직수의 인책 사퇴, 이번 사건에서 발생한 피의사실공표에 관련된 검찰관의 의법 조치, 사법권의 독립을 위협하는 일체의 행위를 금하는 등 근원적인 개선을 요구했다.

이런 요구에 대해 가장 극단적인 강경 대응을 주장한 사람은 바로 박정희였다. 박정희는 정권이 재판권을 침해하는 것은 전혀 생각지 않고, 오히려 판사들이 행정부에 대해 부당한 압력을 가한다며 분노했다. 자신이 직접 기자회견을 통해 판사들의 행정권 침해를 비판하겠다고 펄펄 뛰었다. 박정희는 자신의 그런 분노가 적반하장賊反荷杖이라는 걸 전혀 깨닫지 못했다. 비서관들이 박정희의 기자회견과 담화문 발표를 막느라 땀을 뻘뻘 흘려 박정희의 적반하장은 공개적으로 드러나진 않았지만,[64] 박정희는 이미 이때부터 3권 분립을 인정치 않는 사실상의 유신체제 중독증을 보이고 있었던 건지도 모른다.

박정희 정권의 하부기관으로 종속된 사법부

이 사건은 국회로까지 비화되는 등 세상을 온통 떠들썩하게 만들었으나, 법무부 장관 신직수와 검찰총장 이봉성이 대법원장 민복기의 집을 찾아가 타협을 모색하고 민복기는 이에 응하는 걸로 끝나고 말았다.[65] 검찰이 두 판사에 대한 뇌물수수 사건을 기소하지 않기로 후퇴했지만, 판사들은 사법권 침해의 재발 방지 보장이 없다는 데 대해 계속 불만을 터뜨렸다. 그해 8월 27일 대법원장 민복기는 재경在京 판사회의를 소집해 판사들이 타협하도록 설득했다.[66]

결국 이 사건은 양측의 타협으로 종결되었지만, 사실상 사법부의 일방적인 패배였다. 부장판사 이범렬은 사직했으며, 파동 당시 사법권 수호운동의 주역을 맡았던 서울형사지법 원장 송명관은 대전지법원장으

유신체제에서 사법부는 정권의 하부기관으로 전락했다. 특히 1973년 3월 법관 재임용에서 사법부가 정권의 시녀가 되기를 거부한 경력을 가진 법관들이 무더기로 탈락했다. (『동아일보』, 1995년 4월 23일)

로 좌천된 후 사표를 제출했다. 사법권 독립과 검찰 측 인책 요구에 앞장섰던 판사 홍성우와 김공식도 사표를 냈다. 부장판사 양헌과 판사 목요상은 유신 이후 법원에서 쫓겨났다. 두 사람은 서울에서 변호사 개업도 못한 채 대전과 대구에서 객지 생활을 해야만 했다.[67] 이와는 대조적으로 "법관들로부터 인책 요구의 대상이 되었던 검찰 관계자들은 인책은커녕 오히려 대부분이 출세와 승진의 가도를 달렸다".[68]

사법 파동이 있은 지 1년 좀 지나서 선포된 유신체제는 아예 명시적으로 사법부를 정권의 하부기관으로 종속시켰다. 대법원장 민복기는

1973년 신년사에서 "사법권도 필경은 국가 정치권력의 한 부문에 속하는 만큼 사법권의 존재 양식도 여기에 발맞춰 나가야 함은 당연한 귀결이다"고 말했다.[69] 유신헌법에 의해 최초로 실시된 1973년 3월의 법관 재임용에선 모두 48명의 법관이 무더기로 탈락했는데, 그들은 한결같이 사법부가 정권의 시녀가 되기를 거부한 경력을 가진 법관들이었다.[70]

1974년 12월 5일 대법원장 민복기는 전국사법감독관회의를 소집한 자리에서 법관들의 '확고한 국가관'을 유난히 강조했으며, 또 12월 10일 인권선언 기념식에선 "유신은 인권보장의 첩경"이라고까지 주장하게 되었다.[71] 이로써 사법부에선 '어용 판사'들만이 득세하게 되었다.[72] 고은은 『만인보 10』(1996)에 이렇게 썼다. "그러는 동안 이 나라의 사법부는 없어졌다/대법원장실에는/역대 대법원장의 사진 대신 임명권자인 대통령의 사진이 걸려 있었다."[73]

그린벨트와
산림녹화

수도권 인구 억제를 위한 그린벨트

박정희 정권의 주요 업적 가운데 하나로 평가받는 것이 바로 그린벨트(개발제한구역) 제도다.『중앙일보』특별취재팀은 1997년 이런 평가를 내렸다. "외국에선 '20세기 각국의 국토계획 중 대표적 성공 사례로 환경보전정책의 백미白眉'라는 극찬을 받고, 국내에선 '대도시 주민들의 숨쉴 공간을 마련했다'는 얘기와 함께 '박정희의 최대 걸작'이란 평가를 받은 그린벨트."[74]

그린벨트는 1971년 7월 30일 건설부 고시 제447호로 태어났다. 이는 수도권 일부를 묶는 것을 시작으로 종국엔 전 국토의 5.4%까지 지정하기에 이르렀다. 그린벨트는 1969년 말인가 1970년 초 박정희가 '수도권 인구 억제 대책을 연구, 보고하라'는 지시를 내린 결과 탄생한 것이다. 급속한 공업화와 도시화로 인해 서울 인구는 1955년 157만 명(전체 인구의 7%)이던 것이, 1960년 244만 명(10%), 1970년 543만 명(18%)으로 늘어 심각한 사회 문제들을 낳게 되었다(1980년 836만 명[22%], 1990년 1,028만 명[24%]).[75]

『중앙일보』특별취재팀의『실록 박정희』(1998)에 따르면, "변두리에 즐비한 판자촌은 안양, 의정부 등으로 마구 뻗어나가고 있었다. 일부 기업과 부유층에 의한 부동산 투기 열풍은 백약이 무효였다. 그러나 그린벨트라는 기상천외한 조치로 수도권 일대의 부동산 투기는 가라앉았다".[76] 그건 일시적인 진정에 불과한 것이었지만, 박정희 정권은 이후 계속 그린벨트 제도를 엄격하게 시행했다. 1972년부터 1979년까지 그린벨트 관리 잘못으로 징계를 받은 공직자가 2,526명(파면 191명, 감봉 114명, 견책 229명, 직위해제 2명, 경고·주의·훈계 1,990명)이나 될 정도였다.[77]

한국은 20세기의 대표적 녹화 사업 성공 국가

산림녹화도 그린벨트처럼 긍정적인 평가를 받는 박정희 정권의 주요 업적 가운데 하나다. '1984년 임업 통계 요람'에 따르면, 남한 전체 임목林木 면적의 84%가 20년생 이하였다. 이는 나무 10그루 중 8그루 이상이 박정희 시대에 심어졌다는 걸 의미하는 것이다. 유엔이 한국을 이스라엘과 함께 20세기의 대표적 녹화 사업 성공 국가로 꼽는 것도 결코 우연이 아니다.[78]

산림녹화는 경부고속도로와 마찬가지로 박정희가 1964년 서독 방문시 결심했던 것으로 전해진다. 서독의 푸른 숲을 보고 충격을 받았던 것인지 귀국 후 산림 관계자들에게 "산이 푸르게 변할 때까지 구라파(유럼)에 안 간다"는 말을 했다는 것이다. 그러나 산림녹화는 경부고속도로와는 달리 시급한 것은 아니라고 생각했던 것인지 손을 놓고 있다가 1973년 1월 16일 경기도 지사 손수익을 산림청장으로 임명하고 특별 당부를 내리면서 본격적으로 진행되기 시작했다.[79]

산림녹화는 산에 나무만 열심히 심는다고 되는 일이 아니었다. 동시에 같이 해야 할 다른 일이 많았다. 1973년부터 벌어진 농가 아궁이 개량사업, 1975년부터 나무와 수자원 보호를 위해 취해진 낙엽채취 금지령, 1974년부터 1979년까지 5개년계획으로 펼쳐진 화전火田 정리 사업(30여만 가구 정리) 등이 동시에 추진되었다.

이게 다 박정희의 지시에 따른 것이었으며, 박정희는 1977년 11월

산림녹화는 박정희가 서독의 푸른 숲을 보고 시행했는데, 1977년 11월 첫째 토요일을 육림일로 지정해 강력하게 군사작전식으로 추진했다.

첫째 토요일을 육림일育林日로 지정하고 1978년 4월 '산불 예방에 관한 대통령 특별 담화문'을 발표하는 등 산림녹화를 위해 강력한 군사작전 식 추진과 더불어 세심한 주의를 기울였다.[80]

반론이 없는 건 아니다. 일부 육종 전문가들은 녹화에만 급급해서 리기다소나무, 아까시나무, 오리나무 등 지질을 산성화하는 수종을 너무 많이 심었고 경제적 가치가 없는 수종이 너무 많다는 점을 지적한다. 이런 지적에 대해 산림청 임업정책국장 안상국은 다음과 같이 반박했다.

"잡초조차 제대로 자랄 수 없는 당시의 척박한 토양에서 좋은 수종만 고집하는 것은 설사하는 사람에게 한사코 고기를 먹이려는 것과 같다. 산림녹화의 질을 따지는 것은 민둥산 황폐지를 우선 푸르게 만들어 놓은 다음의 일이다."[81]

이와 같은 반박은 비단 산림녹화에만 해당되는 것이 아니라 경부고속도로를 포함해 박정희 정권 시절에 이루어진 모든 것에 다 적용될 수 있을 것이다. 즉, 당시의 급박했던 '상황'을 오늘의 잣대로 평가하는 건 무리라는 것이다.

아무런 대책 없이 철거당한 판자촌

그린벨트는 원래 수도권 인구 집중 억제를 위한 목적으로 생겨난 것이었지만, 그 기능은 제대로 수행하지 못했으며 의도하지 않았던 '자연 보호'라는 효과를 후세에 남겨주는 것이 되었다. 그러나 그린벨트의 시행 과정에서 '환경 파시즘'의 요소가 있었다는 것만큼은 분명히 짚고 넘어갈 필요가 있을 것이고, 그 탄생의 배경이 되었던 판자촌의 비극도 평가하는 것이 공정할 것이다.

1960년 전체 인구 가운데 58.3%를 차지했던 농민은 박정희 정권의 공업화 정책과 그에 따른 저곡가 정책, 미국에서 들어오는 엄청난 잉여 농산물로 인해 생계비조차 확보하기 어려워졌다.[82] 1971년 빚을 지고 있는 농가는 전체 농가의 75.7%에 이르렀다.[83] 당연히 농민들은 살길을 찾기 위해 도시로 떠나게 되었다. 1969년 농업 인구는 1,559만 명으로 전체 인구의 49.6%로 줄었고, 1970년에는 44.7%, 1975년에는 37.5%까지 줄어들었다. 1967~1976년에 약 670만 명의 인구가 농촌에서 도시로 이주했는데, 이는 1949~1955년의 이동 인구가 약 180만 명이었다는 점에 비추어볼 때에 엄청난 규모다. 최장집이 지적한 바와 같이, "10년 동안의 기간에 거의 20%의 인구가 포함되는 이러한 인구 이동은 한국전쟁의 기간 동안보다 그 규모가 더욱 심대한 것이었다".[84]

여기서 중요한 것은 이농 인구가 도시에서 겪는 고통일 것이다. 1967년 이후 1970년 중반까지 3년 6개월 동안 서울에서는 14만여 동의 판잣집이 세워지고, 그 가운데 약 9만 동이 철거된 것으로 집계되었다.[85] 하루 벌어 하루 먹고사는 사람들이 판잣집에서마저 쫓겨났을 때 가야 할 곳은 어디인가? 박정희 정권은 아무런 대책도 세우지 않았다. 수도권 인구 억제를 위해 그린벨트를 시행하라는 군사작전은 충실히 이루어졌지만, 왜 사람들이 자신이 살던 고향을 떠나지 않으면 안 되었는지, 그들에게 어떻게 최소한의 삶의 근거를 마련해줄 것인지, 이에 대한 대책은 전혀 없었던 것이다. 아니 전혀 없진 않았다. 광주대단지는 그런 대책의 일환으로 구상되고 만들어진 것이었다. 그러나 그 실상은 어떠했던가?

제8장

광주대단지
폭동 사건

쓰레기처럼 내버려진 사람들

하루가 다르게 서울의 스카이라인을 바꿔놓는 판자촌은 수출을 국가종교로 삼은 박정희 정권의 아킬레스건이었다. 서울시는 판자촌과 도시 빈민 문제를 해결하기 위해 신도시(광주)를 개발해 빈민들을 이주시키는 정책을 세웠다. 그리하여 서울의 청계천 일대를 비롯한 판자촌을 대거 철거하면서 주민들을 1969년 5월부터 경기도 광주로 강제 이주시켰다.

1968년 5월 7일 건설부에서 개발 인가를 받아 1969년 4월 1일 광주군 중부면 성남출장소 관할 지역 '수진리, 단대리, 상대원리, 탄리의 4개 리' 일대에 주택단지 조성이 이루어지기 시작했다. 성남城南의 어원은 '남한산성남향'의 약자로서, 1946년 출장소가 설치된 이후에 시작되었다.[86] 주택단지 조성사업이 이루어지면서 광주대단지라는 대규모 주택단지가 생겨났지만, 이는 앞으로 그렇게 하겠다는 가상의 세계였을 뿐이다.

철거민의 강제 이주로 모인 빈민들의 수는 14만 5,000여 명에 이르렀는데, 전태일도 그들 중의 한 명이었다. 그러나 서울시는 쓰레기 내버리듯 그들을 광주에 내팽개쳤을 뿐 아무런 대책도 세워주지 않았다. "인구 10만 명만 모아놓으면 어떻게 해서든 뜯어먹고 산다"는 기막힌 발상이 대책이라면 대책이었을 뿐이다.[87] 광주대단지는 문자 그대로 황무지였다. 도로도 없고 배수 시설도 없었다. 어디 그뿐인가?.

"전기 수도가 없어 호롱불로 불을 밝히고 냇물을 길어다가 쌀을 씻고 인근 야산의 생나무를 베어다 밥을 하는……공중화장실조차 없어 인근 야산은 순식간에 온통 인분으로 뒤덮이는……이질, 콜레라, 설사 등의 전염병에 시달려 전염병이 심했던 1970년 초여름에는 한 천막촌에서 하루에 서너 구의 시신이 실려 나오는……."[88]

빈민들은 천막을 치고 살았는데, 더욱 큰 문제는 그들에게 일감이 없다는 것이었다. 그러니 굶을 수밖에. 실제로 광주대단지 주민 가운데 세 끼를 모두 먹는 사람은 57.1%였으며 그 가운데 쌀을 먹을 수 있던 사람은 15.9%에 불과했으며, 62.6%가 밀가루로 식사를 해결했다. 상당수 주민들은 아침에는 죽을, 점심에는 굶고, 저녁에는 국수 한 봉지로 연명하는 형편이었다. 이러한 최악의 상황이 지속되자 섭생攝生이 부족해서 사망하는 사람이 늘어났고 심할 경우에는 두 달에 16건의 시신을 매장하기도 했다.[89]

이곳엔 정부가 당초 약속했던 일자리가 되어줄 공장 지역도, 물자 공급을 해줄 상가도, 그 어떤 주민 편의시설도 전혀 없었다. 교통도 기

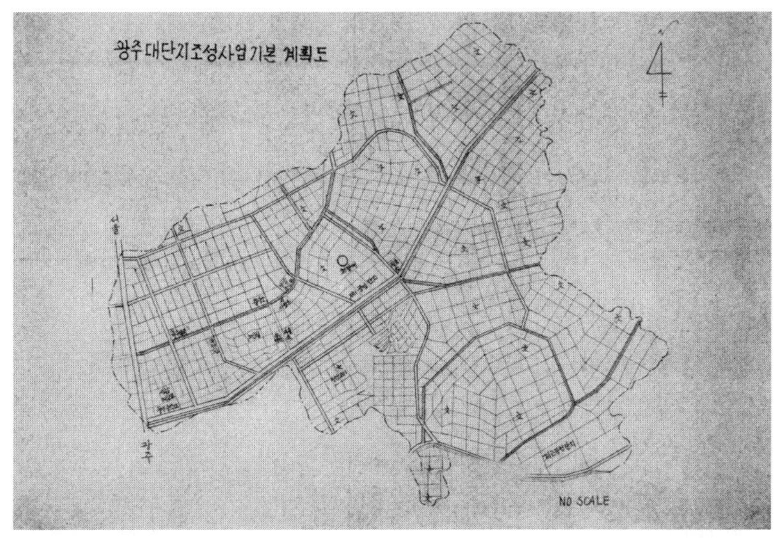

박정희 정권은 도시 빈민 문제를 해결하기 위해 이들을 경기도 광주로 강제 이주시켰는데, 이는 가상의 세계였다. 이곳은 도로도 없고 배수 시설도 없는 문자 그대로 황무지였다. 광주대단지 조성사업 계획에 관한 청사진 도면. (국립민속박물관 소장)

본적인 인프라가 없었으니 다른 지역으로 취업이나 물건을 구하러 나갈 수도 없었다. 그러니 몇 시간이나 길바닥에 시간과 비싼 돈을 버려가면서 서울로 출퇴근해야 하는 전쟁 같은 삶을 살아야 했다.

서울 강북의 공장 지역에서 일하던 저소득 노동자들은 새로 공장을 짓고 일자리를 주겠다는 약속을 믿고 왔다가 공장은커녕 교통비만 몇 배로 들게 되자 거주를 포기하고 입주권을 전매轉賣해 다시 강북의 판자촌으로 돌아가는 선택을 할 수밖에 없었다. 그 입주권을 철거민들에게 산 투기꾼들은 입주권을 가지고 장사를 해서 전체 입주 가구의 30%가량이 불법 입주권 판매를 통해 이주한 사람들이었고 그 비중은 꾸준히 증가하고 있었다.[90]

주민 희망을 유린한 서울시의 배신과 오만

그럼에도 이런 세상은 존재하지 않는다는 듯, 땅은 어느 곳에서건 미쳐 돌아가고 있었다. 개발 소식이 전해지면서 광주대단지 황무지에도 투기꾼들이 몰려들어 그곳마저도 땅값이 뛰기 시작했다. 이런 상황에서 서울시가 당초 약속을 어기고 광주대단지의 토지 유상 불하와 가옥 취득세 부과를 발표했다. 주민들이 술렁거리는 건 너무도 당연한 일이었다. 내 집 내 땅을 가지려는 희망 하나로 그간 쓰레기처럼 버려진 삶을 간신히 지탱해왔는데, 그것마저 연기처럼 사라진다는 건 견디기 어려웠을 것이다.

주민들은 1971년 7월 대책위원회를 구성해 토지 불하 가격과 가옥 취득세 인하를 요구했다. 주민들은 7월 7일 '광주단지 토지불하가격 시정대책위원회'를 조직했고, 7월 14일 서울시가 애초의 약속을 어기고 분양지 유상 불하 통지서를 발부하자 주민들은 이 위원회를 중심으로 여러 차례 서울시에 진정하고 산발적인 시위도 벌였지만 서울시는 묵묵부답이었다. 결국 주민들은 대책위원회를 '투쟁위원회'로 바꾼 다음 8월 10일을 대규모 시위일로 택했다.[91]

1970년 9월에 이곳에 들어와 목회를 연 목사이자 대책위원회 고문으로서 집회를 사실상 주도했던 전성천은 훗날 『디지탈성남일보』(2001년 8월 2일) 인터뷰에서 이렇게 회고했다. "주민결의대회를 8월 10일로 잡은 것은 이날 미국 상원의원들이 한국을 방문하기로 한 날이어서 당시 주민들의 처참한 생활을 알리는 데는 최선이라는 생각이 들어서였다. 그러나 당시 사건이 그렇게 확산되리라고는 생각하지 못했다."[92]

서울시가 토지 유상 불하와 가옥 취득세 부과를 발표하자, 주민들은 투쟁위원회을 구성해 8월 10일 대규모 시위를 벌였다.

그날 이른 아침부터 '모이자, 뭉치자, 궐기하자, 시정 대열에'라는 제목의 전단이 집집마다 뿌려졌다. '배가 고파 못 살겠다', '토지 불하 가격을 인하해달라', '일자리를 달라', '백 원에 산 땅 만 원에 파는 폭리를 하지 말라'는 내용이 적힌 피켓와 플래카드 3만여 개를 준비했다. 그들의 가슴에는 '허울 좋은 선전 말고 실업 군중 구제하라'고 씌어진 노란 리본이 달려 있었다.

당황한 서울시는 시장 양택식과 직접 면담을 오전 11시에 주선해주겠다고 제의했다. 오전 10시경 5만여 명의 주민은 성남출장소 뒷산에 모여 양택식을 빗속에서 기다렸다. 그러나 11시 40분이 되어도 양택식은 나타나지 않았고, 주민들은 결국 폭발하고 말았다.[93] 교통 정체로 양택식이 늦었다는 이야기가 있지만, 그게 사실이라 하더라도 양택식과 서울시의 '배신과 오만'이 면책되기는 어려운 일이었다. 『나무위키』에 올라 있는 다음 이야기는 다른 건 다 제쳐놓더라도 서울시의 '일머리 수준'에 혀를 끌끌 차게 만들기에 족했다.

"양택식이 늦은 이유는 일부러가 아니라 당시 서울의 교통 정체가 심각했기 때문이다. 손정목 교수의 서울특별시 관련 서적을 보면 양택식은 면담 준비를 위해 아침 일찍(아침 7시) 서울특별시청을 나섰으나 길에서 3시간 넘게 시간을 버렸다고 한다. 면담은 결국 1시간 정도 지연돼 12시부터 진행됐고 양택식 시장과 중앙정부에서는 이미 사건에 대해 어느 정도 양보를 할 예정이었던 터라 면담은 개시 30분 만에 주민들의 요구를 대부분 수용하는 선에서 원만히 끝났다. 그러나 이 회담 결과를 공개하기 위해서 또 서울특별시청까지 가야 했던 상황이라서 면담 결과가 언론을 통해 공개된 것은 같은 날 오후 6시였다."[94]

굶어죽을 정도로 굶주린 사람들

누가 먼저라고 할 것도 없이 파출소와 경찰차에 방화하고 관공서 건물과 차량을 파괴·탈취하는 사건들이 잇달아 발생했다. 『신동아』 1971년 10월호에 박기정이 쓴 「광주대단지」라는 기사는 당시의 한 장면을 다음과 같이 기록하고 있다.

"이들 중 일부는 몽둥이를 들고 서울로 향하는 길목마다 막고 서서

196

택시를 타고 나가는 사람들에게 '우리는 몇 끼니를 걸러 죽을 지경에 이르렀는데 팔자 좋게 택시만 타느냐', '죽어도 같이 죽자. 왜 도망치려 하느냐'면서 온갖 욕설과 위협을 주어 모조리 차에서 내리게 했다. 취재하던 보도 차량도 마찬가지였다. '굶어죽게 된 마당에 신문이 무슨 필요가 있느냐'면서 덤벼들었다. 대단지 일대는 민란의 조짐 같은 무시무시한 기운이 감돌아 마치 공포의 도가니 속 같았다.

경찰관들에게 뭇매를 맞아 뒷머리가 터졌다는 수진리 김정규 씨(21)는 피투성이가 된 채 '나를 때린 경찰을 죽이겠다'면서 식칼을 휘두르며 날뛰기도 했다. 오후 1시 40분경 서울시경과 경기도경 소속 기동경찰 700여 명이 나타나자 군중들의 흥분은 오히려 가열됐다. '배고픈 우리에게 밥을 줄 생각은 안 하고 몽둥이로 막으려 하느냐'면서 2천이 넘는 주민들은 십여 대의 시영버스에 분승하여 서울로 나가려 했다. 경찰의 저지로 실패하기는 했지만 일부는 걸어서 빠져나갔다.

경찰의 최루탄과 주민의 투석으로 맞선 데모가 한창일 무렵 때마침 참외를 가득 실은 삼륜차가 지나갔다. 데모를 하던 군중들은 남녀노소를 가릴 것 없이 모두 정신없이 차에 달려들어 흙탕에 떨어진 것까지 주워 먹기 시작했다. 순식간에 참외 한 차분이 없어지고 말았다. 수진리 김모 양(12)은 '배고파 죽겠어요' 울부짖으며 자기 키보다 훨씬 큰 몽둥이를 고사리손에 힘겹게 들고 발악이나 하듯 뛰고 있었다. 난동을 지켜보며 서 있던 한 여인은 '세상에 한창 먹을 어린것이 몇 끼니씩 굶었으니 저럴 수밖에……쯧쯧' 혀를 차고 있었다."[95]

끝나지 않은 판자촌 빈민 문제

앞서 지적했다시피, "굶주리다 못해 말하기조차 끔찍하게 인육을 먹었다는 소문까지 떠돌 정도로"[96] 그들의 굶주림은 그만큼 심각했던 것이다. 사태의 심각성을 뒤늦게 깨달은 서울시장이 주민 요구를 무조건 들어주겠다고 발표한 것이 오후 5시경이었다. 이로써 6시간의 비극적인 드라마가 끝나게 되었다.

정치학자 한양환은 훗날 『한겨레』(2004년 3월 30일)에 기고한 칼럼에서 "1971년 여름, 보안사 서빙고 분실이 올려다보이는 용산구 서빙고동 192번지 일대, 미8군 용산주택단지 '사우스 포스트'에 인접한 넓은 헬기장 터에 수십 개의 천막이 들어섰다. 이른바 '8·10 난동 사건'으로 경기도 광주대단지에서 소개되어 트럭에 실려온 철거민들이었다"며 "그들은 개발독재가 맹위를 떨치던 당시 우리 사회의 최하위층 '천민'이었다"고 했다. 이어 그는 "남산 쪽 동빙고 언덕에 즐비한 속칭 '도둑촌'의 위용에 짓눌려 살아가는 그들에게, 철망 담장 너머 잔디 야구장에서 뛰노는 이웃 미군 가족들의 목가적·전원적 삶은 필경 '꾸고 싶지 않은 꿈'이었으리라"라면서 다음과 같이 말했다.

"식수 배급도 없이, 인근의 미군 수도정화시설 하수도에서 때때로 흘러나오는 맑은(?) 물이 생활용수의 전부였던 이 한국판 '수용소 군도'의 주민들에게 남쪽 한강 건너 강남의 개발붐으로 속출하는 졸부들 소식은 그야말로 남의 나라 얘기였을 터이다. 압구정, 논현, 청담, 서초, 로데오, 말죽거리에서 최근의 타워팰리스까지, 우리 사회 천민자본주의의 상징은 이미 그 시대에 이 초라한 '천민'들의 생활 터전 건너편에서 태동하고 있었다."[97]

이 사건의 내용을 보고받은 박정희의 답은 너무도 간단명료했다. "난동을 부린 폭도들은 전원 즉각 구속해서 처단하라고 알리시오."[98] 이 사건으로 주민과 경찰 100여 명이 부상했고 주민 23명이 구속되었다. 이 사건은 "학생이 아닌 일반인 시위로는 사상 유례없는 대규모 사건"이었으며, 이를 계기로 광주대단지의 비참한 실상이 사회에 알려지게 됐고 이후 각종 민원성 소요가 폭발했다".[99] 광주대단지는 1973년 성남시로 승격되었지만, 판자촌 빈민 문제의 폭발은 해결되지 않은 채로 1970년대 내내 일어나게 된다.

실미도 사건의
비극

서울 시내 한복판에 출현한 무장공비?

전태일 사건은 물론 광주대단지 사건은 빈곤의 문제이기에 앞서 기본적으로 인권의 문제였다. 1971년 8월 23일에 일어난 이른바 '실미도 사건'도 박정희 정권의 인권유린 수준이 어느 정도였던지를 잘 보여준 사건이다.

인천 앞바다 실미도에서 비밀리에 북파 특수훈련을 받아오던 공군 특수부대 소속 요원 24명이 가혹한 처우를 견디지 못해 경비원 등 18명의 관리 요원을 사살하고, 민간인 배를 빼앗아 타고 송도 해안에 상륙했다. 이들은 때마침 운행 중인 시내버스를 탈취해 승객들을 그대로 태운 채 서울을 향해 달리다가 부천 근처 검문소에서 검문 군인과 1차 교전을 벌인 끝에 다시 주안에서 승객이 탄 시외버스를 빼앗아 타고 검문소마다 총격전을 벌이며 나아갔다.

이들은 영등포를 거쳐 노량진까지 진출했으며, 이들을 저지하는 군·경과 무력 충돌을 벌이게 되었다. 이들은 버스 안에서 수류탄이 폭발해 죽거나 부상당한 채로 생포되었다. 이 사건의 결과 난동을 벌인 특수부대원 20명 등 총 38명이 사망했다. 난동자 가운데 살아남은 4명은 이듬해 3월 10일 경기도 벽제 인근에서 처형되었다. 군은 시신을 가족에 인계하지 않고 암매장했다.[100]

이 사건으로 인해 김포공항이 폐쇄되고 한강교가 차단되었기 때문에 시민들은 한동안 불안과 공포에 떨어야 했다. 게다가 박정희 정권은 처음에 이 사건을 북괴 무장공비들의 서울 시내 한복판 침입 사건으로 발표했기 때문에 시민들의 공포감은 더욱 컸다. 그러나 그들이 버스를 탈취했을 때 타고 있던 시민들이 그들과 나눈 대화 내용이 입소문을 통해 알려지면서 당국의 발표에 대한 의구심은 커져갔다. 그들은 버스 승객들에게 다음과 같이 말했다는 것이다.

"놀라지 마라. 우리는 당신네들을 해치러 온 게 아니다. 우리의 목표는 높은 사람들이다. 조금만 훈련받으면 팔자를 고치게 해준다고 약속해놓고 4년 동안 10원짜리 동전 한 닢조차 구경시켜주지 않았다. 깡보리밥에 매만 실컷 두들겨 맞고 죽을 고생을 했다. 동료 가운데 맞아 죽은 사람도 있다."[101]

박정희 정권은 나중에는 군 특수범으로 정정 발표했지만, 곧 장성 출신 야당 국회의원 이세규가 특수부대원의 난동이라고 진상을 폭로했다. 하는 수 없이 국무총리 김종필도 9월 16일 난동자들은 군 특수범이 아니라 군 특수부대 요원이라고 실토하는 등 박정희 정권은 이 사건에 대해 여러 차례 말을 바꾸었다. 진상을 폭로한 이세규는 나중에 유신 이

공군 특수부대 소속 요원 24명이 시내버스를 탈취해 노량진까지 진출하는 과정에서 군·경과 무력
충돌이 벌어졌다. 이 실미도 특수부대는 김형욱이 김일성 암살을 위해 만든 부대였다.

후 나체로 물고문을 당하는 등 엄청난 보복을 당했으며, 또 다른 신민당
의원 김한수는 엉뚱하게도 '실미도 사건 부대 이름을 공표해 반공법 등
을 어겼다'는 이유로 징역 3년을 선고받기까지 했다.[102]

김일성 암살을 위해 만든 특수부대

실미도 특수부대는 원래 중앙정보부장 김형욱이 만든 것이었다.
1960년대 말부터 이 특수부대를 조직하고 관리해온 김형욱은 후일

"1969년 1월 21일, 김신조 일당의 무장공비 청와대 습격 사건으로 북한에 허를 찔린 나는 계속 이렇게 당하고만 있을 수는 없지 않겠느냐는 생각에서 보복 작전을 펴기로 특공결사대를 조직하기로 결심하였다. 박정희는 이 작전계획을 처음부터 알고 있었고 재가를 내려주었다"며 다음과 같이 말했다.

"나의 전례 없이 강경한 엄명을 받은 이철희는 우선 각군 형무소에서 사형수나 무기수로 극형에 처해져 복역하고 있던 죄수들에게 조국을 위해 봉사하면 죄를 사면시켜주고 새로운 삶을 시작하게 해준다는 조건을 붙여 결사대 인원을 선발하였다.……그들은 결사대가 갖추어야 할 신체적 조건과 인생과 장래에 대한 절망감에서 비롯되는 자포자기적인 투혼鬪魂에 불타고 있던 무리들이었다.

훈련은 HID 대장 준장 조천성이 담당하고, 훈련에 필요한 특수장비를 조달하고 급식 및 훈련에 필요한 경비를 중앙정보부가 담당하였다. 우리는 훈련 장소로 서해안에서 적절한 무인도를 발견하여 그들을 수용하였는데 그 섬이 바로 실미도였다. 우리는 실미도에 특수훈련 장소를 개척, 김일성의 관사와 허봉학의 대남공작지휘본부의 모형을 가건축해놓고 6개월간의 맹훈련에 들어갔다. 이들 결사대는 평양 투입 시 완전히 북한 인민군의 복장으로 가장하기로 했으며 이들의 공수작전을 미 CIA가 책임져서 낙하산 투입을 기도하는 한·미 합동으로 작전을 전개하기로 합의하였다.

1969년 5월 하순 어느 날이었다. 계절이 여름으로 들어서자 난 날씨가 이만하면 결사대가 야영을 하는 경우에도 얼어죽진 않겠다고 판단하고 만반의 준비 후에 박정희를 방문하여 평양에 결사대 투입 준비 완료를 보고하였다. 처음에는 그다지도 열렬한 관심을 보이던 박정희가 웬일인지 시큰둥한 반응을 보였다. 나중에 안 일이지만 박정희는 그때 이미 평양 당국과 비밀교섭을 모색하고 있었다."[103]

그래서 실미도 특수부대의 북파 공작은 전면 보류되었다. 1969년 10월 17일 3선 개헌안이 국민투표로 확정되면서 김형욱은 '용도 폐기'되었다. 박정희는 사흘 뒤인 10월 20일 중앙정보부장에 김형욱 대신 김계원, 비서실장에 이후락 대신 김정렴을 앉혔다. 김계원과 김정렴은 "모두 비교적 소리나지 않게 일하고 박 대통령에겐 지극히 고분고분했던 인물들이었다".[104] 박정희로선 3선 개헌에 성공한 이상, 사나운 '돌격대'보다는 차분한 실무형을 원했던 건지도 모른다. 물론 나중에 대선 공작을 위해 이후락은 다시 중앙정보부장으로 기용하긴 했지만 말이다.

인간 이하의 취급을 받은 특수부대원들

문제는 김형욱의 '용도 폐기'로 인해 실미도에서 훈련 중이던 결사대들의 원래 임무도 공중에 붕 떠버렸다는 점이다. 그들을 다시 죄인 취급하고 그들에게 지급되던 부식비마저 중간에서 누군가가 떼먹는 일까지 발생했다. 그들은 굶주리면서 인간 이하의 취급을 받았던 것이다. 그런 불만이 누적되어 폭발한 것이 바로 실미도 사건이다.

김형욱은 "당국은 잘 훈련된 그들을 관리하는 데 너무 소홀히 한 것이었다. 하기야 사건 발생 당시 중앙정부부장이던 이후락은 선거 치르는 데 정신이 없었고 게다가 박정희의 밀명을 받아 북한과의 교섭을 추진하고 있었던 만치 특공결사대에 대하여 소홀히 했을 수밖에. 그래서 불만이 누적된 특공결사대는 평양의 김일성 관저와 허봉학 대남공작본부를 습격하는 대신 한국의 청와대와 중앙청을 공격하는 것으로 자폭의 길을 택하고 만 것이었다"며 다음과 같이 말했다.

"이 사건의 문제점은 우선 정부가 국가안전정책 일반에 걸쳐 얼마나 무정견하고 철저하지 못하는가를 단적으로 노출시킨 데 있었다. 사태의 수습 과정에서도 정부 당국자 간에 발표 내용이 다르고 끝까지 국민을 속이려 들었다. 만약 난동자들이 인천에서 민간 버스를 탈취했을 때 이를 목격한 민간인들의 제보가 없었더라면 난동자들은 청와대까지 유유히 밀고 들어왔을 것이다."[105]

단지 '후진적 인력 관리'의 문제였는가?

당시 공군참모총장이었던 장지량은 후일 "김형욱이 이 특수부대의 관리·운영과 관련한 사항을 제대로 인수인계하지 않은 채 물러난 것이 사건 발생의 근본 요인"이라고 말했다.[106] 박정희 정권의 문화공보부 장관을 지낸 김성진도 광주대단지 사건과 실미도 사건에 대해 다음과 같이 말했다.

"광주단지 난동 사건은 고도 성장의 그늘 속에서 독버섯처럼 싹터 오르기 시작한 '행정 만능주의'와 이에 편승한 '겉치레 행정의 허구성'이 드러난 불행한 사례였으며, 실미도 특수 요원의 난동 사건은 중요한 안보 문제를 관계부처와 횡적인 협조도 없이 어느 특정 기관이 독단으로 추진해오다 관리 부실로 인해 터져 나온 지극히 부끄러운 후진적 인력 관리의 난맥상을 드러낸 불상사였다."[107]

그러나 두 사건은 결코 그 수준의 문제에서 발생한 것이 아니었다. 두 사건은 전태일의 분신자살 사건처럼 박정희 정권의 본질적인 성격을 드러낸 사건으로 보는 것이 타당할 것이다. 실미도 사건은 북파 공작 특수부대원들을 인간 이하의, 아니 동물보다 더 못한 대접을 한 박정희 정권의 인권 무감각에서 비롯된 것이었다. 왜냐하면 서울 한복판까지 쳐들어오는 난동만 일으키지 않았을 뿐, 실미도 특수부대원들에게 가해진 인간 이하의 취급은 이후 다른 북파 특수부대원들에게도 계속되었기 때문이다.

동료들에게 맞아 죽은 탈영자

2002년 3월 15일 북파공작특수임무부대동지회 전국연합 회원 200여 명은 서울 세종문화회관 앞에서 집회를 열고 '실체 인정과 명예 회복 및 대통령 면담'을 요구했다. 이들은 한때 광화문 앞 도로를 점거하고 청와대로 가려는 행진을 가로막는 경찰에 맞서 쇠파이프와 가스통을 앞세우고 격렬한 시위를 벌였다.

이들은 국군정보사령부 소속 물색조에서 '전과기록 말소·퇴소 후 거액의 보상금과 직장 알선' 등을 약속받고 입소했으나, 하나도 지켜지지 않았으며 죽을 고생만 하고 이용만 당한 채 내버려졌다고 말했다. 또 이들은 "탈영자는 재판도 없이 동료들의 손에 구타 끝에 죽임을 당했다.……1970년대 후반까지 적진 후방에 침투, 교량 파괴·요인 암살 등 임무를 수행했다"고 말했다.

이들 가운데 한 명은 "복모라는 동기는 혹독한 훈련을 견디다 못해 탈영했다가 3일 만에 잡혀와 '배신자'라는 간판을 목에 걸고 동기들로 하여금 3시간 동안 끌고 다니면서 때려죽이게 했다"며 "아직도 죄책감에서 헤어나지 못하고 있다"고 고백했다.[108] 또 다른 북파공작원 단체인 대북참전국가유공자연대 회장 박부서는 다음과 같이 말했다.

"휴전선 지역에 제3땅굴이 발견되면서 간첩신고 보상금은 3천만 원에서 1억 원으로 뛰었고, 1998년 북한 잠수정 신고자는 3억 원을 받았다. 우리는 적진에서 싸우고도 아무 보상을 받지 못했다.……집 문패에 '국가와 민족을 위해 헌신적으로 봉사한 집'이라는 글귀라도 써붙여달라."[109]

이들은 왜 뒤늦게 그런 문제 제기를 한 걸까? 이들은 그간 "입 다물고 있지 않으면 가족까지 몰살해버리겠다"는 관계 기관의 공갈과 협박 속에 살아왔기 때문이라고 말했다.[110]

실미도 부대는 '홧김에 만든 부대'

2003년 12월 24일 실미도 사건을 다룬 영화 〈실미도〉가 개봉되었다. 백동호의 동명 소설 『실미도』(1999)를 원작으로 강우석 감독이 제작한 이 영화는 흥행에 대성공해 2004년 청룡영화상 최우수작품상과 감독상을 수상했으며, 역대 한국 개봉 영화 최초로 전국 1,000만 관객을 기록한 영화라는 타이틀을 쥐게 되었다.[111]

백동호는 훗날 『한겨레』(2024년 8월 23일) 인터뷰에서 실미도 부대의 본질에 대해 "애초에 북으로 올라갈 가능성이 1%도 없으면서 홧김에 만든 부대였다"고 했다.[112] 그는 "그런데 왜 인천 송도에서 서울로 가는

실미도 특수부대는 북한으로 올라갈 가능성이 있었을까? 왜 인천 송도에서 서울로 가는 도로를 차단하지 않았을까? 2003년에 개봉된 강우석 감독의 영화 〈실미도〉.

도로를 차단하지 않고 그냥 둔 것인가"라는 질문에 "국회에서 당시 신민당 김상현 의원이 물었다. 버스로 도로만 차단해도 실미도 공작원들이 들어올 수 없는데, 왜 그렇게 안 했냐고 말이다"라면서 다음과 같이 말했다.

"군은 한강대교(당시 서울제1교) 북단에서 장갑차를 대기시켜놓고 진을 치고 있었다. 실미도 공작원들이 남단에서 진입하면 남쪽을 봉쇄하고 중간에서 다 죽여버릴 계획이었으리라 추정한다. 왜 미리 인천이나 영등포에서부터 막지를 않고 인명피해를 감수하면서 한강대교에서 기다렸을까. 이들을 무장공비로 속이고 서울 한복판에서 무장공비 몰살의 효과를 극대화하기 위해 기다린 건 아닐까. 김두만 전 공군참모총장을 만나 이렇게 물으니까 껄껄껄 웃으면서 '하나도 틀린 말 없다'고 했다."[113]

2024년 10월 15일 국방부는 경기도 고양 벽제묘지에서 사형을 당한 뒤 암매장되었던 실미도 부대 공작원 4명의 유해를 발굴하기 위한 개토제開土祭를 개최했다. 행사는 진실화해를위한과거사정리위원회가 암매장 장소로 추정한 벽제묘지 5-2지역에서 진행되었다. 국방부 장관 김용현은 군인권개선추진단장이 대독한 사과문을 통해 유가족들에게 사과의 뜻을 전하며 "고인들의 명예회복과 유가족들의 아픔을 조금이나마 위로하기 위해 적극 노력하겠다"고 말했다.[114]

공화당
'4인 체제'의 몰락

박정희의 '소름 끼칠 듯한 무서운 눈매'

말을 듣지 않으면 사람을 개 패듯이 패고 혹독한 고문을 저지르는 박정희 정권의 만행 앞에선 공화당 의원이라고 해서 예외가 되는 건 아니었다. 1971년에 일어난 이른바 '10·2 항명'은 박정희 정권의 포악함이 어느 정도였는지 그걸 잘 말해주는 사례였다.

당시 공화당 의원 김성곤, 길재호, 김진만, 백남억 등 4인 체제는 막강한 위력을 발휘하고 있었다. 이상우는 『박정권 18년: 그 권력의 내막』(1986)에서 "처음 이 4인 체제는 다분히 JP(김종필) 라인의 견제용으로 박정희가 등장시킨 것이었다. 1967년의 제7대 국회의원 공천 때부터 서서히 그 영향력이 나타나기 시작한 4인 체제는 1960년대 말까지 당의 재정, 공천, 운영 등 전반적인 주도권을 장악하여 명실상부한 주류 세력을 형성하기에 이르렀다"며 다음과 같이 말했다.

"그러나 이 4인 체제의 주도권 장악은 어디까지나 박정희의 묵인과 이용 가능성의 한계 내에서 있을 수 있는 일이었다.……4인 체제는 이런 역학 관계를 잘 터득하지 못했다. 특히 개헌과 1971년의 박 대통령 3선이 이루어지고 난 다음에는 최대의 공로자로 자부하며 우쭐댔다. 그때가 사실은 가장 위험했던 시기였는데도 불구하고, 김성곤 같은 사람은 박정희가 3선 임기가 끝나는 1970년대 중반을 내다보면서 권력구조의 개편까지를 구상했었다. 즉 박정희가 3선 임기가 끝나면 헌법을 개정하여 대통령의 권한을 약화시키고, 내각에 실권을 주는 이른바 2원집정 제안을 구상하고 있었다는 것이다. 이 이야기가 박정희의 귀에 들어갔을 때 박정희는 '소름 끼칠 듯한 무서운 눈매로 노려보았다'고 한다."[115]

김성곤은 박정희의 정치자금 창구

4인 체제의 리더격이었던 김성곤에 대해선 평가가 엇갈린다. 박정희 이후를 내다본 비전 있는 의회주의자였다는 호평과 함께, 박정희식 금권정치의 자금 조달 창구역을 도맡아 하면서 그 자신도 금권정치를 했다는 점을 주로 문제삼는 비판적 시각이 있다.

쌍용그룹의 창업주인 김성곤은 1965년부터 공화당 재정위원장을 맡은 이후로 재벌들에서 돈을 거둬 박정희에게 갖다 바치는 역할을 해왔다. 김성곤이 거둬들인 자금 명세서는 박정희가 직접 결재를 했다. 돈을 거두는 건 정부가 발주하는 사업에선 무조건 10%를 정치자금으로 떼내는 방식으로 이루어졌다. 정부 발주 공사가 워낙 남는 장사이기 때문에 재벌들은 10%를 떼이면서도 서로 하겠다고 경쟁을 벌였고 박정희의 대리인인 김성곤에게 10%의 돈을 바치면서도 "앞으로 이런 기회를 자주 달라"는 식으로 고마워했다.

그래서 기업들의 돈을 뜯었다고 말썽이 날 일도 없었다. 김성곤의 돈 심부름을 맡았던 이용호는 중앙정보부장 김형욱에게서 지급받은 중앙정보부 신분증과 권총을 몸에 지니고 다니면서 정치자금을 나르는 역할을 맡았으니, 이는 부정부패의 국책사업화라 할 만한 것이었다.[116]

그렇듯 박정희의 정치자금 창구역을 맡은 김성곤이 이끄는 4인 체제는 여러 분야에 걸쳐 실세로 군림했으며, 심지어 돈으로 경찰 조직까지 장악해 경찰서장들이 치안국장이나 내무부 장관보다는 4인 체제를 더 받들었다는 말까지 나올 정도였다.[117] 이들은 "우리(4인 체제) 빼놓고 누구하고 정치할 거야"라는 말을 자주 했고, 그 말이 박정희의 귀에까지 들어갔다는 이야기도 있었다.[118]

그러나 4인 체제에 대한 그런 비판은 부당하지는 않을망정 부적절한 것일 수 있다. 왜냐하면 그들은 국회를 완전 무력화시키고자 했던 박정희 1인 지배체제의 변화를 추구했기 때문이다. 그들의 금권정치 행태나 월권 행위는 이러한 전제하에서 평가하는 것이 타당할 것이다.

내무부 장관 오치성 해임건의안 가결

박정희는 4인 체제를 견제할 필요를 느껴 그 일을 신임 내무부 장관 오치성에게 맡기면서 직접 김성곤의 영향권 내에 있던 내무부 관료와 경찰의 명단을 주고 그들을 '정리'할 것을 지시했다.[119] 오치성은 장관이 된 지 두 달여 만인 1971년 8월 16일 경찰 간부 220명을 권고 해임시키거나 인사 이동시켰고, 이어 8월 19일엔 시장, 군수, 구청장, 도청 국·과장 204명을 인사 이동시켰는데, 이는 모두 4인 체제 세력의 기반을 제거하기 위한 것이었다.[120]

오치성에 대한 4인 체제의 불만은 극에 이르렀다. 김성곤과 길재호는 때마침 내무부 장관이 책임져야 할 큰 사건이 여러 건 발생한 점에 주목해 야당에 영향을 미쳐 오치성의 해임건의안을 제출하게 했다. 김형욱은 이들이 "사람을 놓아 야당을 부추겨 오치성 해임건의안을 발의케" 했다고 주장하는데,[121] 이심전심으로 양쪽 모두 뜻이 맞았다고 보는 시각도 있다. 즉, 신민당도 공화당의 그런 내부 사정을 이용하려는 생각이 있지 않았겠느냐는 것이다.

신민당은 9월 30일 오치성 해임건의안을 발의했는데, 해임안 이유는 '실미도 특수군 난동, 광주단지 시위, 한진빌딩 난동, 기동경찰 총기 난사, 무장공비 마을 점거, 독침간첩 자살 등 흐트러진 치안에 대한 문책'이라는 것이었다. 바로 이날 밤 문제의 심각성을 간파한 국무총리 김종필은 4인방과는 악연의 관계였지만, 서울 신문로에 있는 김성곤의 자택으로 찾아가 술을 마시면서 설득했다.

"오치성을 쫓아내면 결국 대통령한테 덤벼드는 일인데 그건 안 됩니다. 지금 '내 세력이 이만큼 크다' 하는 걸 대통령에게 보이려고 하는 모양인데, 어림없습니다. 대통령이 얼마나 무서운 분인지 아직 모릅니까. 잘못하면 당신이 다칩니다."[122]

새벽 2시까지 설득했지만 김성곤의 고집을 꺾을 수는 없었다. 두 사람의 나이 차이(13세) 때문에 설득이 더 힘들었는지도 모르겠다(김성곤 1913년생, 김종필 1926년생, 박정희는 1917년생). 김종필이 보기에 김성곤

국회에서 내무부 장관 오치성의 해임건의안이 통과되자, 박정희는 공화당 의원 중 항명 주동자를 색출해 공화당에서 내쫓으라고 말했다. (『조선일보』, 1971년 10월 3일)

은 "정치하는 데 돈이 필요하니까, 그래도 대통령이 날 찾을 거다. 나 없이 되나?"라고 생각한 듯했다.[123]

10월 2일 개표 결과 총 투표수 203표 가운데 가 107표, 부 90표, 무효 6표로 오치성의 해임건의안은 통과되었다. 이는 찬성에 표를 던진 공화당 표가 20표가 넘는 것으로 해석되었다. 박정희는 해임건의안을 부결시키라는 자신의 지시를 거부한 일부 공화당 의원의 항명에 격노해 중앙정보부장 이후락에게 항명 주동자를 색출해 '엄중히' 조사할 것을 명령했다.[124] 박정희가 "주동자는 누구든지 잡아다가 반쯤 죽여 가지고 공화당에서 내쫓으시오"라고 말했다는 주장도 있다.[125] 실제로 일어난 일로 보아 이게 맞는 것 같다.

공화당 의원들에게 가해진 가혹한 고문

그 결과 다음 날 23명의 공화당 의원이 연행되어 중앙정보부에서 조사를 받았는데, 극심한 구타와 고문이 자행되었다. 신민당 의원들이 국회에서 문제삼을 정도였다. 김대중은 '국회 모독'이라 했고, 김한수의 당시 국회 발언 속기록엔 이렇게 묘사되어 있다. "9명의 국회의원이 보자기에 씌워져 발길에 채이고 몽둥이에 맞는 고문을 당했다. 얼마나 치고 때렸는지 생으로 무엇을 쌌다는 얘기입니다. 나는 개를 잡아 몽둥이질을 할 때 생으로 싸는 것을 본 적이 있다."[126]

김대중은 10월 23일 국회 본회의에서 이렇게 말했다. "지금 이 나라에서 중앙정보부는 만능 폭군이야! 못하는 일이 없어. 선거 때 필요하면 정당을 만들어 조작하고, 부정선거를 자행하고, 여당의 공천에 개입하고, 야당의 분열 공작을 자행하고……공산당을 잡으라는 중앙정보부가 이 나라 정치를 완전히 지배해! 언론은 중앙정보부원의 압력에 의해서 자유로운 보도와 비판을 크게 제약당하고 있어!……심지어 은행의 융자에도 관계하고……커미션을 주지 않고서는 아무도 입찰하지 못해……문화예술인이든 혹은 교육자든 누구든 간에 중앙정보부 비위에 거슬려서는 살아남지 못해."[127]

중앙정보부는 문제의 공화당 의원들을 어떻게 대했던가? 김재홍은

『박정희의 유산』(1998)에서 다음과 같이 말했다. "김성곤 의원은 중앙정보부 수사관에 의해 콧수염을 반만 뽑혀 밖에 나다니지도 못했다. 육사 8기로서 5·16 주체 세력 중 한 사람인 길재호 의원은 고문 후유증으로 그 후에도 지팡이에 몸을 의지해야 하는 처지가 됐다. 대통령 한 사람에게만 충성하는 중앙정보부는, 마치 암흑가 폭력조직의 보스가 등 돌리는 부하를 잡아다 린치하는 것과 조금도 다르지 않은 행동을 했다."[128]

함께 항명을 준비했던 4인방 중 눈치 빠른 백남억과 김진만은 표결할 때 참여하지 않아 화를 면했지만, 김성곤과 길재호는 10월 5일 강제 탈당의 절차를 밟아 국회의원직이 박탈되었다(당시 법은 탈당을 하면 의원직을 상실했다).

공화당과 의회정치의 사망

김성관과 길재호 두 사람은 정치적으로 모든 걸 다 잃고 한동안 미국으로 유랑 생활을 떠났다. 공화당 지도부는 대대적으로 개편되어 박정희의 친정체제가 강화되었으며, 공화당은 이후 박정희가 죽으라면 죽는 시늉까지 할 정도로 청와대에 종속되었다. 박정희의 정무수석 비서관을 지낸 유혁인은 다음과 같이 말했다.

"그분은 이 시점에서 4인 체제를 휘어잡지 못하면 그 뒤로는 대통령 행세를 제대로 할 수 없고, 공화당도 컨트롤할 수 없을 뿐 아니라 4인 체제에 얹혀서 잔여 임기를 보내야 한다는 위기감을 느꼈던 것 같아요. 우리가 보기에는 그럴 위기감을 느낄 만한 상황은 아니었던 것 같은데, 박 대통령은 승부의 기미를 읽는 데는 도통한 사람이었으므로 그것이 합당한 대응이었는지 아닌지는 쉬 가늠할 수가 없다고 봅니다. 어쨌든 10·2 항명 파동 이후 여권 분위기는 싸늘하게 식어버렸습니다. 공화당은 독자성을 잃고 슬슬 기기만 했습니다. 공화당 운영은 위탁경영에서 대통령 직영체제로 바뀐 것이지요."[129]

그런가 하면 『성곡 김성곤전』(1995)을 쓴 조용중은 다음과 같이 말한다. "박 대통령은 김성곤, 백남억, 김진만, 길재호라는 4인 체제로 하여금 정국을 주도하게 하여 김종필을 견제했지요. 그러나 결국은 김종필을 총리로 기용하며 이번에는 오치성을 통해 4인 체제를 견제한 것이지요.……(10·2 항명 파동)은 박 대통령에 대한 마지막 도전이자, 의회가 대통령에게 마지막으로 도전해본 것이었습니다. 10·2 항명 파동의 좌절로 의회는 무력화되고 말았지요. 그 후 권력은 더욱 기승을 부리게 되어 결국 10월 유신으로 이어지게 되는 것입니다."[130]

조용중은 김성곤이 박정희에게 항명을 한 것이 아니라 "대통령의 막강한 힘을 믿고 의회를 깔보는 관료체제와 맞부딪친 것"이었다고 말한다.[131] 그러나 그 관료체제가 박정희의 수족이었고 박정희는 의회주의를 원하지 않았던 만큼 사실상 박정희에 대한 항명을 했다고 보아도 무리는 없을 것이다.

박정희의 냉혹한 인간관

4인 체제의 리더격이었던 김성곤과 길재호의 비극은 그들이 이미 자신들의 '이용 가치'가 끝났으며 박정희가 어떤 사람인지 그걸 몰랐다는 데에 있었던 건 아닐까? 박정희건 그의 중앙정보부장인 이후락이건 마음만 먹으면 얼마든지 오치성 해임안은 부결시킬 수 있었다. 그러나 그들은 부결시켜야 한다는 입장 표명만 했을 뿐 그 이상의 노력은 기울이지 않았다. 왜 그랬을까? 함정을 파놓고 기다렸다고 보는 것이 정확할 것이다. 게다가 이후락은 과거 4인 체제가 3선 개헌을 앞두고 자신에게 퇴진 압력을 가했던 것에 대한 보복 차원에서 일부러 방관하며 그 사태를 즐겼던 것인지도 모르겠다.[132]

김성곤은 오치성 해임안이 가결되더라도 기껏해야 박정희에게서 싫은 소리나 듣게 될 걸로 예상했을 것이다. 그러면 그 자리에서 오치성의 해임이 박정희를 위한 것이었다는 걸 이해시키겠다는 생각을 했던 것으로 보인다. 나이는 김성곤이 네 살 위인데다, 학창시절 박정희의 셋째형 박상희와의 친분으로 어린 시절부터 박정희를 보아왔으며 사석에서는 박정희와 자녀의 결혼 문제를 상의할 정도로 친밀한 사이였다.[133]

김성곤은 박정희의 냉혹한 인간관을 몰랐을까? 나중에 김성곤은 대통령에게 대드는 미련한 짓을 했다고 반성했다. 1974년 1월 김종필(오른쪽)과 김성곤(왼쪽) 대한상공회의소 회장.

그래서 김성곤은 박정희가 자신에게 고문까지 가하는 보복을 하리라고 꿈에서도 생각하지 못했을 것이라는 이야기다.

박정희의 그런 냉혹한 인간관에 허를 찔려 당한 사람이 어찌 김성곤 하나뿐이었으랴. 시인 고은이 『만인보 15』(1997)에 김성곤에 대해 다음과 같은 시를 썼다는 게 흥미롭다.

"눈 서글서글/코 아래 수염 서글서글/마음속 휑뎅그렁하다/아이들이 돈 10원 달라 하면 듬뿍 2백 원 준다/해방 직후/대구의 어느 해 10월/박상희 황태성과 함께/그 가을의 항쟁을 주도한 재정부장이었다/그 뒤 사변 지나/두 마리 용으로 이름 지어/쌍용시멘트/쌍용증권/그리고 동양통신/그 두꺼운 손바닥/그 깊숙한 주머니 항상 두둑했다/궂은 날 질퍽질퍽한 인심/70년대 초/정계에 발 들여놓아/여당 공화당을 손아귀에 쥐었는데/항명 파동으로/그 수염 몽땅 뽑혔다 온몸 짓이겨졌다/남산 지하실에서/'이 새끼 이 빨갱이 새끼 제 버릇 못 버리고!'/그곳에서 나와/정치도/사업도/그리고 삶도 허허벌판/떠도는 구름이 차라리 옳았다/그렇게 구름이 되어 불현듯 떠나갔다."[134](김성곤은 8·15 광복 직후 조선건국준비위원회 경북 지부에서 활동했으며, 이후 남조선노동당 경북 지부의 재정위원을 맡아서, 박상희·황태성 등과 함께 활동했다. 이 두 사람과는 1946년, 미군정의 친일경찰의 횡포에 의해 일어난 대구 10·1 사건 때도 함께 참여했다. 박상희[1905~1946]는 박정희와는 열두 살 차로 나이차가 많이 났고 사실 형보다는 아버지 같은 존재였다.)[135]

김종필이 1973년 1월 전 대통령 해리 트루먼Harry Truman, 1884~1972 장례식 참석차 미국을 방문했을 때 보스턴에 머물고 있던 김성곤을 다시 만났다. 이런 대화가 오고갔다고 한다. "지난 일은 잊어버리십시오.

대통령이 당신을 부당하게 쫓아낸 게 아니라 당신 스스로 그 씨를 뿌린 겁니다.” “내가 미련한 짓을 했습니다. 어디 대통령한테 그렇게 대들 수가 있소. 반성하고 있습니다.” “무엇을 해주면 좋겠습니까?” “뭐든지 본국에 들어가서 아무 일이나 하게 해주면 좋겠습니다.”[136]

결국 김성곤은 1973년 9월 대한상공회의소 회장으로 재기해 1975년 2월 뇌출혈로 세상을 떠날 때까지 1년 반 동안 의욕적으로 활동했다. 향년 61세였다. 김성곤은 그 짧은 기간이나마 한국에서 활동하게 해준 박정희의 '은전恩典'에 진정 감사했는지는 알려진 게 없다.

'10 · 15 위수령'과
'12 · 6 국가비상사태'

수경사 병력 고려대 난입 사건

10 · 2 항명 파동 이후 박정희의 친정체제가 구축되었고 본격적인 강권통치가 시작되었다. 물론 대학생들을 대하는 것도 더욱 강경해졌다. 4 · 27 대선이 끝난 뒤엔 서울대 문리대 등을 중심으로 한동안 4 · 27 선거 무효화 투쟁이 전개되다가 2학기부터는 교련 반대 투쟁이 일어났다. 이에 발맞춰 서울대 등 각 대학에서는 교수들의 대학 자주선언이 나와, 9월 한 달은 교수들의 자주선언에 대한 학생들의 지지와 교련 철폐 운동이 광범위하게 전개되었다.

10월 4일 고려대에서는 특권층 부패자로 관계官界의 이후락, 정계政界의 김진만, 군부의 윤필용 등의 명단을 공개하면서 박정희 정권의 부정부패를 규탄하는 철야 농성이 벌어졌다. 이에 대해 김형욱은 회고록에서 다음과 같이 말했다.

"흥미 있는 사실은 부정축재자로 따지면 김성곤이가 정계뿐만 아니라 한국에서 제일가는 인물이었는데도 고려대 학생들은 그가 고려대 출신이고 더욱이 고려대 교우회장으로 모교를 많이 도와준다는 정상을 참작하였는지 김성곤 대신 김진만의 이름을 발표한 것이었다. 김진만도 부정축재자임에는 분명하였으나 질량質量에 있어서 김성곤과는 비교가 안 될 만큼 초라한 형편이었으니 말이었다."[137]

고려대 학생들이 그 시점에서 이틀 전에 일어난 10·2 항명 파동의 내용을 알고서 그랬던 건지 그건 분명치 않다. 고려대 학생들의 철야 농성에 가장 격분한 건 수도경비사령관 윤필용이었다. 10월 5일 새벽 수도경비사 헌병대 병력 30여 명이 고려대에 난입해 농성 학생들을 구타하고 학생 5명을 불법 연행해가는 사건이 일어났다. 이 같은 군의 학원 난입 사건에 자극되어 부정부패 규탄 데모는 연세대, 전남대 등으로 확산되었다. 이와는 별도로 10월 5일 원주에서는 지학순, 김지하 등 1,000여 명의 교인과 학생이 박정희 정권의 부정부패를 규탄하는 횃불 데모를 전개했다.[138]

서울 8개 대학에 무기휴업령을 내린 10·15 위수령

10월 12일에는 국방부 장관과 문교부 장관의 공동 명의로 교련 거부 학생을 전원 징집한다는 담화가 발표되었다. 그러자 학생들의 학원자유수호 시위는 한층 격렬해져 10월 12일, 14일에는 1만여 명의 학생이 거리로 쏟아져 나왔다. 학생들은 부정부패자의 공개를 요구하면서 군인들의 학원 난입을 규탄했으며 중앙정보부의 철폐를 요구하는 구호를 외

1만여 명의 대학생이 거리로 쏟아져 나와 부정부패자의 공개를 요구하면서 군인들의 학원 난입을 규탄했다. 10월 23일, 위수령으로 연세대에 주둔했던 병력들이 철수하고 있다.

쳤다. 이 구호는 박정희 정권의 최대 약점들을 건드린 것이었다. 이에 박정희 정권은 '10·15 위수령' 발표로 대응했다.

10월 15일 박정희는 특별법령 9개항을 발표하면서 서울 8개 대학에 무기휴업령을 내렸다. 서울대 등 주요 대학들엔 위수군이 진주하면서 1,889명의 학생이 연행되었다. 이어 전국 23개 대학에서 177명의 학생이 제적되어 그중 대부분이 강제징집되었으며 군대에서도 끊임없는 보안사의 감시를 받게 되었다.[139] 10월 16일엔 고려대 무장군인 난입에 항의하는 '지식인 64인 선언'이 나왔고, 이로 인해 리영희, 천관우 등 언론인들이 언론계에서 쫓겨났다.

전 서울대생 4명의 '내란예비음모' 사건

이와 같은 일련의 사태에 대해 국면 전환을 꾀하고자 했던 박정희 정권은 11월 12일 사법연수원생 조영래, 전 서울대 법대『자유의 종』발행인 이신범, 장기표, 전 민주수호전국청년학생연맹 위원장 심재권 등 전 서울대생 4명을 내란예비음모 등 혐의로 구속했다. 서울 지역에 위수령이 발동되어 주요 대학에 군 병력이 진주한 지 한 달 만에 발표된 이 사건은 이듬해에 있을 유신 선포의 정지작업이었다.[140]

김종환은 「70년대 운동권 기수들의 오늘」(1991)이란 글에서 "네 피고인은 법정에서 범행 사실 전부를 부인하였으나, 대법원까지 가서 유신 선포 직후인 1972년 12월 26일 조영래 피고는 징역 1년 6개월, 이신범 피고는 징역 2년, 장기표 피고와 심재권 피고는 각각 징역 1년 6개월에 집행유예 3년의 실형이 확정되었다"며 다음과 같이 말했다.

"불법 연행 후의 고문 수사, 제시된 시나리오에 의한 자백 강요, 정보기관의 재판 간섭, 공소장과 판결문의 동일화 등을 두고 볼 때 이 사건은 유신 이후 폭주하는 시국 사건의 처리 절차를 제시한 모델 케이스나 다름없었다. 특히 대통령 선거에서 낙선한 김대중 씨를 선거가 끝난 지 반년 만에 법망으로 엮으려고 시도했다는 점은 김씨에 대한 박 정권의 양심과 탄압을 암시했다고 볼 수 있다."[141]

헌법적 근거가 없는 12·6 국가비상사태

박정희 정권은 여기서 한 걸음 더 나아가 12월 6일 국가비상사태를 선포했다. 이는 헌법적 근거가 박약한 것이었다. 박정희 정권은 대통령 취임 선서의 "나는 국가를 보위하고"라는 구절에 그 근거가 있다고 우겼지만 스스로 말이 안 된다고 생각했던 건지 법적인 근거를 갖추겠다고 '국가보위에 관한 특별조치법'을 내놓았다. 야당은 박정희에게 광범위한 비상대권을 부여하는 이 법이 '독일 히틀러 시대의 수권법授權法', '군국 일제의 국가동원법'에 비유하며 비판했다.[142]

이 법과 관련, 『동아일보』는 "언론은 무책임한 안보 논의를 삼가야 한다고 말하는데, 어떤 논의가 무책임한지 좀더 상세한 설명을 해주기 바란다. 최악의 경우에 자유의 일부도 유보할 결의를 해야 한다고 하는데, 최악의 경우가 어떤 것인지 구체적인 설명이 필요하다"고 논평했는데, 이 때문에 사장 김상만이 중앙정보부에 연행되어 취조를 받았다.[143] 박정희는 "혹세무민의 일부 지식인들은 언론자유를 빙자하여 무책임한 안보론을 분별없이 들고 나와 민심을 더욱 혼란케 하고 있다"고 주장했다.[144]

프레스카드제와
MBC 〈뉴스데스크〉

민심에 편승한 언론통제

12·6 국가비상사태 이후 언론은 박정희 정권에 더욱 굴종적인 자세를 보이기 시작했다. 신문 발행인들로 구성된 한국신문협회는 '정부의 비상사태 선언을 강력히 뒷받침할 국민의 총단결을 호소한다', '국가 안전보장 논의에 있어 언론이 지켜야 할 절도를 자인한다'는 성명서를 발표했다.

12월 17일엔 문공부의 종용에 따라 이른바 '언론 자율정화에 관한 결정 사항'을 채택하고 언론사 기자가 정부가 발급하는 프레스카드를 소지해야만 활동할 수 있는 이른바 '프레스카드제'를 수용했다. '언론 자율정화에 관한 결정 사항'에 의하면 서울에서 발행되는 일간 종합지는 부산과 도청 소재지에 지국, 기타 지역에 보급소를 설치하되 주재기자는 시 단위만 주재하고 그 수는 45명을 넘지 못하도록 못박았다.[145]

반대는 없었다. 아니 딱 한 명이 있기는 했다. 『동화통신』(1973년 4월 30일 폐간) 사장 홍종인은 소속사에 사표를 내고 프레스카드제 실시에 대해 시정을 촉구하는 건의문을 국무총리, 문공부 장관, 한국신문협회 회장과 회원사에 보냈는데, 그 내용은 다음과 같았다.

"한국 신문계의 언론 활동을 전부 통제하에 두게 되는 위험을 범할

언론은 '언론 자율정화에 관한 결정 사항'을 채택하고 기자가 정부가 발급하는 프레스카드를 소지해 야만 활동할 수 있는 '프레스카드제'를 수용했다. (『조선일보』, 1971년 12월 21일)

우려가 있다. 한국신문협회가 주장하는 건전한 민주언론의 신장·발전을 위한 것이라는 취지에 어긋난다. 헌법상의 언론자유 규정과 그 정신에도 위배된다."[146]

프레스카드제는 1970년 10월 박정희가 도산서원 보수정화사업 준공식 참석이 빌미가 되었다는 견해도 있다. 박정희가 헬기편으로 경북 안동군 도산면 토계동 현지에 도착했을 때 청와대·문공부 출입기자, 사진기자단을 제외하고도 '보도완장'을 두른 현지 기자 100여 명이 몰려 수라장을 방불케 했는데, 이걸 본 박정희가 수행 중이던 문공부 장관 윤주영에게 "웬 기자들이 저렇게 많으냐"고 질책한 것이 계기가 되었다는 것이다.[147]

이 에피소드가 시사하는 것처럼, 프레스카드제는 대단히 강력한 언론통제 장치였지만 '기자가 너무 많다'는 민심에 편승한 것이기도 했다. 이에 대해 『중앙일보 30년사』는 "『중앙일보』만 하더라도 지방기자 주재지가 군 단위까지로 분포되어 있었던데다 선발 다른 신문사들의 선례에 따라 읍·면 단위 지국장들(전국 15~16명)에게도 기자증을 발급해 전체 기자 수가 90여 명에 이르렀다"며 다음과 같이 말한다.

"이 같은 상황은 중앙지나 지방지나 할 것 없이 같은 실정이어서 전국적으로 엄청난 지방 주재기자들이 설쳐댔고, 이들 중에는 기자직을 악용해 온갖 이권·청탁에 개입하거나 비리를 저질러 국민들의 지탄이 끊이지 않던 때이기도 했다. 때마침 군사정권도 이 같은 사이비 기자 문제로 골치를 썩히던 중 이를 꼬투리 잡아 언론통제의 좋은 기회로 삼게 되었던 것이다."[148]

박정희 정권의 프레스카드제 악용

그 결과 1972년 2월부터는 프레스카드 없이는 취재를 못하게 되었으며 프레스카드를 받지 못한 기자들은 언론계를 떠났다. 『경향신문 50년사』는 다음과 같이 말한다. "카드제의 위력은 대단했다. 주재기자의 집단 감원과 관청에서 '찍힌' 기자들에 대한 발급 거부 등 예상했던 우려가 현실로 나타났다."[149]

언론 쪽에서 프레스카드제를 악용하는 시도도 빈발했고 정부의 악용 가능성도 제기되었다. 이에 대해 『미디어오늘』 1995년 12월 20일자는 "프레스카드제 실시 이후 지방 주재기자의 대폭적인 집단해고 이외에도 이를 빙자로 한 기자 집단 해고 사건이 경향 각지에서 속속 발생하여 그중에는 부당한 처분의 취소를 요구하는 법정투쟁으로까지 번지는 사례가 속출했다"며 다음과 같이 말했다.

"한편 프레스카드의 발급을 미끼로 기자들로부터 도리어 보증금을 받아 회사를 경영하고 전체 기자들에게 책·시험지·예술제회원권 등을 강매케 하거나 지방 관공서로부터 기부 행위를 강요했다는 혐의로 『대구일보』, 『호남일보』(군산) 등이 입건, 관련자가 구속되는가 하면, 사건 경위를 조사한 (한국)신문협회 이사회는 양사에 대한 프레스카드 발급 추천을 자진 취소하고 문공부에 대해 그 회수를 의뢰(72년 3월 22일)함으로써 이 프레스카드제가 사실상 신문의 자동적 폐간을 가져올 수도 있게 하는 요소를 가졌음을 강력히 시사했다. 이 때문에 『대구일보』는 자진 폐간(72년 3월 30일)했고 『호남일보』는 그 추천 취소의 철회를 요구, 법정투쟁을 벌였다."[150]

신문 산업의 경영 합리화

문공부가 1971년 12월에 밝힌 전국의 기자 수는 7,090명이었는데, 프레스카드를 발급받은 3,975명(KBS는 제외)과 카드를 발급하지 않기로 한 주간과 월간 등 잡지 기자 828명을 제외하면 모두 2,287명이 프레스카드를 발급받지 못해 기자직을 그만두게 되었다. 이는 불과 3개월 만에 32.3%의 기자가 도태되었음을 의미한다.[151]

『중앙일보』의 지방 주재기자의 수는 90여 명이었고, 『경향신문』은 121명이었는데, 모두 다 45명으로 줄였다.[152] 결국 프레스카드제는 국가의 언론통제 수단인 동시에 신문 산업의 경영 합리화를 위한 수단으로 이용되었던 것이다. 1971년 당시 전체 언론기업의 은행 융자금은 138억 원을 넘어섰고, 43개의 일간지 가운데 적자 운영을 면하고 있는 신문은 중앙지 1개, 지방지 1개에 불과했다. 더욱 문제는 이런 문제가 일종의 악순환 구조를 형성하고 있어서 해결될 가능성이 거의 없었다고 하는 점이다.[153]

1972년에 '자진 폐간 형식'으로 추진된 언론통폐합도 언론 산업의 그런 문제도 해결해주면서 언론통제를 강화할 수 있는 방안으로 기획된 것이었다. 박정희 정권은 『대구일보』와 『대구경제일보』를 문닫게 했고, 『전북일보』·『전북매일』·『호남일보』를 통폐합하여 『전북신문』(1973년 6월 1일)을 창간하게 했으며, 『대전일보』와 『중도일보』도 통폐합하여 『충남일보』(1973년 5월 25일)를 창간하게 했으며, 『연합신문』·『경기일보』·『경기매일신문』을 통폐합하여 『경기신문』(1973년 9월 1일)을 창간하게 했다. 목포의 『호남매일신문』도 5월 31일에 자진 폐간하게 했다. 이러한

1도 1사 원칙에 따라 모두 11개 지방신문이 없어지고 대신 3개 지방신문이 새로 창간되었다.[154]

또 박정희 정권은 1972년 3월 7일 정부 각 부처의 기자실을 줄이고 출입기자를 제한하는 내용의 이른바 '정부 출입기자 대책'을 발표해 행정부처의 기자실을 한 부에 한 개씩만 두도록 통폐합하고 출입기자도 한 부처에 1사 1인으로 제한했다.

박정희 정권은 1972년 4월 7일 '신문의 날'에 '언론인 기금'을 설치하겠다고 밝혔으며 다음 날 문공부는 '신문 통신 방송의 편집국 계통 종사자들의 퇴직 후 생계비를 비롯한 각종 경제적인 혜택을 준다'는 내용의 구체안과 함께 기금 목표액을 5억 원으로 설정하겠다고 밝혔다. 이로써 박정희 정권의 언론통제는 언론기업의 이윤을 보장해주면서 언론인들에게 특혜를 베풀어 포섭하는 이른바 '권언유착'의 방식으로 전환하게 되었다.

앵커가 진행하는 MBC 〈뉴스데스크〉 탄생

1967~1968년에 10만 대에 불과하던 TV 수신기는 박정희 정권의 본격적인 전자산업 육성과 함께 비약적으로 증가하기 시작했다. 텔레비전 보급률은 1970년 10.2%에서 1979년에는 78.5%로 늘었다.[155] 당시 방송에 적극적인 태도를 보인 건 KBS라기보다는 박정희가 깊이 관여하고 있던 MBC였다.

한국 TV 뉴스에 최초의 앵커가 등장한 것도 MBC가 1970년 10월 5일부터 시작한 〈뉴스데스크〉를 통해서였다. 〈뉴스데스크〉는 "종전의 평면적인 사건 보도 형식을 탈피하여 앵커맨을 기용하고 현장성을 살린 TV다운 뉴스 보도 방식을 취하기 시작"했으며, 초대 앵커맨은 보도국장인 박근숙이 겸직했다.[156] 〈뉴스데스크〉를 추진했던 김기주는 『문화방송 30년사』(1992)에서 다음과 같이 회고했다.

"당시로서는 아나운서가 아니고는 감히 스튜디오에 들어가 뉴스를 전달해준다는 것과 취재기자들이 자기가 취재한 기사를 현장에서 직접 보도한다는 것은 상상도 할 수 없는 때였다. '앵커'라는 용어 자체가 전혀 생소한 때였고, 기자는 어디까지나 원고지에 기사를 써주는 것으로 임무가 끝나는 때였다.……이 〈뉴스데스크〉는 한국 TV 뉴스의 형태를 완전히 바꿔놓는 하나의 혁명이었고, 그래서 안팎으로부터 견디기 어려운 빈정거림과 항의, 비협조 속에서 어렵게 출생했다."[157]

하긴 아나운서의 매끄러운 음성만 듣던 시청자들이 보도국장이 앵커로 앉고 취재기자들이 직접 리포팅하는 방식에 대해 저항감을 갖지 않을 리 없었다. 그래서 다른 방송사들은 한참 후에 〈뉴스데스크〉의 앵커 방식을 도입했다. TBC는 1972년 4월부터, KBS는 1973년 10월부터 이와 유사한 뉴스 프로그램을 선보였다.

보도매체로서 TV의 역할 강화는 박정희 정권이 몹시 바라는 것이기도 했다. 특히 1971년 대선을 염두에 둘 때에 더욱 그랬을 것이다. 이와 관련, 정순일과 장한성은 『한국 TV 40년의 발자취』(2000)에서 "1970년 후반부터 1971년에 걸쳐 TV 보도는 그 위력을 발휘했는데, 이에 따라 텔레비전을 정치에 활용하여 주로 위정자의 치적 홍보와 이미지 조작에 교묘하게 활용하는 빈도가 부쩍 늘었다"며 다음과 같이 말했다.

〈수사반장〉에서 수사반장을 연기한 최불암이 담배를 피우면 박정희도 따라 펴서 육영수가 최불암에게 전화해서 "담배를 좀 줄여주세요"라는 부탁을 하기도 했다. 〈수사반장〉 421회 대본. (대한민국역사박물관 소장)

"경부고속도로의 개통(70.7.7), 제7대 대통령 선거(71.4.27)와 제8대 국회의원 선거(71.5.25), 백제 무릉왕릉 발굴(71.7.8), 최두선 적십자 총재의 남북이산가족찾기 회담 제안(71.7.8)에서 국가비상사태 선언(71.12.6)과 대연각 화재(71.12.25)……등 국내 뉴스도 다양했지만, 한국과 중국 간의 탁구 외교(71.4.7) 등 세계적인 뉴스도 적지 않았으므로 어느 정도 취재 체제를 구비한 세 TV는 신속성과 현장성을 살려 시청자의 관심을 집중시켜 나갔다."[158]

1971년 3월 6일, 이후 18년 동안 880회가 방영될 드라마가 탄생했는데, 그건 바로 MBC에서 방송한 시추에이션 수사물 드라마 〈수사반장〉이다. 1984~1985년에 7개월 남짓 공백을 거쳐 1989년 10월 12일에 종영된 이 드라마에서 탤런트 최불암이 연기한 수사반장은 1970년대 가장 인기 있는 드라마 캐릭터였다. 수사반장이 방영된 일요일 저녁 7시에는 택시를 잡기가 어려웠을 정도였다. 상당수 택시 기사가 식당에

서 저녁 식사를 하면서 드라마를 시청했기 때문이다.[159]

박정희도 이 드라마의 열렬한 팬이었다. 최불암은 이 드라마에서 매회 담배 4대를 피우는 설정으로 출연했는데, 당시 〈수사반장〉을 즐겨보던 박정희는 최불암이 담배를 피우면 함께 따라 펴 아내 육영수에게서 건강에 대한 우려를 샀던 것 같다. 훗날 최불암이 밝힌 바에 따르면, 최불암은 어느 날 청와대 부속실에서 한 통의 전화를 받았다. 전화를 받으니 "영부인이십니다"라는 음성이 들린 후 육영수가 직접 이런 개인적인 부탁을 했다고 한다. "담배를 좀 줄여주세요."[160]

재벌과 박정희 측근에게 넘어간 MBC

MBC는 1968년부터 방송망을 확장하기 시작했는데, 그 결과 1970년 1월 24일 부산 MBC를 개국했고 이어 11월에는 KBS도 부산국을 개국했다. 이 두 방송사는 부산의 터줏대감 동양TVDTV를 제치고 마이크로웨이브를 통해 서울과 동시 방송을 할 수 있었는데, 이로 인해 여전히 마이크로웨이브를 이용할 수 없는 DTV의 불만은 이만저만이 아니었다.[161]

MBC는 1970년에 대구의 영남TV, 제주의 남양TV, 광주의 호남TV와 제휴하여 지방 방송망을 형성했으며, 1971년에는 울산TV, 전주의 전북TV, 대전TV와도 제휴하여 방송망을 확장했다. MBC는 그 과정에서 1971년 3월 부산·대구·대전·전주·광주의 직할국 경영권을 넘겨받아 독립된 주식회사로 탈바꿈했으며, 그해 10월 1일을 기해 각 지방국들을 각 소재 도시명 밑에 문화방송을 붙여 '○○문화텔레비전방송'

으로 상호를 변경 통일했다.[162] 그리하여 1971년 말엔 전국 20개 지역의 네트워크를 연결해 동시 방송을 할 수 있게 되었다.

MBC TV의 사장 조증출은 1971년 1월 4일 연두사에서 '최고의 시청률', '최고의 청취율'을 '금년의 목표'로 삼아 '제2의 약진운동'을 벌이자고 역설했지만,[163] 6월 30일 박정희 특명을 받은 이환의가 MBC 사장 겸 5·16 장학회 이사로 취임했다. 이환의는 취임하자마자 3억 원이던 MBC의 수권 자본금을 10억 원으로 증자하면서 본사 주식의 70%를 7개 재벌에 분양하고 지방사 역시 민간에 분양했다. 박정희는 당시 전라북도 도지사에서 물러난 이환의를 청와대로 불러들여 다음과 같이 말했다고 한다.

"내가 임자에게 맡기고 싶은 일이 생겼어. 이번 대통령 선거 때, 야당 측이 나와 내 사람(부인)을 공격하는 말 가운데 MBC 재산의 60퍼센트가 내 개인 재산이라 주장하면서 신문에 광고로까지 낸 것을 봤지? 나와 안사람은 (MBC 주를) 단 한 주도 갖고 있지 않아. 아마 나와 대구사범 동창인 조증출 씨가 사장을 맡고 있고, 나의 동서 조태호 군이 5·16 장학회를 맡고 있다 보니 그런 말이 나온 것 같아.……MBC 사장과 5·16 장학회 이사를 같이 맡길 테니 MBC와 장학회 재산을 정리해서 국민 앞에 공개해줘야겠어."[164]

그렇게 해서 증자한 MBC의 본사 주식 7억 원어치는 7명의 새 주주에게 할당되었는데, 박병규(해태), 정주영(현대), 구자경(금성), 최준문(동아건설), 신용호(교육보험) 등에 1억 원씩, 김성곤(쌍용)에게 1억 5,000만 원, 임채홍(미원)에게 5,000만 원에 각각 양도되었다. 지방사 주식도 재벌과 측근들에게 분양되었는데, 임대홍(전주), 김성곤(대구), 최준문(대전), 최승효(광주), 한병기(강릉), 백태훈(제주), 박종규(마산), 이후락(울산·포항), 이도영(청주), 김진만(춘천·삼척), 구자경(부산·진주) 등에게 85%씩을 팔고 나머지 15%는 서울 MBC가 소유하는 방식으로 처리했다.[165]

MBC 분양 비리와 부작용

이와 같은 주식 분양에 대해 청와대 비서관을 거쳐 당시 부산문화방송 사장으로 있던 김종신은 다음과 같이 말했다. "들리는 말에 의하면 지방국을 매수하는 재벌들은 현금으로 결재하지 않고 방송국을 담보로 한 은행 대출로 사들이고 있었다. 앞으로 방송 특히 TV는 호경기를 누리게 될 것이 기약되는 커다란 이권에 속하는 것인데, 돈 많은 재벌들에 의해 그것도 회사를 담보로 해서 은행 대출까지 알선해 팔려나가는 데는 납득이 되지 아니하였다. 부익부 빈익빈富益富貧益貧이란 비판을 들을 만한 일이었다."[166]

방송을 '방송 논리'가 아닌 '정치 논리'로 주무른 데다 자격 없는 사람들에게 방송을 맡겨 그로 인한 부작용도 만만치 않았다. 이에 대해 정순일은 『한국방송의 어제와 오늘: 체험적 방송 현대사』(1991)에서 "1968년에서 1971년에 이르는 MBC 방송망의 확장은 (대통령 선거와 총선거가 1971년에 있었으므로) 정치적인 의미는 컸겠지만, 구매력이 그리 크지 못해서 광고주들로부터 외면당하기 쉬운 시장성 없는 도시에도 그 타당성 한 번 제대로 따져 보지 않고 방송국을 세웠기 때문에 개국 초부터 경영상에는 문제가 많았던 것이다"며 다음과 같이 말했다.

"터가 좋지 않아 방송국이 영세해지면 해질수록, 돈을 벌기에 열을 올리게 되고, 열을 올리면 올릴수록 방송은 나빠지게 마련이다. 이런 이치를 뻔히 알면서 여기저기 방송국을 마구 세운 데다가 요샛말로 '방송'의 '방'도 모르는 유지들을 모셔다 일부 지방 방송사를 맡겼으니, 방송이 어디로 갔겠는가?…… '방송 출연자들에게 출연료는 왜 주느냐? 반대로 그를 선전해준 사례를 방송국이 받아야지……' 하고 호통을 친 사장님, 사모님의 꽃꽂이 선생을 출연시키거나, 주치의를 건강 상담에 출연시키고 좋아하는 국장님……."[167]

MBC 분양이 보여준 박정희 정권의 부정부패

가톨릭 원주교구장인 주교 지학순이 민주화운동에 나서게 된 계기도 박정희가 만든 5·16 장학회의 부패 때문이었다. 임박미리의 「70년대 암흑 밝힌 양심의 등불 정의구현의 사제, 지학순 주교」(1997)라는 글에 따르면, "일찍부터 매체의 중요성을 감지, 1970년에는 5·16 재단과 60대 40의 비율로 원주문화방송주식회사 설립에 참여했다. 이때 운영권자인 5·16 재단의 방송국 운영 비리에 항의, (1971년 10월 5일) 원주교구 사제 및 신도들을 이끌고 원주시 원동성당에서 '사회정의구현과 부정부패 규탄대회'를 3일간 벌였다. 지 주교에게는 최초의 직접적인 현실참여라고 할 수 있는 규탄대회 이후 지 주교의 사회운동이 본격적으로 시작된다".[168]

MBC의 주식 분양 사건이 시사하듯이, 당시 부정부패는 매우 심각한 수준이었다. 오죽하면 국무총리 김종필이 1971년 9월 4일 국무총리 취임 후 가진 최초의 기자회견에서 다음과 같이 말했을까? "지금 우리

사회에는 3불不 즉, 불신·불안과 부정이 만연돼 있다. 이 3불不을 없애는 데 최선을 다할 생각이다. 부정부패는 하루 아침에 일어난 것이 아닌 만큼 그것을 일소하는 작업도 하루 이틀에 되는 것이 아니라는 것을 알아야 할 것이다."[169]

그러나 김종필 자신도 부정부패에서 자유롭지 못했거니와 무엇보다도 박정희가 부정부패 피라미드의 꼭대기에 앉아 있었기 때문에 3불을 없앤다는 건 원초적으로 불가능한 일이었다.

범여권계 매체 계열화

이환의는 또 한 번 박정희의 특명을 받아 1974년 7월 24일 적자에 허덕이던 『경향신문』을 병합했는데, 이렇게 해서 '주식회사 문화방송·경향신문'이 탄생하게 되었다. 이환의는 1974년 6월 하순 어느 날 오후 청와대에서 15분 이내에 들어오라는 연락을 받고 달려가 박정희에게서 다음과 같은 지시를 받게 되었다.

"이 사장……임자는 원래 『경향신문』 출신이지……여봐, 『경향신문』이 지금 존폐 위기에 있는데 MBC가 『경향신문』을 인수해서 함께 경영해보면 어때……. 이모李某로부터 기아산업의 김철호 회장이 인수받았다가 다시 신진그룹에 넘어간 뒤로 계속 적자인 모양인데 그나마 신진이 부실기업으로 정리당하게 됐으니 이대로 두면 경향은 문을 닫아야 돼.……내가 어제 마지막 방안으로 선경의 최종건 회장에게 경향을 인수해 보라고 권유해 봤는데 선경도 어렵다는 거야.……그러니 이 사장이 인수해서 방송과 함께 운영해봐. 전통이 있는 신문인데 이대로 죽이기에는 너무 아깝지 않아."170

　이환의는 박정희의 그 말에 『경향신문』 출신으로서 '가슴이 찡함을 느꼈다'지만, 이걸 통해 알 수 있는 것은 박정희가 언론 문제에 관한 한 믿기지 않을 정도로 시시콜콜한 것까지 일일이 다 간섭을 했다는 사실이다. 사실 이건 시시콜콜한 사안은 아니었다. 일개 기자나 기사 하나에도 많은 신경을 쓴 박정희로선 『경향신문』 문제는 아주 큰 문제였을 것이다.

　1975년엔 여권 신문인 『서울신문』의 증자분을 전액 KBS가 인수, 사실상 소유함으로써 일종의 범여권계 매체가 계열화되었다.171 조항제는 「1970년대 한국 텔레비전의 구조적 성격에 관한 연구」라는 박사학위 논문에서 "MBC는 『경향신문』의 인수 후인 1974년 7월 25일의 지면부터 바꾸기 시작하여 우선 연예오락면을 확충하는 한편으로 MBC 텔리비전과 라디오 프로그램의 소개를 강화하였다. 이것은 비단 신문 독자의 기호를 충족시킨다는 뜻에서뿐만 아니라 활자매체에 의한 전파매체의 보완을 강화한 것이라고 할 수 있다"며 다음과 같이 말했다.

　"또한 MBC도 『경향신문』을 소개함으로써 신문에 대한 지원을 한층 강화했다. 『주간경향』은 MBC에서 방영하는 영국 BBC 영어를 게재하는 등으로 방송의 파급력을 이용하였다. TBC의 모기업인 삼성과 경쟁 관계에 있었던 금성의 경우에도 MBC의 지분과 지방사 소유를 이용, MBC의 네트워크를 자사 홍보를 위해 충분히 이용할 수 있었다. MBC는 이때에 한국연합광고까지를 합병해 종전까지 분리된 법인체로 광고 판매를 하던 MBC 광고의 판매 기능을 직접 담당케 함으로써 신문 제작과 방송 제작이 광고 판매와 직접 연결되어 기업 경영의 효율화를 꾀할 수 있었다."[172]

가장 큰 효과를 본 건『주간경향』이었다. MBC TV의 무료 광고 효과를 톡톡히 봐 판매부수가 수직 상승하면서 당시 최대의 주간지였던『선데이서울』과『주간중앙』을 따돌리고 1등을 하는 기염을 토했던 것이다. 매주 10만 부의 판매부수로 월 수익 1억 원을 올렸는데, 이는 급여를 뺀『경향신문』전체의 경상비에 해당하는 액수였다. 1970년대 후반『주간경향』을 진두지휘하던 이중석은『경향신문 50년사』(1996)에서 그때를 다음과 같이 회고했다.

"당시 정말 대단했다. 그땐『경향신문』·문화방송 통합시대였는데 이환의 사장 주재 부장회의 때마다 칭찬을 받았다. 우린 부장단 회의를 어전회의라고 불렀다. 120여 명 부장들이 좌우로 늘어선 모양이 궁궐의 어전회의를 방불케 해서 그렇게 이름을 붙였다. 아무튼 회의 때마다 사장은 '다들『주간경향』만큼만 하라!'고 말했다."[173]

한국연합광고는 1974년 MBC가 동아제약, 럭키그룹, 해태,『동아일보』, 태평양화학, 미원 등과 함께 주주로 참여하여 창립한 것으로, 이는 1973년에 설립된 삼성 계열의 광고대행사 제일기획과 함께 한국 광고 시장에 큰 영향을 미치게 되었다.

포크 음악,
라디오 DJ, 미팅

김민기와 양희은의 〈아침이슬〉

1970년대 내내 젊은이들에게서 큰 인기를 누렸던, 김민기가 작곡하고 양희은이 부른 〈아침이슬〉이라는 노래는 1970년에 나와 1971년 여러 번안곡과 함께 김민기의 독집 음반으로 출시되었다. 이 음반엔 김민기의 〈친구〉도 수록되었다. "1970년대는 김민기의 〈아침이슬〉로 시작되었다"(음악평론가 이상만)[174]는 평가에서부터 "한국 대중음악을 세계 수준으로 올려놓은 곡"(음악평론가 최동욱)[175]이라는 평가에 이르기까지 〈아침이슬〉은 1970년대의 중요한 문화적 현상으로서 위상을 누렸다.

대중음악평론가 강헌은 "〈아침이슬〉과 함께 양희은이 등장했을 때, 이미 한국의 대중음악사는 이 젊고 당돌한 보컬리스트를 경의의 눈으로 바라보았다. 예술에 대한 허위의식과 대중에 대한 아부를 원천적으로 봉쇄해버린 듯한 이 어린 대학생의 생목소리는 바로 혁명적 낭만주의로

김민기의 〈아침이슬〉은 "1970년대는 김민기의 〈아침이슬〉로 시작되었"고, "한국 대중음악을 세계 수준으로 올려놓은 곡"이라는 평가를 받았다. 양희은 고운노래 모음 LP. (한국대중음악박물관 소장)

불타오른 신세대들의 표상으로 추인되었다"며 다음과 같이 말했다.

"양희은의 당당하고 또렷한 발성은 대중음악에 있어서 가사의 의미 전달을 확장시켰을 뿐만 아니라 '사랑'으로 범벅된, 한국 대중음악의 과잉된 습기를 단숨에 제거시켰다. 그는 이 앨범에서 강력한 보컬 카리스마를 발현했던 전작을 한꺼번에 뛰어넘는 위대함을 수놓는다. 깔끔함에 단호함을 새겨 넣은 그의 보컬 톤은, 이후 많은 여성 보컬리스트들의 과제가 되었으며 수많은 추종자들이 그 뒤를 잇기 시작한다."[176]

라디오 DJ 프로그램과 음악다방

기존의 트롯 가요와는 다른, 〈아침이슬〉류의 노래는 '포크 음악'으로 분류되었는데, 이는 음악을 하는 주체의 학력과도 관련이 있었다. 이영미는 "1970년대의 대중가요에 대학이 등장한다. 1960년대에 대학 출신 가수들에게 '학사 가수'라는 명칭을 붙여주었다"며 다음과 같이 말했다.

"이 명칭에는, 대학까지 나와서도, 그것도 반듯한 명문대를 나와서 천한 소리광대가 된 이들에 대한 신기함이 묻어 있다. 그러나 1970년대의 포크 가수에게는 그런 호칭이 붙지 않는다. 이제 대학 출신 가수 혹은 대학생 가수가 너무도 흔해졌기 때문이다."[177]

라디오 DJ 프로그램은 이런 포크 음악과 외국의 팝송 중심으로 큰 인기를 누렸다. 가요평론가 선성원은 『8군쇼에서 랩까지』(1993)에서 다음과 같이 말했다.

"MBC에서 〈별이 빛나는 밤에〉(이종환)를 필두로 DBS에서 〈0시의 다이얼〉(최동욱, 이장희, 윤형주), TBC에서 〈밤을 잊은 그대에게〉(황인용), CBS에서 〈꿈과 음악 사이〉(임문일) 등 4파전이 일어나며 팝 프로그램의 인기 비중이 심야 시간대로 옮겨가는 현상이 나타난 가운데 초기의 전문 DJ 시대에서 개그맨이나 가수 DJ로 바뀌면서 신변 잡담이나 늘어놓는 등 백해무익한 프로로 전락, 마침내 1972년 관계기관으로부터 심야방송에서 전화 리퀘스트에 대한 제재 조처가 취해지는 등, 별로 명예롭지 못한 결과를 낳기도 했다."[178]

초기 라디오 DJ들 가운데 상당수는 음악다방 DJ 출신이었는데, 음악다방은 명동과 대학가에 많이 몰려 있었다. 음악다방은 젊은이들이 가는 곳이었고, 이는 사람을 만나기 위한 용도의 일반적인 다방과는 구별되었다. 음악다방은 기존 다방들과의 차별화를 꾀하기 위해 '커피숍'이라고 이름을 바꾸기 시작했다. 당시의 음악다방 상황을 아들에게 들려주는 어느 아버지의 증언을 들어보자.(역사 산책 4: 인스턴트 커피가 변화시킨

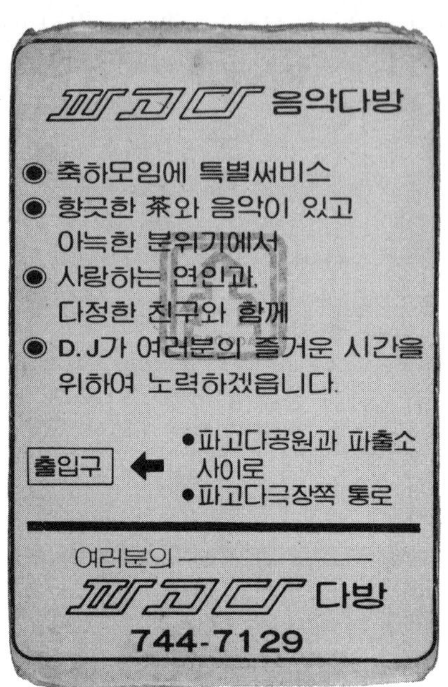

당시 음악다방은 명동과 대학가에 몰려 있었는데, 이곳은 젊은이들이 가는 곳이었고 기존 다방들과의 차별화를 꾀하기 위해 '커피숍'이라고 이름을 바꾸기도 했다. 파고다 음악다방 전단지. (국립민속박물관 소장)

다방 문화 참고)

"아빠가 젊었을 때는 음악다방이라는 게 있었단다. 네가 좋아하는 DJ DOC이라는 그룹이 부른 〈허리케인 박〉이라는 노래 있지? 그런 사람들이 뮤직박스라는 데 앉아 음악을 틀고 멘트를 넣어가면서 왜 서세원의 '왠지' 하는 그런 투로 음악을 틀어대곤 했지. 우리는 여자 친구와 함께, 혹은 심심한 남자 친구들끼리 떼로들 모여서 음악다방에 가서 시간을 죽이곤 했단다. 그러면서 음악을 알았지. 라디오 역시 음악을 전해주는 전파사였어. 요새로 치면 디스코 테크(하긴 디스코 테크도 요즘은 거의 없어졌지), 록카페 정도 되는 고고장이라는 게 있었어. 술 한 잔 마시면서 마루 바닥에 초를 칠해가며 춤을 마구 추는 거야. 고고춤, 막춤이라고 불렀지. 무대 위에선 밴드들이 록 음악을 연주했다가 나중에는 밴드가 없어지고 음반에서 음악이 흘러나왔어. 그러고들 놀았단다. 그때는 명동에 그런 음악다방이나 고고장이 많았어. 그리고 통기타 가수들이 나와서 노래를 부르던 생맥줏집도 있었지.(그땐 모두들 생맥주 한잔 마셔보는 게 소원이었다. 맥주는 굉장히 비싼 술이었거든. 대부분 가난한 학생들은 막걸리와 소주를 마셨으니까.) 너 혹시 트윈폴리오라고 들어본 적이 있는지 모르겠다. 송창식, 윤형주, 양희은 그런 사람들이 나와서 노래를 불렀어."[179]

교회 갱신 운동에 이용된 포크 음악

이러한 포크 음악을 당시 어느 목사가 과감하게 '교회 갱신 운동'에 이용했다는 것도 흥미롭다. 그 목사는 바로 크리스천아카데미 활동을 비롯해 민주화운동에 참여한 강원용이었다. 강원용이 경동교회에서 교회 갱신 운동의 하나로 시작한 것은 한국 문화 속에 기독교를 토착화시키고 예배를 축제와 결합시키는 것을 골자로 한 예배 갱신 운동이었다. 그는 이미 1960년대 말부터 실험적으로 실시해온 축제 예배를 본격적으로 정착시키기 시작했다.

이에 대해 강원용은 회고록 『빈들에서』(1993)에서 "그 첫 번째 시도라고 할 수 있는 것이 1969년 12월의 '성탄 축하 무용과 연극의 밤'이었다. 이날 밤 한국 교회사상 처음으로 예수 탄생을 소재로 무용가 육완순이 안무한 무용 예배가 선을 보이게 되었다. 이 같은 실험적 예배는 1971년 성탄절에 극단 '햇님'의 성극 공연으로 이어졌고 1972년 성탄

축하 예배 때는 자정 예배와 함께 포크 댄스를 진행했으며, 촌극 경연 무대도 마련하면서 연례적인 행사로 자리를 굳혀갔다”며 다음과 같이 말했다.

"이 같은 실험적 예배의 시도는 교계 안팎의 심상치 않은 주목을 끌게 되었는데, 그중에서도 가장 말썽을 불러일으켰던 행사는 1972년 중고등학교 신우회 주관으로 교회 안에서 열린 '복음가요 페스티벌'이었다. 이 행사에 출연해 노래를 한 사람들은 당시 청소년들에게 큰 인기를 끌던 가수 조영남과 윤형주 등이었다. 독실한 기독교인이기도 한 그들에게 팝송을 찬송가처럼 개사해서 노래를 불러달라고 먼저 요청한 사람은 나였다.……밤에 개최된 이 복음가요 페스티벌은 나도 놀랄 정도로 대성황이었다. 조영남과 윤형주의 높은 인기 때문에 우리 교회뿐 아니라, 다른 교회에서도 학생들이 몰려왔고 성인들도 굉장히 많이 왔다. 한마디로 대성공이었던 것이다. 그렇게 되니 걱정했던 장로들도 매우 좋아하는 모습이 역력했다. 그런데 다음 날부터 밖에서 보수교단을 중심으로 그날 공연에 대한 비난과 공격이 화살처럼 쏟아지기 시작했다. '신성한 교회에서 속된 유행가 가수를 불러다가 미친 짓을 벌였다', '이제 두고 봐라. 앞으로 강원용이는 경동교회를 나이트클럽으로 만들 것이다' 하는 등의 비난과 공격이 쉴 새 없이 들어왔던 것이다."[180]

그러나 강원용은 그런 비난과 공격에 조금도 굴하지 않고 '축제 예배'를 계속 시도했으며, 얼마 후엔 이 같은 행사들이 다른 교회에까지 파급되었다.

대학생들의 미팅 문화

미팅도 빼놓을 수 없는 1970년대 초 대학가의 중요한 문화적 현상이었다. "대학생들이 본격적으로 미팅 행각에 나선 것은 1970년대입니다. 대개는 다방, 회관 같은 데서 미팅을 했지요. 특히 명동의 초원다방, 광화문의 청자다방 등은 미팅의 명소였습니다. 명동의 초원다방이 유명해지니까 다른 지역과 지방에서도 초원다방이 우후죽순으로 생겨났습니다. 특히 종로나 영등포에는 초원다방이 열 몇 군데씩이나 됐다는 전설이 있습니다. 어떤 대학 근처에는 초원여관이 아주 오랫동안 있었지요."[181]

『한국일보』1971년 5월 14일자엔 대학생들의 미팅에 관한 장문의 기사가 실려 있다. 미팅에 대한 당시 대학생들의 코멘트는 지금 기준으론 한결같이 촌스러운 발언들이지만, 그래도 그때는 꽤 심각하게 여겨지는 것들이었다. 먼저 '미팅 무용론'을 펼치는 대학생들은 다 여자였다.

"그저 그런 것 아니겠어요? 나쁜 것은 없는 무해무익한 거죠. 그러나 두 번 했지만 싱겁기만 해요."(이대 국문과 1년 S양) "미팅이 본래의 순수성을 상실, 남자들의 희롱장이 되었어요. 따라서 제 경우 불참하는 입장입니다."(서울대 음대 2년 P양) "비용이 너무 무거워요. 또한 건전한 이성교제에 눈뜨려면 먼저 부담을 느끼지 않고 이성과 만나 서로의 세계를 엿보거나 타진할 수 있는 것 아니겠어요. 미팅이 끝난 후 서로 '친구'나 '애인'이 되는 경우는 99% 없습니다. 선배들의 표현처럼 '말짱 헛거'예요."(이대 법학과 2년 L양)

반면 미팅의 순기능을 강조하는 대학생들은 다 남자였다. "소비 풍조요 시간 낭비의 모임이라고 흔히들 얘기하고 있지만 이성을 모르는 것보다는 이런 모임을 통해서 단편적으로나마 아는 것이 좋지 않겠습니까."(고려대 농화학과 4년 L군) "우리나라에서는 단 한 군데의 교제 장소에서 이성의 또 다른 세계를 엿볼 수 있다는 점에서 권장할 만한 것이 아닐까요."(연세대 기악과 2년 L군) "산 경험을 때때로 얻고 있어요. 미팅을 통해서 한국 현실에 맞는 이상적인 여성상을 정립해나가고 있습니다."(서울대 상대 경제과 2년 C군)[182]

인스턴트 커피가 변화시킨 다방 문화

1970년 9월 동서식품은 당시 미국의 대표적인 식품회사인 제너럴 푸드사와 기술제휴와 합작 투자해 맥스웰하우스란 상표를 가지고 커피 시장에 뛰어들었다. 이 회사는 인천시 북구 효성동 대지 4,700여 평에 공장을 세워 국내 최초로 레귤러커피를 선보이게 되었고, 그해 12월 맥스웰하우스 인스턴트 커피를 생산 판매하기 시작했다. 동서식품의 커피는 1970년대 후반까지 한국 커피 시장의 99%를 점유할 정도로 대단한 호황을 누리게 된다.

동서식품의 인스턴트 커피 생산으로 집에서도 커피를 마시게 되면서 다방도 큰 변화를 겪게 되었다. 다방은 점점 디럭스화·전문화되는 경향을 보이기 시작했다.[183] 다방의 차별화는 '미인계' 중심의 다방을 더욱 전문화(?)하는 결과를 낳기도 했다. 이른바 '마담'의 전문성이 매상을 좌우하게 된 것이다. 마담은 손님이 많을수록 월급을 많이 받았다. 그래서 마담은 단골손님을 끌기 위해 얼굴이 예쁘고 사교성이 좋아야 했다.

마담은 단골손님들이 좋아하는 커피 스타일이나 손님 주변의 대소사까지 기억하여 손님들이 오면 옆에 찰싹 달라붙어 앉아 비위를 맞춰 주었다. 마담의 이런 애교와 정에 못 이겨서 손님들은 특별한 약속이 있거나 볼 일이 없지만 습관적으로 다방을 찾아 마담과 앉아 이런저런 이야기를 나누고 커피를 마시기도 했다. 물론 마담이 손님과 이야기하며 마시는 커피 값은 당연히 손님이 지불했다.

다방에는 일명 얼굴마담이라고 불리는 '가오마담'이 있었는데 일반적으로 다방을 경영하는 여주인이 가오마담을 겸직하고 있는 경우도 있었고, 따로 두는 곳도 있었다. 가오마담이 되는 특별한 조건은 없지만 보통 레지 생활 3~4년의 경력이 있는 아가씨들이 마담으로 채용되었고, 외모와 교양이 부수 조건으로 따랐다. 이들은 하루에도 적게는 옷을 대여섯 번에서 많게는 수십 번 갈아입어야 했으며, 얼굴이 아무리 예뻐도 매상이 오르지 않을 경우에는 해고를 당하기도 했다. 그렇다고 손님을 많이 끌고 매상을 올려도 그 다방에 머무르는 기간은 3~4개월에 지나지 못하는 경우가 많았다. 왜냐하면 낯익은 단골손님들이 외상을 긋거나 아니면 너무 친숙하다 보면 지나치게 정이 들기도 하기 때문이다.[184]

1970년대 초 보통 사람들의 커피에 얽힌 추억은 주로 다방과 관련된 것이었다. 1971년 나훈아가 부른 〈찻집의 고독〉은 많은 이의 사랑을 받았다. "그 다방에 들어갈 때에/내 가슴은 뛰고 있었지/기다리는 그 순간만은/꿈결처럼 감미로왔다/약속시간 흘러갔어도/그 사람은 보이지 않고/싸늘하게 식은 찻잔에/슬픔처럼 어리는 고독/아 사랑이~란/이렇게~~~도/애가 타~도~록/괴로운 것이라서/잊으려~해~도~/잊을 수~

없~어/가슴 조~이~며/기다려~봐~요/루루루루루루루루루루/루루루루루

루루루루루루."

제1장

리처드 닉슨의 중공 방문과 남북대화

중공에 초청된 미국 대통령 리처드 닉슨

1971년 2월 미국 부통령 스피로 애그뉴Spiro Agnew, 1918~1996가 미군 철수가 임박했음을 알리기 위해 서울을 방문했다. 한국 정부는 어떻게 대응했을까? 당시『워싱턴포스트』동북아시아 지국장 셀리그 해리슨Selig Harrison, 1927~2016은 회고록『코리안 엔드게임』(2002)에서 "남한 정부의 협상 전술이 얼마나 완고했나를 설명하기 위해 주한 미국 대사 윌리엄 포터는 의미심장한 일화를 들려주었다"며 다음과 같이 말했다.

"박정희 대통령과 부하 장성들은 잠깐이나마 자리를 비우지 않기 위해 화장실도 가지 않고 미국 상대보다 협상 테이블에서 오래 버티기로 작정했다는 것이다. '그들은 요도를 연결한 플라스틱병을 다리에 묶어 바지 속에 숨기고 있었는데, 애그뉴 부통령의 오줌보가 그들 것보다 컸어요'라고 그는 말했다."[1]

그렇게 눈물겹게 버틴 끝에, 1971년 2월 6일 한국과 미국 정부는 공동성명을 발표해 1971년 6월 말까지 6만 3,000여 명의 주한미군을 4만 3,000여 명으로 줄이기로 합의했다. 그러나 미국은 부통령 애그뉴의 공언과는 달리 3개월 앞당겨 1971년 3월 28일 주한미군 7사단을 철수시켰다.[2]

이에 대해 박정희 정권은 큰 위기의식을 느껴 미 행정부와 의회를 대상으로 하는 로비를 벌이게 되었다. 그러나 어제와 내일이 없이 오늘만 생각하는 외교 솜씨가 하루 아침에 바뀔 수 있었겠는가? 이 로비는 나중에 이른바 '코리아게이트'로 비화되었고, 닉슨 독트린으로 인한 국가안보의 문제는 국내적으로 자주국방 계획을 구상하게 하는 동시에 박정희의 철권통치를 강화시키는 결과를 낳게 되었다.

닉슨 독트린은 주한미군의 문제를 넘어서 훨씬 더 큰 구도에서 작동하고 있었다. 미 7사단이 철수한 지 꼭 10일째 되던 4월 7일 일본 나고야에서 열린 세계탁구선수권대회에 참석하고 있던 중화인민공화국(중공) 대표단은 미국 탁구팀이 중공을 방문하도록 초청했고 미국 대표단은 이를 수락했다. 이건 다음 달부터 개시된 중공과의 '핑퐁 외교'와 곧이어 발표된 닉슨의 중공 방문 계획을 염두에 둔 정치적 이벤트였다.[3]

1971년 4월 10일 베이징공항에 도착한 도쿄 발 루푸트한자 비행기에서 미국 탁구 대표팀 15명이 내렸다. 이들은 1949년 10월 중국 공산당이 베이징을 점령하고 중화인민공화국을 수립한 이후 중공을 방문한 최초의 미국인이었다. 미국 탁구팀의 중공 방문 그 자체만으로도 놀라운 사건이었지만, 더욱 놀라운 사건은 3개월 후에 일어났다.

1971년 7월 9일 안보 담당 보좌관 헨리 키신저Henry Kissinger,

1971년 7월 미국 최고위급 인사 중에서 최초로 베이징을 방문한 헨리 키신저(왼쪽)는 저우언라이(오른쪽)와 회담을 가졌는데, 그 후 중공은 닉슨을 초청한다고 발표했다.

1923~2023가 미국 최고위급 인사 중에서는 최초로 베이징을 극비 방문했다. 그는 11일까지 머무르면서 중공 국무원 총리 저우언라이周恩來, 1898~1976와 회담을 가졌고, 이에 따라 7월 16일 중공이 닉슨 초청을 발표한 것이다. 당시 미국의 『워싱턴포스트』는 그 놀라움을 다음과 같이 표현했다.

"닉슨 대통령이 달나라에 가겠다는 발표를 했던들, 키신저가 중공을 극비리에 방문하여 닉슨 대통령의 중공 방문을 주선했다는 발표만큼은 전 세계를 놀라게 하지 못했으리라. 미국인들에게는 개인적으로나 정치적으로나 가장 발을 들여놓기 어려웠던 중국 대륙이 미국 탁구 선수들뿐만 아니라, 이제 열렬한 반공주의자였던 한 미국 대통령에게까지 방문의 문호가 열렸다는 점에서 그것은 실로 엄청난 뉴스였다."[4]

브레턴우즈 체제의 폐기

'실로 엄청난 뉴스'는 경제 분야에서도 터져 나왔다. 1971년 8월 15일 닉슨이 전후 세계경제 시스템으로 등장한 브레턴우즈Bretton Woods 협정을 포기하고 달러와 금의 연동을 폐기하겠다고 선언한 것이다. 10% 수입 특별세의 부과, 임금·물가 동결 등도 신경제정책의 일환으로 발표되었다. 이제 달러에는 변동환율제가 도입되었으며 150년 만에 금본위제가 폐지되었다.[5] 이는 세계경제에 엄청난 충격을 안겨주었다.

브레턴우즈 체제는 국제통화기금IMF이 중심이 되어 만든 국제통화 체제로, 제2차 세계대전 종전 직전인 1944년 미국 뉴햄프셔주 브레턴우즈에서 열린 44개국이 참가한 연합국 통화 금융 회의에서 탄생했다. 이는 제2차 세계대전 전 각국의 평가절하 경쟁으로 세계경제가 파국을 맞이했던 경험에서 '금 1온스=35달러'라는 공정가격을 설정, 이에 기초해 각국의 평가(환율)를 결정했다. 이 평가는 국제수지의 대폭적인 적자 등 기본적인 불균형이 발생하는 경우 외에는 변경할 수 없다고 규정했다.[6]

미국의 입장에서 브레턴우즈 체제의 장단점은 무엇이었던가? 이병천은 『미국식 자본주의와 사회민주적 대안』(2001)에 쓴 글에서 "미국은 기축통화 발행국으로서의 특권을 가지고 있었고 달러 화폐 헤게모니는 미국의 세계 헤게모니의 핵심 요소 중의 하나였다"며 이렇게 말했다. "그러나 IMF 체제는 미국이 세계에 방출하는 달러가 금 준비를 초과하면 달러에 대한 신인도가 하락하고 달러 가치가 불안정해진다는 모순을 가지고 있었다. 유럽·일본 경제의 재건과 대미 추격 그리고 미국 경쟁 우위의 상실과 기초수지 적자로, 달러 유동성 공급 과잉 상황이 되면서 달러 신인 문제, 곧 달러 위기 사태가 발생한 것이다."[7]

아닌 게 아니라 1960년대 후반에 들어서 독일과 일본의 제조업이 미국 시장의 점유율을 확대시키면서 미국 제조업은 점점 위기에 내몰리고 있었다. 이는 기존 포드주의의 한계이기도 했다. 그간 미국의 무역흑자는 해마다 감소했고 1971년에는 전후 처음으로 적자로 전락했다. 제2차 세계대전 종전 초기 100억 달러의 무역흑자를 냈던 미국이 이제 거의 같은 액수의 무역적자를 낸 것이다.

흑자의 감소는 달러의 유출과 미국 금 준비고의 감소를 초래했다. 1968년 베트남에서 '구정 공세'가 일어났을 때엔 미국에서 영국 런던 쪽으로 금이 대거 유출되었고, 이로 인해 영국은행의 금 측량실 바닥이 금 무게를 견디지 못해 무너지는 사태까지 빚어질 정도였다. 이에 미국은 '세계 최강의 달러'라는 신화를 내던지는 대신에 타국 통화의 절상이라고 하는 실리를 택하는 쪽으로 돌아선 것이다.

4개월에 걸쳐 전 세계를 강타한 국제통화 체제의 위기는 1971년 12월 18일 워싱턴에서 열린 선진 10개국 재무장관회의에서 가까스로 수습되었다. 일본 엔의 절상폭은 16.8%, 마르크는 13.57%였다. 회의가 열린 곳이 스미소니언 박물관이라고 해서 '스미소니언 협정Smithsonian Agreement'이라고 한다. 닉슨은 이날 합의가 이루어지자, 만면에 미소를 머금은 채 "이것은 전후 세계사에서 가장 중요한 통화체제의 성과이다"는 성명을 발표했다.[8]

김일성의 남북대화 제의

1971년 10월 닉슨은 그동안의 입장을 바꿔 중공의 유엔 가입을 지지했다. 이에 따라 10월 26일 유엔총회에서는 자유중국(대만)이 축출되고 중공이 가입하는 사건이 벌어졌다. 이에 남북한 양쪽 다 쇼크를 받았다. 남북 모두 "긴장 완화를 지향하는 국제정치의 새 흐름에 호응하며 서로 상대방에 대한 새로운 접근을 모색"하지 않을 수 없게 되었다.[9]

김일성은 1971년 8월 6일 캄보디아의 전 국가 원수 노로돔 시아누크Norodom Sihanouk, 1922~2012를 환영하는 연설을 통해 박정희 정권을 비판하면서도 협상할 뜻이 있음을 비쳤다. "민주공화당을 포함한 남조선의 모든 정당, 사회단체 및 개별 인사들과 아무 때나 접촉할 용의가 있다"는 것이었다. 김일성의 이와 같은 '기습 제의'에 대해 북한에서 노동당 간부로 남북 관계에 관여했다가 해외로 망명한 황일호는 다음과 같이 말했다.

"1971년 미국 중앙정보국CIA과 선이 닿아 있는 한국인 재미학자 여러 명이 북한을 방문했어요. 그들이 북한의 생각을 떠보면서 남쪽이 적십자회담 제안을 준비하고 있다고 알려주었지요. 7월 하순에는 재일조총련으로부터 적십자회담 제의가 8월 15일로 잡혔다는 정보가 평양에 날아들었어요."[10]

그래서 박정희는 8월 12일 대한적십자사를 통해 '남북이산가족찾기운동'을 북한에 제의하고 8·15 경축사에선 평화통일을 강조했다. 북한도 이에 응해 1971년 8월 20일 남북한 적십자 관계자의 판문점 회담이 열렸고 그 후 닉슨의 중공 방문(1972년 2월 21~28일)이 이루어지기

직전인 1972년 2월 17일까지 19회에 걸쳐 회동을 했다.[11]

닉슨의 중공·소련 방문

1972년 2월 21일 닉슨이 중공을 방문했다. 닉슨은 마오쩌둥毛澤東, 1893~1976과의 정상회담에서 양국 관계 정상화, 군사적 갈등 완화, 교류 확대 등에 합의했다. 닉슨의 일거수일투족이 텔레비전으로 생중계되는 가운데, 닉슨은 '세계적 지도자'로 우뚝 서는 생애 최대의 순간을 맛보았다. 기가 막힌 사실상의 선거운동이었으니, 닉슨 반대파들의 입장에선 죽을 맛이었다.

그런데 중공엔 왜 갔는가? 박태균은 "닉슨이 중국을 방문한 가장 큰 이유는 미국이 베트남에서 발을 빼기 위한 사전 정지작업이었다"며 이렇게 말했다. "미국이 베트남에서 발을 빼면 '중국의 지원을 받는' 북베트남과 베트콩에 의해 남베트남 정부가 곧바로 몰락할 가능성이 크다고 보았던 것이다. 냉전체제의 이데올로기 전쟁에 갇혀 있던 미 행정부는 중국 공산당과 북베트남 공산당 사이의 갈등, 북베트남 공산당과 베트콩 사이의 긴장관계를 알지 못했다."[12]

좀더 넓게 보자면, 닉슨·키신저 외교정책의 핵심적인 추진력을 가리키는 단어는 데탕트Détente였다. 미국의 국익은 일본, 중공, 심지어 소련에 의해서조차 보장될 수 있다는 전제하에 데탕트를 통해 소련과 중공을 봉쇄하고 급진적 혁명을 억제해 지정학적 세력 균형에 도달하겠다는 것이었다.[13]

미국의 데탕트 주도는 이제 소련을 향했다. 1972년 5월 닉슨은 국

중공을 방문한 닉슨은 마오쩌둥과의 정상회담에서 양국 관계 정상화, 군사적 갈등 완화, 교류 확대 등에 합의했다.

가안보회의 의장 키신저와 함께 모스크바를 방문해 레오니트 브레즈네프Leonid Brezhnev, 1906~1982와 정상회담을 갖고 역사적인 합의를 도출하는 데에 성공했다. 공격용 대륙간탄도미사일의 수를 일정 기간 제한하는 것을 주요 내용으로 하는 전략무기제한협정Strategic Arms Limitations Talks, SALT이 바로 그것이다. 1972년 당시 미소美蘇는 전 세계 인구 1인당 15톤의 TNT에 해당되는 핵무기를 개발 비축하고 있었다.

데탕트는 경제적 변화를 수반했다. 닉슨 행정부는 징병제를 폐지하고 1973년까지 군사력을 230만 명으로 축소시키는 동시에(1968년 350만명), 소련의 시장을 뚫고 들어갔다. 1972년 미국 곡물 생산의 25%에 해당하는 대량의 곡물이 소련으로 유입되었으며, 펩시콜라와 체이스맨해

튼은행 같은 미국 대기업이 소련에서 영업을 개시했다.[14]

정략 외에 데탕트를 추구한 닉슨의 심리 기반은 무엇이었을까? 닉슨 전문가인 톰 위커Tom Wicker는 '세계적인 평화구조'를 구축하려 한 닉슨의 태도를 독실한 퀘이커교도였던 어머니에 대한 일종의 보상 형태로 설명했다. 닉슨이 퀘이커 선교사가 되기를 원한 어머니의 소망과 달리 음모와 기만으로 가득찬 정치가의 길을 선택해 적나라한 권력을 추구함으로써 어머니의 이상과 소망을 무산시킨 데 대한 일종의 보상 형태였다는 것이다. 위커는 다음과 같이 주장했다.

"닉슨에게 작용한 가장 강력한 힘은 어머니 한나를 배려하고자 하는 희망이었다. 사실 닉슨의 생활은 그의 정치생활 일반과 마찬가지로 근엄은 오간데 없고 맞잡고 싸움질하고 배반을 일삼는, 그야말로 퀘이커교도와는 다른 것이었음에도 불구하고 그러했다. 그래서 닉슨은 '어머니 저는 평화를 이룩했습니다. 이제 저는 어머니를 부끄럼 없이 뵐 수 있을 것 같습니다'라고 말했다."[15]

닉슨의 중공 방문이 한반도에 미친 영향

닉슨의 중공 방문은 한반도에도 많은 영향을 미쳤다. 김학준은 2월 27일에 나온 닉슨과 저우언라이의 공동성명의 내용을 분석한 후, "이 공동성명은 한반도 문제에 관해 두 나라가 합의하지 못했음을 보여주었다. 그러나 공동성명의 행간을 읽어보면 두 나라가 몇 가지 기본적인 문제들에 대해서는 암묵적으로 합의에 이르렀음을 알 수 있었다"며 다음과 같이 말했다.

"그것들은 남북대화가 본격적으로 추진돼야 한다는 것과 유엔한국통일부흥위원회UNCURK는 해체돼야 한다는 것이었다. 한마디로, 이 역사적 문서는 한반도 문제가 민족 내부 문제인 만큼 국제연합에 의해서가 아니라 한민족 스스로에 의해 해결돼야 한다는 미·중 합의를 반영하고 있었다. 이것은 북한의 지도층을 크게 고무시켰다. 북한이 통일 문제와 관련해 정권 수립 이후 일관되게 추구해온 목표가 마침내 실현되게 됐다고 낙관한 것이다."[16]

이와 같은 국제 환경의 변화와 더불어 박정희와 김일성은 각자 나름의 정치적 계산을 하면서 남북적십자회담을 훨씬 능가하는 수준의 접촉에 나서게 되었다. 남한 적십자사의 예비회담 대표인 정홍진은 1972년 3월 28일부터 31일까지 평양을 비밀리에 방문했고, 북한 적십자사 예비회담 대표 김덕현도 그해 4월 19일부터 20일까지 서울을 비밀리에 방문했다. 바로 여기서 중앙정부부장 이후락의 평양 방문과 북한 조선노동당 조직지도부장 김영주의 서울 방문에 대한 합의가 이루어졌다.[17]

역사적인 울산 현대조선소 기공식

그러나 실질적으로 이보다 훨씬 더 중요한 일이 1972년 3월에 일어났으니, 그건 바로 울산 현대조선소 기공식이다. 3월 23일 기공식에서 박정희는 너무도 들뜬 나머지 원고에도 없는 즉흥 연설을 했을 정도였다. 이날 기공식에 국무위원은 물론 각국 외교사절까지 5,000여 명을 초청해 성대하게 열도록 한 것도 박정희의 지시였다.

박정희가 흥분할 만도 했다. 지금 다시 돌이켜봐도 말도 안 되는 이야기였으니 말이다. 정주영은 울산 미포만 허허벌판에 50만 톤 크기의 조선소를 지으면서 동시에 구경한 적도 없는 26만 톤짜리 초대형 유조선을 두 척이나 건조해야 했다. 이 거짓말 같은 이야기의 시작은 3년 전으로 거슬러 올라간다.

조선산업을 키우겠다고 공언한 박정희는 정주영을 불러 그 일을 맡겼다. 1970년 3월 정주영은 조선 사업부를 설치하고, 이어 새로 건설할 조선소 부지를 울산 미포만 백사장으로 확정했다. 그는 건설 자금을 구하기 위해 미국과 일본을 찾았지만 다 퇴짜를 맞았다. 정주영은 경제부총리를 찾아가 "내가 아무리 열심히 하려고 해도 어느 나라에서도 차관을 안 주니 어쩝니까. 그러니 조선소 건설은 그만두어야겠습니다"고 말했다.

정주영은 난감해진 부총리와 함께 청와대에 들어가 직접 박정희에게 사실대로 말했다. 그러자 박정희는 버럭 화를 내며 부총리를 향해 말했다. "앞으로 정주영 회장이 무슨 사업을 한다고 해도 더 거절하시오. 정부가 일절 상대도 하지 마시오!" 잠시 어색한 침묵의 시간이 흐른 뒤 박정희는 정주영에게 다음과 같이 말했다.

"정 회장, 그래 한 나라 대통령과 경제 총수인 부총리가 도와주겠다는데, 그걸 못하겠다고 체념해요? 언제는 그 일이 쉽다고 생각해서 나선 겁니까? 어렵다는 걸 각오하고 나섰으면 끝끝내 어떡하든 해봐야지. 일본이나 미국에서 차관이 안 되면 유럽으로 나가봐요."[18]

박정희의 강한 집념에 사실상 굴복한 정주영은 "그러면 나가서 한번 더 열심히 쫓아다녀 보겠습니다"고 말하고, 영국의 문을 두드려 보기로 했다. 그는 영국 최대의 버클레이즈 은행을 찾아 4,300만 달러의 차관을 요청했지만, 기술력 부족을 이유로 거절당했다.

정주영은 조선소를 지을 때 기술과 설계를 팔 회사를 먼저 움직이면 그 회사가 은행에서 차관을 얻을 수 있도록 앞장서서 도와줄 것이란 이야기를 전해 듣고, 1971년 9월 기술 협조 계약을 체결한 영국의 A&P 애플도어A&P Appledore 회장 찰스 롱보텀Charles Longbottom, 1930~2013을 찾아 도움을 요청했다. 롱보텀이 "26만 톤짜리 배를 보기나 해봤소"라고 묻자, 정주영은 잠시 당황했지만 지갑에서 지폐 한 장을 꺼내 책상 위에 펼쳐 놓으면서 다음과 같이 말했다.

"이 돈을 보시오. 이것이 거북선이란 철갑선이요. 영국이 철선을 만든 건 19세기 와서지요? 우리는 영국보다 300년 전인 1500년대에 이미 철갑선을 만들었소. 단지 쇄국정책으로 산업화가 늦었을 뿐, 한번 시작했다 하면 잠자던 능력이 터져 나올 거요."[19]

기상천외한 '정주영 공법'

정주영은 끈질기게 롱보텀을 설득해 버클레이즈 은행에서 차관을 도입했지만, 문제는 또 있었다. 영국 정부 수출신용보증국ECGD의 승인이 통과되어야 차관이 실현되는데 여기서 또다시 제동이 걸린 것이다. 정주영은 훗날 회고록에서 이때의 자신을 "사진 한 장 든 '봉이 정선달'"이라고 묘사하면서 다음과 같이 말했다.

"이제부터 선주를 찾아 나서야 할 내 손에 들려 있는 것은 (당시는 조선소 땅을 확보해 놓았을 때도 아니고) 아무 구조물도 없는, 황량한 바닷가에 소나무 몇 그루와 초가집 몇 채가 선 초라한 백사장을 찍은 사진이 전부

정주영은 영국의 A&P 애플도어 회장 찰스 롱보텀을 찾아가 한국이 거북선을 1500년대에 만들었다며 호언장담했다. 울산 현대조선소 기공식은 1972년 3월 23일에 있었다.

였다. 나는 '봉이 김선달'이 되었다. 세계의 유수 기존 조선소의 엄청난 규모를 알면서도 그 사진만 들고 다니면서……미친 듯이 배를 팔러 쫓아다녔다."[20]

정주영은 수소문 끝에 그리스 선박왕 애리스토틀 오나시스Aristotle Onassis, 1906~1975의 처남이었던 조지 리바노스George Livanos, 1926~1997에게 매달려 26만 톤급 원유운반선 2척을 3,095만 달러에 공급하는 계약을 맺었다. 정주영의 절박한 사정을 간파한 리바노스는 가격을 16%나 후려친데다 1974년 7월 1일까지 인도하라는 어려운 조건을 내세웠지만, 다른 대안이 없던 정주영으로선 받아들일 수밖에 없었다. 가격도 문제지만 정상적인 건조공법으론 도저히 공기工期를 맞출 수 없었다. 그래서 등장한 게 이른바 '정주영 공법'이다.

"배를 만들 도크가 없었기 때문에 맨땅에서 먼저 배 후미를 만들고 도크 건설공사 공기에 맞춰 본체를 함께 만들어가는 세계 최초의 기상천외한 공법이었다. 도크도 없는데 어떻게 배를 만들겠냐며 비웃던 미쓰비시 조선소의 기술진은 현대조선소에서 도크와 배를 동시에 만드는 광경을 보고 기절초풍했다."[21]

1974년 6월 28일 오전 11시 최대 건조 능력 50만 톤급의 현대조선소 준공식과 유조선 두 척의 명명식이 동시에 열리기까지의 3년간은 수많은 '최초'를 성사시킨 역사가 되었다. 이후에도 역사적 기록은 계속 세워졌다. 1974년 33척, 63만 4,500톤을 기록한 조선 수출은 1983년 158척, 382만 8,500톤으로 5배 이상 급성장한다. 1993년 선박 수주량에서 일본을 제치고 처음 세계 1위에 오른 후 한국 조선산업은 오늘날까지 세계 최고의 경쟁력을 유지하고 있다.[22]

통일 열기를 만들어낸 '7·4 남북공동성명'

중앙정보부장이 김일성을 만나다니!

1972년 7월 4일 박정희 정권은 이른바 '7·4 남북공동성명'을 발표해 전 국민을 통일 열기에 들뜨게 만들었다. 그럴 만도 했다. 7월 4일 오전 10시 중앙정보부장 이후락이 내외신 기자회견에서 발표한 다음과 같은 사실에 국민이 놀라는 건 너무도 당연한 일이었다. 중앙정보부장이 김일성을 만나다니!

"서울의 이후락 정보부장은 1972년 5월 2일부터 5일간 평양을 방문했다. 이 부장은 평양에서 김영주 노동당 조직지도부장과 회담했으며 김일성과는 두 차례 회담했다. 평양의 김영주 부장을 대리해 박성철 부수상이 5월 29일부터 6월 1일까지 서울에 왔다. 박성철은 이 부장과 두 차례, 박정희 대통령과 한 차례 회담했다."[23]

그 결과 합의했다는 남북공동성명은 첫째로 민족 통일은 외세에 의

존하거나 외세의 간섭을 받지 않고 자주적으로 해결되어야 한다고 했다. 둘째는 통일은 무력 행사에 의하지 않고 평화적인 방법으로 실현해야 하고, 셋째는 사상과 이념·제도의 차이를 초월해 무엇보다 하나의 민족으로서 민족적 대단결을 도모해야 한다고 했다. 즉, 평화통일의 3대 원칙으로서 자주·평화·대단결을 내걸었던 것이다.[24]

이 3대 원칙은 김일성이 제시한 것으로 이후락이 서울과 상의도 하지 않고 받아들여 북한의 전략에 넘어갔다는 등 두고두고 논란이 되었다.[25] 박정희도 영 마땅치 않게 생각했다는데, 박정희 정권의 외무부 장관을 지낸 이동원의 증언을 들어보자. "박 대통령은 '이북이 얘기하는 자주라는 것은 미국 나가라는 소리 아닌가. 아무래도 이후락이 이북에 가서 놀림당하고 온 것 같아'라며 이후락이 북한의 주장을 그대로 수용한 것을 대단히 불쾌하게 생각했어요. 7·4 남북공동성명에 박 대통령이 사인하지 않고 이후락이 사인한 것도 그런 이유였어요."[26]

박정희의 정치적 필요

7·4 남북공동성명이 나온 뒤 청와대 별관 회의실에서 박정희가 주재하는 안보장관 회의가 열렸다. 회의에 참석한 이후락이 난데없이 "북한이 우리와 대화를 하겠다고 하니까 아무래도 국가보안법을 없애야겠습니다"고 말했다. 이에 김종필이 "당신, 도대체 무슨 생각을 하는 거요"라고 고함치듯 말하면서 들고 일어났다. "다시는 그런 터무니없는 소리를 마시오. 당신이 북쪽에 또 갈 일은 없을 거요."박정희가 국가보안법 폐지 주장에 화가 치밀어 올라 자리를 박차고 일어나면서 그 문제는 없

었던 일로 되었지만, 이후락은 왜 그런 말을 한 걸까? 김종필은 회고록에서 "그가 왜 보안법을 없애기 위해 준동蠢動했는지는 정확히 알 수 없다"며 다음과 같이 말했다.

"다만 평양에서 김일성과의 만남이 보안법을 없애야겠다는 이후락의 생각에 영향을 준 게 아닐까 추측할 뿐이다. 김일성이 자신을 영웅으로 치켜세우며 칭찬하자 자신도 그쪽에 어떤 선물을 주려고 그런 발상을 내놓은 듯했다. 이후락은 나 같은 사람은 생각도 못 하는 잔재주를 부렸고 그것으로 박 대통령의 마음을 움직이곤 했다."[27]

7·4 남북공동성명 발표 이틀 후 박정희의 심복이라 할 차지철이 이동원의 집에 놀러와 했다는 다음과 같은 이야기도 심상치 않았다. "아무래도 이후락이 김일성한테 끌려다니는 것 같습니다. '7·4 공동성명'에 있는 '민족대동단결'이니 '외세 배제'란 말 결국 북이 주장하는 '연방제'나 '미군 철수'와 같은 말 아닌가요. 물론 이후락은 주한미군은 유엔군이라 외세에 포함되지 않는다 하지만, 그거야 어디까지 우리 생각이지 북쪽 애들이 그렇게 생각하겠습니까.……형님, 그래 제가 어제 각하께 내 생각을 말씀드렸더니 각하도 끄덕끄덕하며 내 말이 맞다고 하더군요. 그러면서 이북하고 얘기해본 게 중요한 거지……, 하며 크게 의미를 두진 않았습니다. 근데 앞으로가 걱정입니다. 분명 북의 페이스에 끌려다녀야 할 텐데 뭔가 국면 전환이 필요하게 될 것 같단 말입니다."[28]

그런 중대한 문제가 있었는데도 박정희는 왜 그걸 공식적으로 발표할 생각을 하게 되었을까? 그 어떤 정치적 필요 때문이었을 것이다. 차지철은 사후에 뭔가 '국면 전환'이 필요하다는 생각을 했지만, 박정희는 이미 다 계획하고 있었던 게 아니었겠느냐는 것이다. 서울에 온 북한 부

7·4 남북공동성명이 발표되자 남북한 사이에 화해 분위기가 조성되었다. 1972년 12월 북한 부수상 박성철은 청와대에서 박정희를 만났다.

수상 박성철이 제의한 남북정상회담을 박정희가 거절했던 것도 그런 계획과 무관치 않았을 것이다.[29]

7·4 남북공동성명이 발표된 지 약 30분 후 미 국무성은 즉각 환영 성명을 발표했다. 당시 미국은 1970년대 데탕트 분위기에서 미·중 관계가 해빙되는 데 남북 관계가 긴장되어 있으니 말썽이 생기지 않도록 남북이 서로의 체제를 인정하면서 대화하고 긴장을 완화하는 것이 좋다는 입장이었을 것이다. 그래서 미국의 권유 때문에 박정희가 먼저 북한에 대화를 제의했다는 주장도 제기되었다.[30]

남한도 북한에 배울 게 있다

박정희는 미국의 권유를 받아들이면서 차지철이 뒤늦게 생각한 '국면 전환'을 위한 무엇인가를 이미 생각하고 있었다고 보아야 하지 않을까? 이동원은 '7·4 남북공동성명' 발표 직후에 들었다는 박정희의 또다른 발언을 소개했는데, 이게 핵심이 아니었을까?

"이 장관, 내 이후락을 통해 김일성 얘길 들었는데 완전히 김일성이 갖고 놀았더라고. 그런데 이 부장 얘기론 이북의 김일성을 모시는 그곳 사람들 자세가 남달라 우리도 배울 게 있다는구먼. 물론 거긴 공산국가라서 그렇겠지만 우리완 비교도 안 된다는 거야."

"각하, 문제는 질이 아닐까요. 게다가 조선 민족은 근성이 있는데 그런 맹목적 충성이 오래가겠습니까?"

회의적인 내 표정에 박 대통령은 조심스레 입을 열었다.

"글쎄, 나도 그렇게 생각하는데……, 이 부장 보고는 그게 아닌 것 같아. 그래 이 부장은 앞으로 통일까지 일구려면 김일성의 파트너인 나도 그만큼 권위와 격을 갖춰야 한다는 거야. 그래야 정상회담도 가능하다나."[31]

서두른 30여 명 사상범 사형 집행

7·4 남북공동성명은 나중에 남북 양쪽에서 동시에 일어난 체제상의 대변화로 인해 '정치적 쇼'였다는 평가를 받게 되었지만, 그런 문제를 떠나서도 그 기본 정신이 관련 사안에서도 전혀 지켜지지 않았다는 것

이 지적되어야 할 것이다. 7·4 남북공동성명이 발표된 지 며칠 후 전 중앙정보부장 김형욱은 법무부 장관 신직수와 점심 식사를 하면서 다음과 같은 대화를 나누었다고 한다. 『김형욱 회고록』에 나온 이야기다.

"요사이 남북공동성명 발표 후 정신 없이 바쁩니다. 사형이 확정된 간첩들이 30여 명이 되는데 이 자들의 사형 집행을 서두느라 식사 때도 놓칠 지경입니다. 김 부장님은 요새 어떻게 지내십니까? 참! 골프협회 회장직을 맡으셨다고요."

"그거야 작년 일이요. 그런데 신 장관, 남북공동성명이 발표됐으면 그런 사상범의 처형은 좀 연기하는 것이 정치적 예의가 아닐까?"

"글쎄요, 대통령께서 급히 처형하라는 엄명이니 난들 어떻게 할 수 있습니까?"……

아니나 다를까 유럽 거점 간첩 사건으로 사형언도를 받고 복역 중이던 김규남은 7·4 남북공동성명이 발표된 9일 후인 7월 13일에 그리고 박노수는 7월 28일에 전격적으로 사형당했다. 그 외 임자도 간첩 사건 정태홍 등 30여 명의 사상범들도 그때를 전후하여 모조리 처형되었다.[32]

남북적십자회담은 열렸지만

7·4 남북공동성명 이후 다시 남북적십자회담이 열리게 되었다. 1972년 8월 30일부터 1973년 8월 30일까지 서울과 평양을 오가며 모두 일곱 차례 열렸다. 그것과 병행해 남북조절위원회 회담도 1972년 11월 30일부터 12월 1일까지 서울에서, 1973년 3월 14일부터 16일까지 평양에서, 1973년 6월 12일부터 14일까지 서울에서, 모두 세 차례 열렸

남북적십자회담은 1972년 8월 30일부터 1973년 8월 30일까지 서울과 평양을 오가며 일곱 차례 진행되었다. 평양에서 열리는 남북조절위원회 2차 회의를 위해 판문점을 떠나기 전, 기자들과 인터뷰를 하고 있는 이후락. (민주화운동기념사업회 소장)

다. 마음에도 없는 괜한 행사였다. 박정희의 공보비서관 선우연이 당시 남긴 기록을 보자. 그는 "1972년 7·4 남북공동성명이 발표되고 난 뒤 남북적십자회담이 열리고 있던 어느 날, 북한 대표가 서울로 오기로 결정된 뒤 유혁인 비서와 함께 대통령과 식사를 했다"며 다음과 같이 말했다.

"'선우 비서관, 자네도 이북 사람이지만 이북 사람 특기 있잖아. 서북청년회 사람들은 때리는 것도 잘하잖아 왜. 영락교회 한경직 목사에게 얘기해서 계란 좀 던지라고 해요. 국민들이 반대하는 사건도 있어야 회담도 잘 되는 거야.' 나는 영락교회에 대통령의 이런 뜻을 전달했다. 영락교회 신도들은 나중 북한의 적십자회담 대표가 서울에 왔을 때 던지기 위한 계란까지 준비했는데 이것을 정보부가 알고 사전에 막아 실제로 계란을 던지는 일은 발생하지 않았다."[33]

당시 남북은 각자 동상이몽同床異夢이었다. 이에 대해 김학준은 "남한은 주한미군과 국제연합을 외세로 보지 않았으며, 따라서 한반도 문제를 국제연합에서 떼어내고 주한미군을 철수시키려는 북한의 노력에 반대했다"며 다음과 같이 말했다.

"'국가보안법'과 '반공법' 역시 대한민국의 안보를 위해 필요하다는 입장을 지켰으며, 연방제를 받아들일 수 없다는 태도를 분명히 했다. 북한이 또 '남북조절위원회'의 5개 분과위원회를 일제히 가동시켜 남북한의 다각적 합작을 꾀하자고 주장했을 때, 남한은 북한의 그러한 자세를 '현실성 없는 일거一擧 해결론'으로 못박고, 점진적이며 단계적이고 기능주의적인 접근 방법을 제시했다."[34]

남북적십자회담은 분단 이후 격차가 벌어진 문화적 차이를 확인시켜주기도 했다. 1972년 9월 13일 서울 워커힐에서 비키니 차림 댄서들의 무용을 관람하던 북한 기자의 입에서 이런 말이 튀어나왔다. "제국주의자들이 버려놨구먼!"[35]

하지만 남한에도 이 북한 기자처럼 꽉 막힌 사람들이 살고 있었다. 미국보다는 여자 탓을 했다는 차이는 있었지만 말이다. 1972년 비키니 수영복이 조금씩 유행하기 시작했는데, 오늘날의 비키니와는 거리가 있었다. 상의는 상반신을 꽤 넓게 가렸고 하의는 오늘의 핫팬츠에 가까운 수준이었다. 하지만 그 정도의 비키니에도 화들짝 놀란 두 신문은 약속이나 한 듯 정신과 의사에게 비키니 유행을 진단하는 글을 받아 실었다.

어느 대학병원 정신과 과장인 의학박사는 기고에서 "욕구 불만을 느끼며 사는 여성들이 차원 낮은 만족이라도 얻으려고 자기 몸을 노출하는 것", "여자들의 노출은 남자에 대한 열등의식 때문"이라며 비키니 입는 여성들을 "비정상"으로 폄하했다. 어느 유명 작가는 한술 더 떠 "(벗은 몸을 과시하는) 미녀들의 마음에 창부娼婦적인 근성이 있다고 하면 모독이 될까"라고 썼다.[36]

사채를 동결한
8·3 긴급경제조치

기업을 위한 사채 동결

1970년대 초, 박정희의 호언장담과는 달리 한국 경제는 엉망이었다. 외국 차관을 가져다 쓴 기업체들이 대규모로 부실 기업이 되었기 때문이다. 이미 1969년 5월, 83개 업체 중 45%가 부실 기업체로 분류되었다. 부실 기업들은 더욱 사채私債에 의존하게 되고 그래서 금융 부담이 가중되어 부실화되는 악순환의 덫에 갇혀 있었다.[37]

전국경제인연합회(전경련)가 무소불위無所不爲의 권력을 가진 박정희 정권에 사채를 동결시켜 달라는 희한한 요청을 했다. 그 사정은 이랬다. 당시 기업들이 쓰는 돈의 30%가 사채였는데, 금리가 연리年利 30% 이상이었다. 1970년 들어 국내 경제가 불황으로 접어들자, 미국이 경제침체에서 벗어나려고 10%의 수입부가세를 만들어 한국을 비롯한 개발도상국들의 수출에 큰 타격을 주었다. 그 여파로 기업 부도가 급증했다. 물가가 뛰고 경제성장률은 1969년 13.8%, 1970년 7.6%, 1971년 8.8%, 1972년 5.7%로 떨어졌다.[38]

사정이 그와 같은바, 기업들과 운명을 같이하기로 한 박정희 정권은 그 요청을 받아들였다. 사채를 동결하는, 거칠게 말해 빌린 돈을 사실상 떼먹어도 되는, 고상하게 말해 사유재산권을 제한하는, 반反자본주의적 조치가 취해진 것이다. 1972년 8월 3일에 발표된 이른바 '8·3 긴급경제조치'의 주요 내용은 8월 9일까지 신고된 기업 보유 사채는 앞으로 3년간 갚지 않고(3년 거치) 그 후 5년간 월리月利 1.35%(연리 16.2%)로 분할 상환하도록 하며, 정부가 2,000억 원을 마련해 기업이 은행에서 빌린 단기 고리의 대출금 중 30%를 연리 8%, 3년 거치, 5년 분할 상환으로 대환貸換해준다는 것 등이었다.[39]

국세청은 신고하지 않은 사채는 떼먹어도 된다는 엄포와 신고만 하면 자금 출처는 묻지 않겠다는 회유를 병행했다. 8월 3일부터 7일간 신고된 기업의 사채는 4만 677건에 3,456억 원에 이르렀는데, 이는 전체 통화량의 약 80%, 국내 여신잔액의 34% 수준에 이르는 것이었다. 신고 예상액을 1,000억 원으로 잡았던 박정희 정권은 대성공이라며 만세를 불렀다.

그 성과도 즉시 나타났다. 1972년 7월부터 1973년 6월까지의 수출 실적은 전년 동기 대비 75.6%, 1973년 상반기는 전년 동기보다 91%의 높은 증가율을 기록했다. 1973년 상반기 경상수지는 전년 동기의 적자에서 1억 2,400만 달러의 흑자로 반전되었다.[40] 부가소득도 있었다. 사채 전주 노릇을 하던 5·16 주체세력들의 부정축재 규모가 이때에 꼬리를 잡혔다.[41] 일부 기업들의 추한 면도 발각되었다. 김정주는 다음과 같이 말한다.

"더 놀라운 것은 신고된 사채 가운데 1/3인 1,137억 원이 기업주와 기업의 주요 주주가 자신의 기업에 빌려준 이른바 '위장사채'였다는 사실이다. 이것은 당시 기업에 대한 정부의 엄청난 특혜 지원에도 불구하고 많은 기업주들에게 다름 아닌 자신의 기업을 상대로 사채 놀이를 하면서 이자도 챙기고 탈세도 저지르는 도덕적 해이가 얼마나 만연해 있었던가를 보여주는 하나의 사례라 할 수 있다."[42]

8·3 긴급경제조치로 억울하게 당한 사람들

당시 일본에 있던 김대중은 50여 년 후에 공개된 1972년 8월 4일 일기에서 8·3 긴급경제조치를 "5·16 이래 최대의 폭거"로 규정하면서 다음과 같이 비판했다. "이는 박정희 정권의 운명을 좌우할지 모른다. 도대체 정상적인 사고방식으로 어떻게 이런 일을 할 수 있는가. 농어촌 고리채는 소수의 채권자를 희생시키고 절대다수의 농민에게 혜택이 갔다. 그러나 이번에는 절대다수의 서민의 희생 위에 극소 재벌을 도와주는 것이며 앞으로 중소기업 금융을 완전 경색시키고 불경기를 더욱 가중시킬 것이다."[43]

혜택을 받은 기업들은 만세를 불렀지만, 충격을 받아 자살한 사람들도 있었다. 『신동아』에 보도되었던 비극적인 사례 두 가지만 살펴보자.

"부산 민락동 하모 여인(42세)은 집을 300만 원에 팔아 전셋집으로 옮긴 뒤, 섬유회사에 200만 원을 월 4% 이자로 빌려주고 월 8만 원의 이자를 받아왔다. 그녀는 이 돈으로 일곱 식구의 생계와 대학교, 고등학교, 중학 등에 다니는 네 자매의 학비를 대왔는데, 이젠 2만 7,000원밖에 이자를 못 받게 되어 앞으로 살길이 막막하다고 한탄했다.”

“월남전에서 전사한 아들이 있는 서울 강모 노인(72세)은 그 아들이 생전에 전선에서 보내준 돈을 모아 사채로 놓고는 부인과 함께 생계를 이어가고 있었다. 그런데 돈을 3년 후에나 갚아준다니 그때까지 살아 있을지 모르겠다며 눈물지었다.”[44]

악덕 기업주들에게 날개를 달아준 부작용도 컸다. 『동아일보』 8월 4일자 「횡설수설」은 “빚을 쓴 어떤 이는 ‘단비가 내렸다’고 한다. 그러나 돈 준 이가 사색이 되고 있는 판에 돈 쓴 기업주들이 고급 외제차나 별장에 눈독을 들일까 걱정이다”고 지적했는데,[45] 이런 걱정은 현실로 나타났다.

성균관대학교 교수 이대근은 「오도된 논리로 자찬되는 3공 경제정책」(1991)이란 글에서 사채업자나 일반 국민에게 희생을 강요하기 전에 기업의 책임부터 물었어야 했다고 말했다. 그는 “당시 사채 신고액 중에서 약 3분의 1이 소위 위장사채, 즉 자기 기업에 스스로 사채 놀이를 하여 기업은 적자로 만들고 기업가만 살찌는 식의 사채로 되어 있었다고 하는 사실 한 가지만으로도 이러한 주장은 충분히 근거가 있는 것이다”며 다음과 같이 말했다.

“또한 신고건수 기준 90%에 이르는 소액(건당 300만 원 미만) 사채업자들에게는 본의 아닌 피해를 준 것도 사실이다. 그리고 이 8·3 조치와 같은 제도적인 대기업 육성 정책은 그 후 중동 건설 진출 등에서의 기업 부실화에 따른 특별금융의 제공 등에서도 그대로 적용되고, 나아가 오늘과 같은 우리나라 독점적 재벌경제를 형성하는 발판을 마련해준 것으로 평가될 수 있다."[46]

정경유착과 재벌 중심 경제

서울대 교수 한상진은 『한국 사회와 관료적 권위주의』(1988)에서 8·3 긴급경제조치에 대해 "경제적 상황에 못지않게 정치적 변수도 중요하게 작용했을 가능성도 있다"면서 다음과 같이 말했다. "다시 말해 얼마 뒤에 올 유신의 정치적 손실을 보상하기 위해서는 지속적인 경제성장이 필요했을 것이고, 8·3 조치는 바로 이 성장을 정책적으로 이끌어내기 위한 준비였다고 보아도 좋다면, 이 조치에 정치적인 동기가 강하게 작용했다고 할 수 있다. 그러나 우리가 이 점을 강조한다 하더라도 1970년대 초의 한국 경제가 직면한 어려움은 객관적으로 부정할 수 없는 일이다."[47]

한상진은 가장 중요한 문제는 8·3 긴급경제조치가 낳은 정경유착이라고 지적했다. 그는 "8·3 조치를 통해 정부가 시도한 것이 단순히 기업의 자금난을 일시 해소해주는 것만이 아니라, 이를 계기로 하여 진정으로 기업의 채무 구조를 개선하고 제도 금융화를 촉진시키려는 것이었다면 이를 위한 후속 정책들이 일관되게 집행되어야 했을 것이다. 그러나 1970년대 이래 우리 사회에 정착된 관료주의는 이처럼 끝까지 내실을 기하는 전문화되고 체계적인 합리성을 구현하지 못한 채, 다분히 즉흥적이고 외향적인 전시 효과를 지향하는 면이 컸던 것처럼 보인다"며 다음과 같이 말했다.

"바로 이 점에서 8·3 조치도 예외가 아니다. 그러기에 이 정책은 충

전국경제인연합회가 사채를 동결시켜 달라고 요청을 하자 박정희 정권은 그 요청을 받아들였다. 그러나 '8·3 긴급경제조치'는 정경유착이라는 비판을 받았다. (『동아일보』, 1972년 8월 3일)

격 요법에 의해 반짝 경기를 만들어냈을 뿐 원래의 목표를 실현하는 데는 완전히 실패하고 말았다. 뿐만 아니라 우리는 8·3 조치를 통해 1970년 대를 관통하는 정경유착의 기본 유형을 발견하게 된다. 위기에 처한 기업들을 살리기 위해 비정상적인 방법으로 미증유의 특혜를 이들에게 부여함으로써 이 정책은 대기업과 국가 관료제의 연합을 선명히 보여주었던 것이다. 관료는 경제 운영의 결정권을 갖게 됨으로 해서 재화의 배분과 사용에 있어서 기업을 조종하는 유리한 입장에 서게 되었지만, 대기업은 이 정책을 통해 정부가 그들을 보호하고 또 그럴 수밖에 없다는 확신을 가지게 되었기 때문에 상호 유착을 심화시키면서 경영 합리화를 외면하는 역설적인 결과가 나오게 되었던 것이다."[48]

8·3 긴급경제조치는 그 어떤 장점에도 이후 5개월여 후에 선포된 중화학공업화 정책과 더불어 한국 경제를 더욱더 재벌 중심으로 편성하면서 정경유착을 강화시키는 원인이 되었다.[49]

박정희의
'10월 유신' 선포

대통령 종신제를 위하여

1972년 10월 17일 중앙청 앞에 탱크가 등장했다. 탱크가 겨냥한 건 북한이 아니라 남한 국민이었다. 박정희 정권은 '7·4 남북공동성명'으로 국민의 통일 열기를 한껏 고조시킨 뒤, 그로부터 3개월여 후인 10월 17일, 통일을 위해서라는 핑계를 대고 자신의 대통령 종신제를 보장하기 위한 이른바 '10월 유신'이라는 것을 선언했다. 박정희가 보기에 '10월 유신'에 반대하는 건 북한 공산당이나 할 짓이었기 때문에, 반대자들은 수단과 방법을 가리지 않는 고문으로 '빨갱이'라고 실토하게 한 다음 죽이거나 오랫동안 감옥에 가둬야 마땅했고, 이는 이후의 역사가 증거했다.

박정희는 그날 약 10분간 계속된 '10월 유신' 선언문 낭독에서 몇 가지 단어를 계속 반복해서 썼다. '민족'(22번), '남북'(20번), '통일'(19번), '평화'(18번), '조국'(14번), '개혁'(9번), '비상조치'(9번), '번영'(7번) 등이었다.[50] 이런 단어들에서 짐작할 수 있듯이, 대大를 위해서 소小는 희생되어야 한다는 것이었다.

'유신維新'이란 무엇인가? "모든 것을 고쳐 새롭게 함. 묵은 제도를 아주 새롭게 고침"이라는 뜻이다. 일본의 '메이지유신明治維新'을 흉내낸 거라고 보는 시각이 있는가 하면,[51] 서울대 철학과 교수 출신으로 박정희의 특별보좌관을 맡은 박종홍과 또 다른 특별보좌관 임방현이 중국의 『시경』과 『서경』에 나와 있는 '유신'을 빌려와 '10월 유신'으로 부르자고 박정희에게 건의했고 이게 받아들여졌다는 증언도 있다.[52] 아마도 두 가지 다 합해진 결과가 아닌가 싶다.

박정희는 '10월 유신' 선언 말미에서 "나 개인은 조국통일과 민족

박정희는 '10월 유신' 선언문을 낭독하면서 '민족, 남북, 통일, 평화' 등의 단어를 사용하면서 자신은 '조국 근대화'를 위해 희생하겠다는 각오를 다졌다. 10월 유신 포스터. (대한민국역사박물관 소장)

중흥의 제단 위에 이미 모든 것을 바친 지 오래"라고 말했다.[53] 박정희의 일관성만큼은 알아주어야 한다. 그는 1970년대 후반엔 "내가 죽거든 내 무덤에 침을 뱉어!"라고 말했다. 아마도 그가 살아생전 수백, 수천 번 발언했을 '조국 근대화'를 위해 자신이 악마라도 되겠다는, 자신이 희생하겠다는 것이었을 게다. 이에 감동한 일부 사람들은 박정희의 이런 자세를 높이 평가해 숭배하고 흠모하는 글을 썼지만, 이는 인간이란 과연 무엇인가 하는 근본적인 문제와 관련되어 있는 게 아닐까?

북한도 두려워한 국제 정세 변화

10월 17일 오후 7시 전국에 비상계엄이 선포되었다. 국회를 강제 해산했고 정당과 정치활동도 금지되었다. 헌법 기능은 정지되었고 그 권한은 박정희가 장난감처럼 주무르는 비상국무회의가 가져갔다. 쉽게 말해, 박정희 개인이 곧 법이요 진리인 그런 철권통치 체제가 구축되었던 것이다. 물론 언론은 사전 검열을 받았으며 대학은 아예 문을 닫아버렸다.

그런 일을 벌이면서 박정희는 어떤 생각을 하고 있었을까? 한 달 전 박정희를 만났던 당시 보안사령관 강창성이 『중앙일보』 1991년 12월 24일자 '남기고 싶은 이야기들'에 남긴 증언이 흥미롭다. "계엄 선포 한 달 전쯤인가 박 대통령이 나를 불러요. 집무실에 들어갔더니 박 대통령은 일본군 장교 복장을 하고 있더라구요. 가죽 장화에 점퍼 차림인데 말 채찍을 들고 있었어요. 박 대통령은 가끔 이런 복장을 즐기곤 했지요. 만주군 장교 시절이 생각났던 모양입니다. 다카키 마사오 중위(박정희의 일본 이름)로 정일권 대위 등과 함께 일본군으로서 말 달리던 시절로 돌아

가는 거죠. 박 대통령이 이런 모습을 할 때면 그분은 항상 기분이 좋은
것 같았어요."

'10월 유신'을 발표하기 직전 미국은 리처드 닉슨Richard Nixon,
1913~1994의 중공 방문 이야기는 빼달라고 요청했다. 뒤이어 일본도 일
본·중공 수교와 수상 다나카 가쿠에이田中角榮, 1918~1993의 방중 부분을
빼달라고 요청했다. 그 요청을 다 받아들여주고 나니 발표 내용이 엉망
이 되었다는 주장이 있다.[54] 당시 새마을 담당 경제특보였던 교수 박진환
은 다음과 같이 말했다.

"국제 정세와 유신의 당위성을 맺어주는 페이지에 닉슨, 다나카를 빼
고 나니 앞뒤가 맞지 않아 상당 부분이 삭제되고 말았다. 그러다 보니 남
북대화 추진이 동기처럼 되고 장기집권 부분만 선명하게 노출되었다."[55]

즉, 국제 정세의 변화에 따른 국가안보의 중요성이 빠져 '10월 유
신'이 부당한 평가를 받게 되었다는 불만일 것이다. 그러나 닉슨의 중공
방문에 대해 북한도 두려움을 느끼고 있었다는 걸 과연 박정희가 모르
고 있었을까? 달리 말해, 국제 정세의 변화는 오히려 철권통치를 완화시
켜야 할 이유가 될 수도 있지 않았겠느냐는 것이다. 국제 정세의 변화에
대한 북한의 입장에 대해 김학준은 다음과 같이 말했다.

"북한은 막상 미국과 중국 사이에 관계 개선이 급속히 이루어지자
상당히 당황스러워했다. 자신이 오랫동안 제국주의의 원흉으로 여겨온
미국을 자신의 혈맹인 중국이 받아들인다는 점에, 그리고 그러한 큰 변
화가 결국 한반도의 긴장 완화를 낳을 것이고, 그것은 긴장 위에서 유지
되어온 자신의 독재체제에 나쁘게 영향을 줄 수 있을 것이라는 점에서,
김일성은 본능적으로 놀라움을 느꼈다."[56]

사쿠라만 활짝 핀 신민당

'10월 유신'이 발표된 날 제8대 국회는 국정감사를 벌이다가 그런 날벼락을 맞게 되었는데, 그날의 국정감사가 16년 뒤 1988년에 부활되기까지 마지막 국정감사가 되고 말았다. 국회의 시련은 그것만으로 끝난 게 아니었다. 박정희는 강창성에게 평소 혼을 내겠다고 별러 온, 자신이 '악질'로 분류한 15명의 야당 의원 명단을 건네주었다.[57] 이 가운데 이세규, 조윤형, 조연하, 이종남, 강근호, 최형우, 박종률, 김한수, 김녹영, 김경인, 나석호, 홍영기 등이 구속되었다.

당시 일본에 있던 김대중은 50여 년 후에 공개된 1972년 10월 17일 일기에서 "나는 이 일기를 단장斷腸(몹시 슬퍼서 창자가 끊어지는 듯함)의 심정으로 쓴다"며 다음과 같이 말했다. "그것은 오늘로 우리 조국의 민주주의가 형해形骸(사람의 몸과 뼈. 어떤 구조물의 뼈대를 이루는 부분)마저 사라져버렸기 때문이다.······참으로 청천벽력의 폭거요, 용서할 수 없는 반민주적 처사다. 지금 본국에서는 나의 사랑하는 동포들이 얼마나 놀라고 분노하고 상심하고 있을까."[58]

'악질' 이외의 정치인들은 군인들에 의해 가택 연금되었다. 유진산의 집 앞엔 군인들이 없자 유진산은 박정희 정권에 "날 진짜 왕사쿠라 만들 거요. 왜 정치를 그리 몰라. 왜 우리 집만 보초가 없느냐 말야"라고 항의해 곧 파병이 이루어졌다.[59] 어차피 '사쿠라'만이 살아남게 된 세상이었다. 중앙정보부는 야당 의원들의 각서를 받아냈다. 유신을 인정하고 지지하면서 '관제 야당' 노릇을 하겠다는 각서였다. 물론 거의 다 각서에 도장을 찍었다.[60] 각서만으론 성이 안 차 심지어는 유신을 지지한다는 혈서를 써서 중앙정보부에 보낸 의원도 있었다. 각서의 힘은 컸다. 그때부터 신민당 의원들은 박정희 정권에서 정치자금을 받는 특혜를 누릴 수 있게 되었다.[61]

돈은 어떤 식으로 건네주었던가? 중앙정보부 간부 C는 다음과 같이 증언했다. "야당 거물은 정보부장이 직접 줬고, 비중이 낮은 의원은 남산(정보부)으로 불러 주기도 했다. 남산에서 부르면 안 오는 경우는 거의 없었다."[62]

'악질' 의원들에게 가해진 고문

박정희가 '악질'로 분류한 의원들은 중앙정보부와 보안사 요원들에 의해 발가벗긴 채 고문을 당하는 인간 이하의 만행을 겪게 되었다.[63] 실미도 사건을 폭로한 이세규는 발가벗긴 채 물고문을 당하자 자살을 기도하기도 했다. 다른 의원들도 다 물고문과 '통닭구이'를 당했다.[64]

『대한일보』 기자 출신인 김한수는 10·2 항명 파동 때 고문받은 공화당 의원들을 취재해 국회에서 폭로한 게 박정희에게 '악질'로 찍힌 이유였다. 그는 "부끄러운 얘기지만 팬티까지 완전히 벗기더군요. 벌거숭이 몸을 시멘트 바닥에 굴리면서 각목으로 마구 때렸어요. 그래도 내가 버티자 '이 새끼, 너 같은 놈은 죽여서 마대자루에 담아 한강에 내다버리면 돼'라면서 물고문을 시작하더군요"라면서 다음과 같이 말했다.

"먼저 목욕 타월을 물에 적셔 양 팔목을 감더라구요. 그 위로 로프를 감아 두 손을 꽁꽁 잡아맨 후 무릎을 올려 양팔 안으로 집어넣으래요. 그리곤 솟아오른 무릎 오금 사이로 야전침대 각목을 끼워 책상 두 개 사이에 걸쳐 올려놓더군요. 통닭처럼 매달리니 자연히 무거운 머리가 뒤로 젖혀지잖아요. 얼굴 위에 수건을 덮고 소주 대병들이 주전자로 물을 붓는거예요. 답답해 입을 벌리면 물이 들어와 배가 남산만 해지더라고요."[65]

"내가 인간의 세상에 살고 있는가"

최형우는 80여 일 전 국회 본회의에서 국무총리 김종필에게 묻는 형식으로 유신 음모를 폭로했거니와 새마을운동에 대해 북한의 천리마 운동과 관련시켜 강도 높은 질의를 했다는 이유로 '악질'로 분류되었다.[66] 최형우는 비상계엄이 선포되자마자 영등포 군부대에 끌려가 문제의 발언 제보자를 대라는 혹독한 고문에 시달렸다. 김충식은 『정치공작 사령부 남산의 부장들 1』(1992)에 다음과 같이 썼다.

"고문은 광기에 가까웠다. 실오라기 하나 걸치지 않은 알몸으로 벗겼다. 두 손을 모아 무릎을 끌어안고 깍지 끼게 한 뒤 포승으로 묶었다. 각목을 최의 팔과 다리 사이에 끼워 양편 책상 사이로 통닭 바비큐처럼 매달았다. 얼굴에 수건을 덮고 그 위에 물을 부었다. 숨이 막혀 어쩔 수 없이 물을 들이켜야 했다. 살려달라고 애원하자 시멘트 바닥에 팽개쳤다. 잠을 재우지 않고 구타하며 전기고문도 가했다. 제보자를 대라, 김영삼의 조직을 불라고 요구했다. 핀셋으로 국부를 잡아당기고 툭툭 치며 굴욕감을 주었다. '아, 아, 내가 인간의 세상에 살고 있는가.' 최형우는 그렇게 탄식했다고 한다."[67]

최형우가 회고록 『더 넓은 가슴으로 내일을』(1993)에서 밝힌 이야기를 더 들어보자. "인간으로서 동족으로서 차마 이럴 수 있는가. 일제시대 왜놈들도 차마 이런 식의 고문은 하지 않았을 터였다. 어쩌면 저들은 인간에 대한 믿음 그 자체를 말살하려고 하는지도 몰랐다. 그렇지 않고서야 어떻게 이처럼 비인간적인 짓을 저지른단 말인가. 인간의 속성 중에 이처럼 사악한 면이 있는데 어떻게 역사의 발전이 가능하다는 말인가. 어떻게 민주화가 가능하다는 말인가. 고문에 따른 고통보다 이러한 온갖 상념이 오히려 더 나를 괴롭혔다."[68]

최형우의 측근들도 당했다. "김형식의 경우는 초기에 재빨리 도망을 쳐 아내가 대신 잡혀간 모양이었다. 그런데 놈들은 남편이 숨은 곳을 빨리 대라며 젖먹이 어린애가 두 눈 똑바로 뜨고 지켜보는데도 그녀에게 사정없이 전기고문을 했다고 한다."[69]

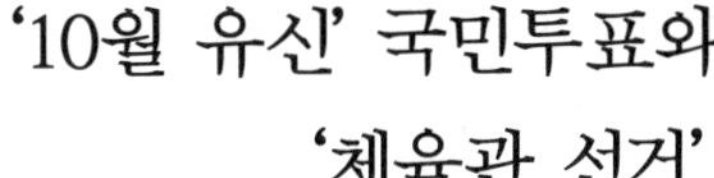

제5장

'10월 유신' 국민투표와 '체육관 선거'

91.5% 찬성, 강요된 부정선거

박정희 정권은 10월 27일 대통령 종신제를 기조로 하는 헌법개정안을 발표했는데, 투표를 앞두고 대대적인 홍보 공작이 전개되었다. 심지어 어린아이들까지 이용했다. 시골 벽지 초등학교까지 홍보용 동요가 시달되었는데, "10월의 유신은 김유신과 같아서 조국통일 되듯이 남북통일 이뤄요. 우리 몸에 알맞는 민주나라 만들어……" 운운하는 내용이었다.[70]

이 헌법개정안은 11월 21일 공포 분위기 속에서 실시된 국민투표에서 91.9%의 투표율과 91.5%의 찬성률로 통과되었다. 유신헌법 통과를 두고 박정희는 '통일을 향한 국민 의지의 발현'이라고 주장했지만, 그건 국민에게 무력감과 공포감을 조장한 폭력 정치의 승리라고 해야 옳을 것이다. 부정선거가 워낙 심했기 때문이다. 보안사 대령으로 예편한

백동림은『멍청한 군상들: 전 보안사 베테랑 수사관의 자전적 수사 실화』(1995)에서 자신이 목격했던 일에 대해 다음과 같이 말했다.

"투표장에서 나는 상상할 수 없는 일을 목격했다. 공무원들이 줄을 서서 투표하고 있는 장면이었다. 투표하는 사람들은 투표함 앞에 앉아 있는 참관인에게 투표한 부분이 보이도록 투표용지를 접어 투표함에 투입하고 있었다. 즉 자기는 찬성으로 기표했노라 하고 고지하는 투표였다. 이 장면을 목격한 나는 그대로 간과할 수 없었다. 즉각 참관인 대표자를 불러 따졌다. '지금 공개투표를 하고 있습니까? 비밀투표를 하고 있습니까?' '…….' 국민학교 교장인 그 참관인은 대답을 하지 못했다."[71]

군에선 이런 일이 벌어졌다. 한 민주화 인사(양관수)의 증언이다. "나는 10월 유신 때 전방 근무 사병이었다. 국민투표 때 반대표를 찍으려 했더니 중대장이 붓뚜껑을 빼앗았다. '네가 아무리 반대표를 찍어도 사단에 가면 모두 찬성표로 바뀐다'면서 중대장이 찬성표를 찍었다."[72]

입법부와 사법부의 무력화

유신헌법에 따라 대통령은 통일주체국민회의에서 간접선거로 선출하게 되었다. 대통령은 국회를 해산할 수 있으나 국회는 대통령을 탄핵할 수 없고, 각급 법관에 대한 임명권을 모조리 대통령에 귀속시켜 사법부까지 행정부에 종속시켰다.[73]

국회의원의 선출은 임기 6년에 전국 73개 지역구에서 1구 2인의 국회의원을 뽑는 중선거구제로 바뀌었다. '동반 당선' 또는 '나눠먹기식' 제도였다. 또 제6대 국회부터 채택한 비례대표제를 폐지하고 대통령이 일괄 추천한 국회의원 정족수의 3분의 1에 해당되는 73명을 통일주체국민회의 대의원들이 일괄 선출하는 제도가 도입되었다. 대통령이 마음대로 임명하는 새로운 전국구 제도였던 것이다.

대통령이 만들어내는 전국구 의원 집단을 '유신정우회(유정회)'라고 불렀는데, 유정회 국회의원들은 임기를 6년으로 하되 3년마다 대통령의 추천에 따라 교체할 수 있게 했다. 이로써 박정희는 공화당 의원과 유정회 의원을 합쳐 국회의원 정수의 3분의 2를 지배할 수 있게 된 것이다.

99.99% 지지가 나온 '체육관 선거'

혼자 출마해 당선되는 게 쑥스러웠던 걸까? 박정희는 1972년 11월 30일, "1981년에 1인당 국민소득 1,000달러, 수출 100억 달러를 달성하겠다"고 약속해 '10월 유신, 100억 달러 수출, 1,000달러 소득'이라는 유신 구호가 생겨났다.[74] 그게 일종의 선거운동이었던 셈이다.

박정희 정권은 1972년 12월 13일 0시를 기해 비상계엄을 해제하고 12월 15일 통일주체국민회의의 대의원 선거를 실시했다. 이 선거에서 당선된 2,359명의 대의원들로 구성된 선거인단이 장충체육관에 모여서 대통령을 뽑도록 되어 있었기 때문에 이른바 '체육관 선거'라는 말이 나오게 된 것이다.

12월 23일 통일주체국민회의는 장충체육관에서 박정희를 제8대 대통령으로 뽑았다. 전체 대의원 2,359명 가운데 2,357명이 지지한 99.99%의 지지율이었다. 영남대 교수 김태일의 말마따나, "부조리극 같은 이 선거 제도가 있는 한 박정희의 종신집권은 의심할 바 없는 사항

2,359명의 대의원으로 구성된 선거인단이 장충체육관에 모여서 대통령을 뽑았는데, 99.99%의 지지율로 박정희가 제8대 대통령으로 선출되었다.

이었다. 사람들은 이 선거를 가리켜 '체육관 선거'라는 말로 희화했는데, 선거라기보다는 차라리 '박정희 지지대회'라는 표현이 옳았다".[75]

김대중은 50여 년 후에 공개된 1972년 12월 27일 일기에서 "지난 23일 한국에서 실시된 소위 통일주체국민회의의 대통령 선거에서 박정희 씨의 연설 도중 국기봉이 쓰러져 파괴되었다는 내용을 『워싱턴포스트』지가 보도하고 있다. 한국 정부는 라디오나 TV에서의 보도금지를 했을 뿐만 아니라 사진기자의 사진까지 모조리 압수했다고 한다"며 다음과 같이 썼다.

"그러나 이 소식은 구전으로 널리 국내에 퍼지고 있는 것 같다. 물론 이것 자체에 특별한 의미를 부여하기는 어렵다고 해도 1960년에 이기

붕 씨의 부통령 당선을 선포할 때 이를 선언하는 의사봉이 부러졌는데 곧이어 4·19 혁명이 일어났던 사실을 상기할 때 박정희 정권이나 국민에게 준 심리적 영향은 극에 달할 대로 큰 것이 있을 것이다. 사실 한국에서는 악한 일이 너무도 오래가고 있다. 주님이 벌을 내릴 때가 오기도 했다."[76]

박정희는 12월 27일 정식으로 제8대 대통령에 취임함으로써 김대중과의 경쟁 끝에 당선된 제7대 대통령 임기는 1년 5개월 만에 끝나게 되었다. 박정희는 취임사에서 "우리의 고유한 전통문화를 더욱 창의적으로 계발하여 민족문화의 꽃이 활짝 피어나도록 문예중흥의 시책을 펴나갈 것"이라고 선언했는데,[77] '민족'을 앞세운 독재를 하겠다는 것인지 불길하게 여기는 사람들도 있었다. 박정희 부부와 가깝게 지냈던 재미 언론인 문명자는 취임식에 참석해 느낀 소감에 대해 다음과 같이 말했다.

"박정희와 육 여사는 단상 위에 높이 앉아 있었다. 그들은 오른쪽 어깨에서 왼쪽 옆구리로 가로지르는 휘황한 휘장을 걸치고 있었다. 전에 못 보던 모습이었다. 취임식이 끝난 후 나는 육 여사에게 말했다. '두 분은 드디어 덴노헤이카(천황), 고고헤이카(황후)가 되셨군요.' 그것은 물론 죽을 때까지 계속 대통령을 하게 된 박정희의 유신체제를 빗대어 한 말이었다. 그러나 육 여사는 나의 진의를 못 알아듣고 단지 휘황한 휘장을 두른 자기 부부의 모습에 대해 말하는 것으로 생각하는 눈치였다."[78]

'박정희는 유신, 김일성은 유일'

"박정희는 권력의 위기를 '적과의 동침'으로 풀었다. 이 얼마나 기

발한 위장전술인가? 박정희와 김일성이 30년 만에 이룬 '적과의 동침'
은 '하룻밤 풋사랑'이 아니었다. 이 역사적 동침으로 둘은 쌍둥이를 낳았
다. 그 이름은 유신과 유일이다. 박정희는 남에서 유신체제를 선언하고,
김일성은 북에서 유일체제를 선포했다."[79]

역사학자 최상천의 말이다. 그렇게 볼 수 있는 소지가 다분했다. 북
한은 남한의 속셈을 몰랐을까? 몰랐을 리 없다. 각자 계산법이 달랐을
뿐 남북 양쪽은 나름으로 실리를 취하기 위한 계산에 몰두하고 있었다.
우선 북한은 남북대화로 대외관계에서 큰 성과를 얻었다. 남북공동성명
을 계기로 1973년 4월 이후 북유럽 5개국이 북한을 승인했다. 북한은
1973년 5월 국제연합 산하기구인 세계보건기구WHO에 가입했으며, 이
에 따라 그해 9월 5일 뉴욕의 국제연합 본부에 대표부를 설치할 수 있게
되었다. 남북공동성명 발표 이후 1973년 말까지 북한을 승인한 나라는
20개국에 이르렀다.[80]

북한이 국제연합에서 거둔 또 하나의 성과가 있었다. 이에 대해 김
학준은 "한반도 문제의 민족 내부화에 대한 명시적 보장이었던 '남북
공동성명'을 계기로 우선 1973년의 제28차 국제연합 총회는 언커크
UNCURK를 해체하기로 결의했으며, 2년 뒤의 제30차 국제연합 총회는
주한국제연합군총사령부의 존속을 꾀한 서방 측 결의안과 해체를 못박
은 공산 측 결의안을 함께 통과시킨 것이다"며 다음과 같이 말했다(언커
크는 6·25 전쟁으로 파괴된 한국의 재건을 목적으로 1951년 세워진 유엔 기구인
한국통일부흥위원단이다).

"이로써 한반도 문제의 탈유엔화라는 북한의 목표는 사실상 성취됐
다. 이처럼 국제적으로 '2개의 코리아' 추세가 굳어지고, 국제연합에 북

한의 대표부가 설치되기에 이르자, 대한민국은 여기에 대응하는 조처를 취했다. 박 대통령은 1973년 6월 23일에 특별선언을 통해 사실상 한반도의 분단을 잠정적으로 합법화시킨다는 전제 아래 상호 내정 불간섭과 불가침을 제도화하는 한편 남북한의 국제연합 동시 가입을 추진하자고 제의했다."[81]

김일성의 1인 지배체제와 세습 강화

김일성은 대내적으로 더욱 큰 것을 얻었다. 북한 노동당 조직지도부 과장을 지내다 1988년 귀순한 김정민은 7·4 남북공동성명 당시의 북한 상황에 대해 다음과 같이 말했다. "7·4 당시 북한 주민들의 기대는 대단했습니다. 『노동신문』에 크게 실린 김일성과 이후락 부장이 포옹하는 사진을 보고 이제 뭐가 되는가 보다 하고 흥분했던 것입니다."[82]

김일성은 '10월 유신'을 예상하지 못했을까? 김정민은 다음과 같이 말했다. "박 정권이 유신을 준비하고 있다는 것은 환히 알고 있었습니다. 그리고 남한 여당 측이 7·4 공동성명을 이용해 자신들의 정치적 입지를 강화할 수 있다는 것을 생각 안 한 것은 아닙니다. 그러나 7·4 3원칙이 장차 어떤 불이익도 가져오지 않을 내용이고 회담 추진 과정에서 그 같은 원칙을 남한 민중에게 인식시키는 것이 중요하다는 결론에서 대화를 추진했던 것입니다."[83]

북한도 북한식 '10월 유신'을 꿈꾸었으며 박정희의 '10월 유신'과 거의 동시에 그걸 해치웠다는 점을 지적할 필요가 있겠다. 북한은 '10월 유신'이 있은 지 2개월여 후인 1972년 12월 27일 1948년에 제정된

북한은 1972년 12월 '조선민주주의인민공화국 사회주의 헌법'을 새로 만들어 1인 지배체제를 강화하고, 1973년 9월 김정일을 비서국의 비서로 격상시켜 '세습적 계승'을 완성했다.

'조선민주주의인민공화국 헌법'을 폐기하고 '조선민주주의인민공화국 사회주의 헌법'을 새로 만들어 1인 지배체제를 강화했다. 새 헌법은 집단 지도체제에서 후퇴하는 것과 기존의 '수령의 유일적 영도'를 강화한 것이었다. 즉, "헌법에 내놓고 김일성 1인의 절대적 독재체제를 보장"한 것이다.[84] 김일성은 그러한 체제 구축의 다음 수순으로 1973년 9월 김정일을 조선노동당의 최고 권력기관인 비서국의 비서로 격상시켰다. 1970년에 발행된 『정치용어사전』은 '세습적 계승'을 '착취 사회의 반동적 관행'이라고 비난했으나, 1973년 12월에 대체 출판된 『정치사전』은 이 항목을 삭제했다.[85]

1972년 교통사고 후유증 치료를 위해 일본 도쿄에 체류 중이던 김대중은 10월 유신 소식을 듣고 귀국을 포기했는데, 이때 쓴 일기에서 남북한의 '내통 가능성'을 강하게 의심했다. "이번 사태에 가장 뜻밖인 것이 북한 측이 미리 내통하고 있는 듯하다는 것"(1972년 10월 22일), "오늘 남북적십자 평양 회담이 열리고 북한에서도 남한과 보조를 맞추어 헌법 개정을 한다고 한다. 아무래도 남북 간 사태의 배후에 무엇이 있다는 느낌이 드는 것을 금할 길이 없다."(1972년 10월 24일)[86]

김대중의 이 일기는 2024년 여름 3남인 김대중·이희호기념사업회 이사장 김홍걸이 서울 동교동 사저에서 6권의 수첩을 발견하면서 세상에 드러났는데, 2025년 7월 하순에 『김대중 망명일기』라는 책으로 출간되었다. 이 출간과 관련, 정치학자이자 연세대학교 김대중도서관장인 박명림은 다음과 같이 말했다.

"정치학자로서 유신체제에 대해 박정희가 북한에 통보하고 북한이 일관되게 이를 도와준 사실도 발굴했다. 유신헌법과 북한 사회주의 헌법이 같은 날 제정될 정도였다. 그동안 남북한 상호 간의 독재체제가 얼마나 긴밀하게 서로 조율돼왔는지 가장 깊은 비밀자료를 보아왔지만, 이런 사실을 당시 김대중이 단박에 정확하게 꿰뚫어보고 있어 소스라치게 놀랐다."[87]

남북한의 '내통 가능성'을 부정한 김종필

그러나 김종필은 회고록에서 남북한의 '내통 가능성'을 강하게 부정했다. 그는 "10월 유신이 선언되자 김일성이 화가 났다. 3개월 전 남과 북이 공동으로 발표한 7·4 공동성명이 유신을 위한 수단에 불과했다는 생각이 든 것이다. 비밀리에 평양을 방문한 이후락을 '민족의 영웅'이라고 치켜세웠으니 김일성은 속았다고 느낄 만했다"며 다음과 같이 말했다.

"이듬해 봄 이후락이 경남 통영 해변의 충무관광호텔에서 며칠 동안 쉬고 있는데 괴한들이 들이닥쳤다. 소형 잠수함을 타고 북에서 내려온 무장공비들이었다. 새벽 어둠을 틈타 3명이 해변으로 올라왔는데 경비를 서던 경찰 경비대의 한 명이 사살되고 한 명은 총상을 입은 채 잡혔다. 또 다른 한 명은 바다로 뛰어들었다. 체포된 간첩을 문초해보니 '이후락을 죽이러 왔다'고 진술했다. 김일성은 박 대통령의 유신 발표를 보고 '내가 이용당했다. 이후락이 나쁜 놈, 처치해라'고 말했다고 한다. 이후락은 명이 긴 모양이었다. 마침 그날 이후락은 예정에 없던 일정이 생겨 서울에 가고 없었다."[88]

'10월 유신', 언론과 지식인은 무엇을 했는가?

언론의 대대적인 유신 홍보

유신은 엄청난 규모의 여론 조작을 통해 정당화되고 예찬되었다. 언론은 유신헌법의 홍보에 적극 협조했다. 김해식은 『한국언론의 사회학』 (1994)에서 다음과 같이 말했다. "10월 27일 개헌안이 공고된 뒤 11월 21일 국민투표가 실시되기까지 신문의 많은 지면과 방송의 많은 시간은 당국에서 배급한 새 헌법에 관한 해설기사와 할당된 연사들의 출연으로 메워졌다. 또한 10월 27일부터 12월 말까지는 모든 신문의 1면과 7면에 '통일 위한 구국 영단 너도 나도 지지하자', '새 시대에 새 헌법, 새 역사를 창조하자', '뭉쳐서 헌정유신, 힘모아 평화통일'이라는 등의 문공부 제정 표어가 날마다 6단 크기로 실렸다."[89]

당연히 방송도 유신의 홍보 도구로 총동원되었다. 문공부 방송관리국 모니터에 나타난 구체적인 통계에 따르면 10월 17일부터 11월 21일까지 방송은 단독 해설 218회, 좌담 398회, 유신과 관련된 비전 제시 특별 프로그램 58회, 유신을 내용으로 한 스폿 드라마가 1,268회에 이르렀다.[90]

이어령의 프랑스 파리 피난

유신 치하의 세상은 자유로운 생각을 가진 사람에겐 숨쉬기조차 어려웠다. 유신을 찬성할 자유만 있을 뿐 반대할 자유는 전혀 없었다. 부분적인 비판조차 허용되지 않았다. 당시 한국을 대표하는 지식인 가운데 한 명이었던 이어령이 1973년 2월 8일 『경향신문』의 파리 특파원으로 서울을 떠난 건 자유로운 숨을 쉬기 위해서였다. 이어령이 파리로 떠나기 위해 1972년 12월 중순에 시도했던 일은 유신 선포 직후 언론 상황에 대한 좋은 증언이 될 것이다. 당시 『경향신문』 편집국장 김경래는 다음과 같이 회고했다.

"아무래도 서울에서는 못 살겠구먼……. 이 땅을 떠나야 되겠는데 어디 좋은 수가 없을까? 유신이다 계엄령이다 하고 검열을 지나치게 하니 어디 글 써먹겠어? 속된 말로 앉은뱅이 그것 잘라 버리는 꼴 아닌가? 지난달 내가 쓴 여적(『경향신문』 1면 하단 칼럼)들 읽었지요? 그게 글입디까? 교양 없는 녀석들, 제멋대로 깎고, 넣고……. 도대체 계엄사 검열관들은 먹물도 못 마신 불학무식한 인종들이지.……이 이상 자존심 상하기 전에 붓을 꺾는 편이 낫겠다 결심하고 김형의 구원을 요청하니 한번 꺼내 주시오. 김형……. 그 아이디어 뱅크 자물쇠를……."

이어령은 『경향신문』 칼럼뿐 아니라, 문학지에 기고한 평론과 대학신문에 쓴 잡문까지 가위질당하고 먹칠되었다고 실토했다.

"유신인가 유령인가 하는 이 사태 오래 갈 것 같지? 박통(박정희 대통령)이
김일성을 걸고 시작한 도박이니……."

그러니까 이어령은 유신체제하의 한국에 존재하는 한, 글을 쓸 수 없다는
결론을 내린 지 꽤 오래된 것 같았다.……

이어령은 느닷없이 "김 국장님!" 이번엔 '김 국장님'으로 나왔다.

"왜 그래, 어디 아픈가? 왜 갑자기 김 국장님인가?"

"나 파리에 보내줄 수 없소?"

"파리 특파원으로?"

"그런 것 나는 못 하나?"

"……."

그리하여 이어령은 광무 신문지법 시행 이후, 아니 『독립신문』 이래 최초로
기자 경력 전무한 특파원으로 둔갑, 변신되어 파리로 떠난 것이었다.[91]

이어령이 프랑스 파리로 피난을 떠났다면 일부 대학생들은 팝송으
로 피난을 떠났다. 당시 서울대 신입생이었던 시인 김정환은 훗날 「서
울, 1972년 10월」(1994)이라는 글에서 "1972년 10월, 대학축제가 아
예 삭제된 고고장도 슬프고 물론 블루스도 슬프고 술집 분위기도 위축
된 채로 괜히 주인 인심만 살벌해갔다. 대만 장기독재의 산물이라는 퇴
폐 이발관이 뿌리를 내리기 시작했다"며 다음과 같이 말했다.

"그때 유행한 노래는 비지스의 〈Don't forget to remember〉,
사이몬과 가펑클의 〈Bridge over troubled water〉 그리고 곧 김민

기의 노래가 판금됐고, 그래서 더 유명해졌다. 우리나라가 워낙 슬픔이 유구하고 창창한 곳이라 그랬겠지만, 실연당해본 적도 없이 비지를 오직 슬프다는 이유만으로 꺼이꺼이 한국식으로 불렀다. '험한 세상 다리가 되어'도, 희망의 노래라기보다는, 너무도 아름답게 절망을 달래는 노래였다."[92]

취재 기능을 거세당한 언론

유신 이후, 유신헌법에 대한 반대 의견을 표현하는 것은 말할 것도 없고 그런 의견을 다른 사람에게 알리는 것조차 범죄 행위로 간주되었다. 유신 발표 당시 동대문경찰서 출입기자였던 『동아일보』 편집위원 정구종은 훗날 『동아자유언론 실천운동백서』(1989)에서 "유신과 함께 기자실이 문을 닫자 동대문경찰서 출입기자들은 아침에는 창경원에 모였고 낮엔 경찰서 외곽을 돌면서 사건·사고를 쫓아다녀야 했다. 몇 달 후 경찰서 기자실은 묵시적으로 다시 이용하게 되었으나 취재에는 여러 가지 제약이 따랐다"며 다음과 같이 말했다.

"하루는 '기독교회관에서 목사들의 집회가 있다. 취재해보라'는 지시를 회사로부터 받고 본인 등 각 언론사 기자들이 기독교회관으로 달려갔다. 이해학 목사 등 10여 명의 젊은 성직자들이 '유신 반대 성명'을 발표하는 현장이었다. 일단 모두들 회사에 전화보고는 했으나 어느 신문·방송도 유신 반대 성명을 싣지는 못했다.

그날 오후 동대문경찰서의 정보과장이 기자실에 와서 모두들 모여달라는 통보를 했다. 영문도 모르고 기자실에 모이자 정보과장은 '오늘

기독교회관의 취재 관계로 중앙정보부에서 기자들을 만나자고 한다. 내 차에 타고 가보자'고 했다. 반강제 연행식으로 모두들 남산 중앙정보부 6국 수사과로 실려갔다. 그러고는 밤새 피의자 조사를 받았다. 옆방에는 목사들이 이미 연행돼 와 밤새 구타당하며 취조받는 소리가 생생히 들렸다.

기자들에게 씌워진 혐의는 간단했다. 목사들의 유신 반대 성명 내용을 회사에 전화로 알림으로써 '유신 헌법 반대 의견을 타인에게 고지·전달했다'는 것이며 이는 법에 저촉된다는 것이었다. 옆방에는 그날 현장에 취재 나왔던 정치부의 강성재 기자도 연행돼 와 조사를 받고 있었다. 밤을 세운 조사와 조서 작성, 범죄인 도표 작성 등으로 겁을 준 뒤 중앙정보부 측은 새벽에 취재기자들을 모두 돌려보냈다. 다시는 유신 반대 관련 취재를 않겠다는 내용의 각서를 받은 뒤였다.

말하자면 유신체제를 왈가왈부하는 어떤 움직임도 용납하지 않겠다고 협박과 공갈을 하기 위한 일막극이었다. 물론 그 같은 전말은 신문·방송에 한 줄도 보도되지 않았으며 각 언론사 젊은 기자들의 허탈함과 불만은 안팎으로 쌓여갔다."[93]

박정희와 『조선일보』의 유착

박정희의 언론에 대한 깊은 관심은 밖에서 막연히 짐작하는 수준 이상의 것이었다. 예컨대, 1971년 8월 『동아일보』에 정치부 인사가 있자 박정희는 담당 비서관 선우연을 불러 그 인사의 내용과 성격을 설명하게 할 정도였다.[94] 또 박정희는 청와대를 출입하던 기자의 출입처가 바뀌게 되면 청와대에서 저녁 식사 자리를 만들어 환송을 해줄 정도로 기자들에게만큼은 자상한 면모를 유감없이 보여주었다. 그래서 청와대 출입기자들은 박정희를 좋아했는데, 박정희의 입에서 다음과 같은 말이 나올 정도였다. "출입기자들이 본사에서 가끔씩 난처한 입장에 처하는 모양이야. 사실은 그렇지도 않은데 기자들이 무조건 청와대 쪽을 두둔한다고 그런가 봐요."[95]

박정희는 신문들 가운데 『조선일보』를 가장 좋아했다. 선우연을 비롯해 박정희 측근 인사들이 남긴 기록들을 보면 박정희가 자주 신문 이야기를 하는 것이 나오는데, 늘 거의 예외 없이 『조선일보』다. 박정희와 『조선일보』는 상호 유착 관계라고 해도 좋을 정도로 서로를 아꼈다. 『조선일보』는 1968년 박정희 정권이 베푼 특혜에 힘입어 신문사 건물과 코리아나호텔을 짓기 위해 일본에서 4,000만 달러의 상업 차관을 아주 좋은 조건으로 들여왔다. 차관 도입 당시 『조선일보』 경제부에 근무했던 한 기자는 다음과 같이 말했다.

"코리아나호텔 건립을 위한 자금은 1967년경 대일 청구권 자금 중 상업 차관으로 들어온 것이며 언론사에 대한 상업 차관으로는 이것이 첫 번째인 것으로 알고 있으며, 당시 국내 금리가 연 26%나 됐던 것과 비교하면 연 7~8%에 불과한 상업 차관을 허용한 것 자체가 엄청난 특혜임에 틀림없다.……당시 상업 차관을 주선한 사람은 방일영 씨와 막역한 사이이며 공화당의 돈줄로 통하는 김성곤 씨로 알고 있으며, 방씨와 김씨가 각별한 사이라는 것은 현재 『조선일보』에 김씨의 아호를 딴 성곡 도서실이 있다는 사실로 잘 알 수 있다."[96]

그런가 하면 경제계 소식에 밝은 한 언론계 인사는 다음과 같이 말

『조선일보』는 박정희 정권이 베푼 특혜에 힘입어 신문사 건물과 코리아나호텔을 지을 수 있었다. 그 후 박정희와 『조선일보』는 상호 유착 관계를 맺게 된다. (『조선일보』, 1972년 10월 16일)

했다. "당시 차관 도입 자체가 엄청난 특혜였기 때문에 차관을 도입한 측은 정부 측에 30~40% 정도를 정치자금으로 내놓는 등 차관 도입에 따른 비리가 많았다.……경제개발계획 초기인 당시에 기간산업도 아닌 관광호텔 건립을 위해 귀중한 외자를 배정하는 것에 대해 경제기획원의 실무 담당 과장이 끝까지 외자 도입 허가에 동의하지 않아 코리아나호텔 상업 차관은 외자 도입 허가서류에 실무 담당자의 서명 없이 외자 도입이 허가된 유일한 사례가 됐다."[97]

세상에 공짜가 어디에 있겠는가? 『조선일보』가 박정희 정권의 은혜에 보답할 수 있는 기회는 곧 찾아왔다. 그건 바로 3선 개헌을 위한 캠페인을 벌이는 것이었다. 박정희 정권은 1969년 10월 17일 3선 개헌안을 투표에 부쳐, 행정적 조작으로 77.1%의 투표율에 투표 수의 3분의 2를 약간 넘는 찬성을 받았다고 발표했는데, 당시 『조선일보』의 활약이 대단했다. 『조선일보』는 투표 전날인 10월 16일자에 「'영광의 후퇴'보다 '전진의 십자가'를…'나는 나를 버리고 국가를 위해 한 번 더'」라는 기사를 실었다. 또 이날 신문은 11명의 '각계 인사'를 선정해 개헌을 지지하고 찬양하는 소리를 소개했다.[98]

『조선일보』의 '10월 유신' 지지

『조선일보』는 '10월 유신'에 대해서도 지지를 표명했다. 『조선일보』는 유신 선포 다음 날인 10월 18일 「평화통일을 위한 신체제」라는 사설에서 "앞으로의 보다 보람되고 영광스러운 삶을 얻기 위하여 진정 알맞은 조치임을 기쁘게 생각"한다고 했으며 "가장 적절한 시기에 가장 알맞은 조치"라고 했다. 또 "헌법 기능의 일부 정지와 아울러 이에 따르는 몇 가지 조치가 선포된 것은 새로운 헌정 질서의 존립을 위하여 만부득한 조치"라는 말도 했으며 "비상사태는 민주제도의 향상과 발전을 위하여 하나의 탈각이요 시련이요 진보의 표현임을 믿어 의심치 않는다"고 했다.[99]

『조선일보』는 10월 28일자 사설 「유신적 개혁의 기초-민주주의의 안정과 번영을 위한 헌법」에서는 "발의 측의 문제의식이 이렇듯 왕성하고 과감한 개혁이 담긴 개헌안을 우리는 일찍이 본 적이 없다"고 했다.

"대통령을 직접 선거함으로써 빚어졌던 여러 가지 폐해와 부작용을 일소할 수 있게 된다"고도 했다.[100]

『조선일보』는 11월 18일자 시론(필자는 서울대 문리대 교수 장기근)에서는 "영명한 지도자의 슬기를 통일된 국민의 행동이 따라야 한다. 그래야 찬란한 민족사가 창조되는 것이다"면서 다음과 같이 주장했다.

"'의를 보고 행하지 않음은 무용이다見義不爲無勇也'라고 옛사람이 말한 바 있다. 낡은 감상에 젖어서 하염없이 침체해서는 안 된다. 조국은 우리 모두의 민주역량의 적극 참여와 통일된 의지의 목적 달성을 갈망하고 있다. 방향은 명시되었다. 우리의 총화와 전진이 따라야 하겠다. 위대한 영도와 위대한 국민이 혼연일치가 되어 위대한 민족의 중흥을 이룩하는 것이 바로 지금의 유신이다."[101]

11월 21일 국민투표 이후에도 『조선일보』의 '지원 사격'은 계속되었다. 『조선일보』는 11월 23일자 사설 「새 역사의 출범-유신헌법안 확정의 의의와 평가」라는 사설에서 국민투표의 결과에 대해 "조국통일과 민족중흥의 제단 위에 모든 것을 바친 그의 뜨거운 애국심과 뛰어난 영도력에 대한 무한한 신뢰와 성원의 발현"이자 "좀더 천착하면 지난 10년간 박 대통령이 쌓아올린 눈부신 업적에 대한 국민적인 찬사"라고 주장했다.[102]

『조선일보』는 12월 23일자 사설 「국민회의와 대통령 선거-영광스런 순간에 공감을 함께 한다」에서 통일주체국민회의가 박정희를 단독 후보로 추천한 사실과 관련해 "우리가 필요로 하는 이에 합당한 후보 인물을 추천하는 절차를 다한 것으로 알고 있다"고 했다. 12월 24일자 사설 「줄기찬 통일에의 의지-8대 대통령 선출을 경하하면서」에서는 "이

역사적 전환기에 국민의 최고 영도자로서의 새로운 중책을 맡은 박 대통령의 당선을 진심으로 축하하며 민족의 앞날에 힘찬 발전이 있기를 기원해 마지 않는다"고 했다.

『조선일보』12월 28일자 사설「새 역사의 전개-제8대 박정희 대통령의 취임을 경하한다」에서 "부와 근대화의 씨앗을 뿌려 가꿈으로써 이 나라 국민의 뼈에 젖은 패배의식과 열등감을 용기와 자신으로써 대체해주고 지난 4반세기에 걸쳐 지속되어온 냉전 속에서의 동족상잔과 남북 결원의 민족사에 10·17 구국의 영단으로 종지부를 찍고 평화통일의 새 역사를 위하여 정초한 박정희 대통령을 다시 대통령으로 선출·취임토록 하게 되었다는 것을 우리는 미덥고 자랑스럽게 생각한다"며 다음과 같이 주장했다.

"무엇 때문에 지난 10년 동안 5·6·7대나 대통령을 역임한 그를 또다시 환영하는 것인가. 한마디로 말해서 그것은 그의 영도력 때문이다. 그의 높은 사명감과 뛰어난 능력과 역사의식의 정당성 때문이다.……더욱 전망적인 민족통일의 사명감과 구국중흥의 신념에 불타는 영도자를 가졌다."[103]

'항가리 헌법'으로 불린 유신헌법

지식인들은 어떠했을까? 유신헌법을 가리켜 일명 '항가리 헌법'이라고도 했다. 이는 유신헌법 제정에 참여했던 두 헌법학자(서울대 교수 한태연과 중앙대 교수 갈봉근)의 성씨를 빗댄 명칭이었다.[104] 두 교수는 1973~1979년 9·10대 유정회 의원을 지냈다.

그들은 박정희 사후에도 "유신은 소신이었으며 그때가 다시 온다해도 똑같이 행동할 것"이라고 주장했다.[105] 그러나 한태연은 5·16이 일어난 지 얼마 되지 않아 군인들에게 강제연행되어 일주일 동안 연금 상태에서 새 헌법 작업에 동원되었다.[106] 강압에 의해서라도, 속된 말로 '한번 버린 몸'이 되면, 그 이후부턴 자신의 처신을 정당화하기 위한 이론과 논리가 개발되지 않았겠느냐는 것이다.

물론 그건 정확히 알 수 있는 건 아니다. 그렇게 사후에 유신을 지지하는 이론을 만들어내는 지식인들도 있었을 것이고 유신 지지가 원래부터 자신의 강한 소신인 지식인들도 있었겠지만, 그걸 어떻게 일일이 구분할 수 있으랴. 어떤 이유에서 비롯된 것이었건, 유신을 지지하는 지식인들도 적지 않았다는 건 분명한 사실이다. 과연 그들의 지지 논리는 무엇이었을까?

박일경의 '한국적 민주주의'론

『동아일보』는 특별한 사설, 시론으로 유신헌법안을 지지·찬양하지는 않았지만, 10월 31일 경희대 대학원장 박일경의 「평화통일 지향한 유신-새 헌법안을 보고」라는 기고문과 해설 기사를 실음으로써 유신체제와 일정 부분 타협했다. 박일경은 기고문에서 '한국적 민주주의'를 강조했다.

그는 "새 헌법안은 한국적 민주주의의 토착화로 인한 국력 조직화를 다짐하고 있거니와 그 가장 대표적인 것이 대통령의 선거 방법이다. 종전의 우리 헌법은 대통령 직선제를 규정하고 있었다. 그런데 이러한 경희대 대학원장 박일경은 『동아일보』 기고문에서 "새 헌법안은 한국적 민주주의의 토착화로 인한 국력 조직화를 다짐하고 있"다고 말했다. (『동아일보』, 1972년 10월 31일)

직선제가 막대한 경제적 인적 소모는 고사하더라도 책임 없는 선거공약 등으로 백해무익한 정치적 혼란을 초래하고 국민의 분열, 심지어는 지방 감정의 대립까지 야기시켰던 것은 주지의 사실이다"며 다음과 같이 주장했다.

"그러므로 새 헌법안은 정당 소속원이 아닌 대의원으로써 구성되는 통일주체국민회의로 하여금 대통령을 선거하게 함으로써 직선제의 숙폐를 일소하여 '낭비 없고 파쟁 없는 선거'를 구현하려는 것이다. 그리고 국민회의는 국민이 직선한 대의원으로써 구성되므로 대통령 선거 방법에 있어서의 민주적 원칙도 보장되는 것이다. 다음 국회의원 정원수 3분의 1의 통일주체국민회의에 의한 선거도 거의 같은 취지에서 유래한 것이라고 볼 수 있으며 특히 이것은 야당에서 볼 수 있던 전국구 의석의 매직매관적 폐습을 일소하려는 것이다."[107]

시인 박목월은 『서울신문』 1972년 11월 18일자에 기고한 「10월유신의 사명과 동기」라는 글에서 대통령 선출 방법과 관련, "지금까지의 과열·혼란·낭비를 거듭해온 선거제도를 물리치고 당권·당리에만 사로잡힌 몰지각한 조국의 정치현실에서 탈피하려는, 그야말로 과감하고 혁신적인 것"이라고 주장했다.[108]

갈봉근의 '권력의 인격화' 이론

유신헌법안 기초에 참여한 교수 갈봉근은 『신동아』 1972년 12월호에 쓴 「유신헌법안의 정치철학과 지도자상」이라는 글에서 '권력의 인격화' 이론을 전개했다. 그는 "권력의 인격화 현상이 정치적 후진국가권에 속하는 국가군에 있어서는 발전의 첫 단계가 될 뿐만 아니라 통합과 통치의 최적 수단"이라고 주장했다.

그는 "권력의 인격화 현상은 실은 보편적이며 정상적이다. 권력을 행사하는 주체는 어디까지나 인간이기 때문이다. 특히 오늘날은 세계 도처에서 모든 정치체제에 확대 편재하고 있다. 오히려 권력이 비인격화될 때가 비정상적인 것이다. 이번 유신헌법안의 특징은 조국의 평화적 통일과 국가와 민족의 번영 및 안정이라는 박정희 대통령의 정치적 이념을 구현하고 있다는 데에서 찾아볼 수 있다. 이것은 지금으로부터 14년 전 프랑스의 영광된 회복을 위하여 제정된 프랑스 제5공화국 헌법이 드골 대통령의 정치적 이념의 구현이었다는 점과 비길 수 있을 것이다"며 다음과 같이 주장했다.

"'인류사회는 권력의 인격화로부터 제도화로 옮겨지며 이런 속에서 진보와 문명 그리고 민주주의가 구현된다.……민주주의 발전과 권력의 제도화는 불가분의 것이다'라고 한 뒤르켐Durkheim의 이론은 객관적 사실 앞에서 부정되고 있다. 오히려 원시사회에서는 추장이나 무당의 제도, 군주체제에서는 출신 가문이라는 제도 속에서 권력이 구성되었다면 오늘날은 더욱더 개인의 흔적이 권력구조를 특정짓고 있다고 말할 수가 있는 것이다.……민주제도는 본질적으로 반인격적이면서도 종국에 가서는 권력을 인격화한다는 패러독스를 지니고 있다."[109]

강만길이 느낀 배신감

그런가 하면 정반대로 유신으로 인해 오히려 진보 쪽으로 더 기운 지식인들도 있었다. 대표적인 지식인이 고려대 교수 강만길이다. 강만길은 조선 후기 상공업사를 전공하던 역사학자였다. 그러나 그는 유신 이후 현대사 연구로 방향을 전환했다. 왜 그랬을까? "유신 독재를 보면서

심한 배신감을 느끼게 되었고, 이런 체제 아래서 더이상 조선왕조 이야기나 해서는 안 되겠다는 생각이 들었어요. 현실이 어렵게 돌아가는데 역사학 한다면서 옛날 얘기나 하고 있어서 뭐가 되겠냐 하는 생각이었죠."[110]

강만길은 "1972년 7·4 공동성명이 결국은 유신을 하기 위한 멍석 깔기임을 알았을 때 이루 말할 수 없는 배신감을 느꼈"다고 했다. 그는 "이러한 배신 앞에서 역사학은 왜 말이 없는가, 우리는 지금 어떤 시대에 살고 있는가를 곰곰이 생각했습니다. 해답은 의외로 쉽게 나왔지요"라면서 다음과 같이 주장했다.

"'지금의 우리 역사학이 이 배신을 눈감고 있는 것은 민족분단주의에 빠져 있기 때문이다. 독재정권 아래서 어느 정도의 경제성장이 분단체제의 반역사성을 망각게 하고 오히려 그것을 정당화하고 있다. 민족문제를 평화적으로 해결하는 옳은 길은 이 분단주의를 극복하는 데 있다. 우리가 살고 있는 이 시대가 반드시 극복해야 할 반민족사적 분단시대임을 철저히 인식시키는 것이 우리 역사학의 최대 과제다.' 이런 해답이었습니다."[111]

통일벼와
절미 운동

박정희의 '희'를 딴 '희농 1호'의 실패

1960년대 말인가 북한의 김일성이 북한 주민들에게 그런 말을 했다. 비단옷에 기와집, 흰 쌀밥에 고깃국을 먹고살게 해주겠다고. 쌀은 그만큼 귀한 것이었다. 북한은 벼농사를 전투에 비유, 쌀 증산을 독려하기 위한 정치 구호로 '쌀은 사회주의'라고 외쳤으며, 이 구호를 적은 팻말을 논에 일정한 간격으로 꽂아놓기도 했다(1973년에 목격된 것임).[112]

논이 많은 남한엔 북한보다는 조금 낫기는 했겠지만, 1970년대 초만 하더라도 쌀은 턱없이 모자랐다. 식량 안보의 일환으로 전국적으로 쥐잡기 대회까지 열면서 몸부림쳐야 했다. 전국 제1차 쥐잡기 대회는 1970년 1월 25일, 전국 제2차 쥐잡기 대회는 5월 15일에 열렸으며, 이즈음 대학신문에까지 「쥐의 생태와 쥐잡기 운동」이라는 소논문이 실릴 정도로 쥐잡기는 전 국민적 관심사였다.[113](1970년 농림부가 추산한 국내

제1차 쥐잡기 대회는 1970년 1월 25일, 제2차 쥐잡기 대회는 5월 15일에 열렸으며, 이는 식량 안보의 일환으로 전국적으로 실시되었다. 쥐잡기 포스터. (국립민속박물관 소장)

쥐는 9,000만 마리로, 한 집 평균 18마리꼴이었다. 1972년 10월엔 '한국 쥐잡기 운동본부'가 출범했다. 전문교육을 받은 1,800명이 활약한 이 특공대는 서울시 지원까지 받아가며 쥐 섬멸의 최전선에서 맹활약했다. 남대문 지하상가에서 연 '쥐잡기 시범' 땐 하룻밤 새 653마리를 잡아 상인들을 놀라게 만들었다. 정부가 주도한 쥐잡기 운동은 1980년대 후반까지 계속된다.)[114]

1960년 한국은 곡물 수요의 5분의 1을 수입에 의존했는데, 1970년에는 전체의 3분의 1을 수입으로 해결해야만 했다. 1970년 한국은 100만 톤의 쌀을 수입했는데, 그것은 전체 쌀 소비량의 4분의 1에 해당되는 것이었다. 모두 다 쌀을 먹을 수 있었던 게 아니라는 걸 잊지 말아야 할 것이다. 밀 수입은 더욱 빠른 속도로 늘어 1971년에는 140만 톤을 수입했다. 물로 미국에서 수입했다. 1974년 무렵 한국은 미국에서 7억 달러 상당을 곡물을 수입했는데, 당시 미국 농무부 장관 얼 버츠Earl Butz, 1909~2008는 한국을 미국 농산물의 '활기찬 시장'이라고 칭찬했다.[115]

사정이 그와 같았으니, 어찌 '쌀과의 전쟁'을 피할 수 있었으랴. 1964년 중앙정보부 요원들이 이집트에서 훔쳐온 나다Nahda라는 볍씨는 언론에 '기적의 볍씨'로 소개되면서 박정희의 '희熙'자를 따 '희농 1호'라는 이름이 붙여졌다. 중앙정보부장 김형욱은 자신을 '제2의 문익점'이라고 뻐기고 다녔지만, 불행하게도 1967년 일반 농가에 보급된 희농 1호는 씨받이마저 어려울 정도의 처참한 실패로 끝나고 말았다. 한국의 기후나 풍토에 맞지 않았던 것이다.[116]

'진짜 기적의 볍씨' 통일벼

2년여의 와신상담臥薪嘗膽 끝에 또 한 번 '기적의 볍씨'가 선을 보였다. 박정희는 1970년 연두 기자회견에서 '희농 1호'의 실패를 의식한 듯, 가짜가 아닌 '진짜 기적의 볍씨'라는 통일벼를 소개했다. 통일벼는 국내 연구진과 국제미작연구소(필리핀 소재)가 5년간의 연구 끝에 개발한 다수확 품종으로 1970년 일반 농가에 실험적으로 보급해 성공을 거두었다. 그러나 '맛이 없다', '찰기가 부족해 식으면 푸석푸석해진다', '모양이 길쭉해 이상하다'는 등의 불평도 있었다.[117] 또 하나의 문제가 있었다. 당시 농림부 장관을 지낸 김보현은 다음과 같이 말했다.

"통일벼는 일반 벼보다 키가 작아 지붕 이엉을 엮는 데 나쁘다는 얘기가 나왔지요. 박 대통령께서 '지붕을 개량하면 되지 무슨 소리냐'고 일축했습니다. 농촌 지붕 개량이 신속하게 이루어진 데는 통일벼 영향도 클 겁니다."[118]

어떤 문제에도 통일벼의 수확력 하나는 알아줄 만했다. 통일벼는 1974년 3,000만 섬, 1977년 4,000만 섬을 돌파했다. 그 덕분에 박정희는 1977년 1월 대북 쌀 지원을 제의하는 호기까지 부릴 수 있었다. 통일벼는 쌀이 남아돌면서 맛이 문제가 되어 1991년에는 완전히 자취를 감추었지만,[119] 1970년대 초반은 늘 쌀이 모자라는 시절이었다.

절미 운동 위반은 범죄

그래서 나오게 된 것이 쌀 증산 운동과 더불어 강행된 잡곡 혼식, 분식, 무미일無米日(일주일에 한 번씩 각종 음식에서 쌀을 쓰지 않는 날) 등 절미節米(쌀 덜 먹기) 운동이었다. 1972년 12월 3일엔 '새마을 식생활 개선 합창대회'까지 열렸는데, 지정곡은 〈즐거운 혼분식의 노래〉(작사 이원수, 작곡 김동진)였다.[120]

1972년 4월 26일 KBS어린이합창단의 노래로 발매된 이 노래의 가사 중 일부는 다음과 같다. "하얀 국수가락 맛좋은 빵의/고소한 잡곡빵 그 맛을 알면/해와 같은 밝은 마음 튼튼한 육체/우리도 넉넉히 살 수 있어요/쑥쑥 키가 큰다 힘이 오른다/혼식 분식에 약한 몸 없다."[121]

1972년 12월 22일 박정희가 농림부 장관에게 보낸 친서 가운데엔 "주 2회 쌀 안 먹기를 5회 정도로 증가하여 절미를 강행하고, 벌칙을 강

화하여 미곡상, 음식점 등 위반하는 자는 엄벌에 처하도록" 하라는 지시가 들어 있었다.[122]

　1973년 1월 서울시는 내면 지름 11.5센티미터, 높이 7.5센티미터짜리 스테인리스 밥공기를 쓰라고 계몽에 나섰다. 6년 뒤엔 음식점에서 스테인리스 밥공기 사용을 의무화하고, 밥그릇 규격을 지름 10.5센티미터, 높이 6센티미터로 정했다. 1회 위반엔 1개월 영업 정지, 2회 위반엔 허가 취소의 고강도 행정조치가 뒤따랐다. 불안정한 식량 수급 문제를 덜기 위해 쌀밥 양을 통제하기 위한 것이었다.[123]

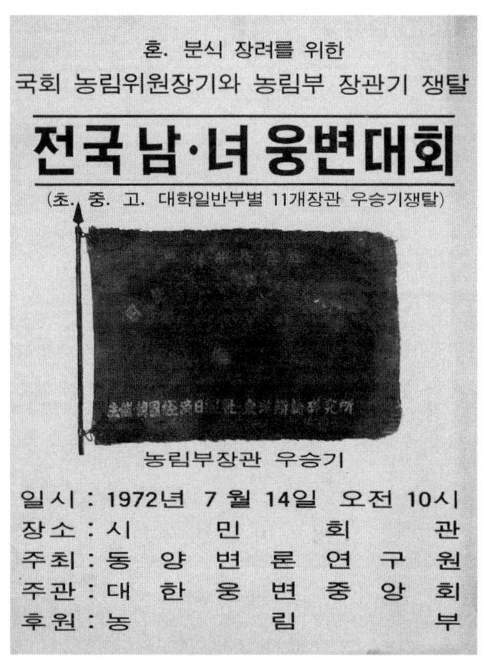

박정희 정권은 절미 운동을 벌이고, '새마을 식생활 개선 합창대회'까지 개최해 쌀 덜 먹기 운동을 했다. 혼분식 장려를 주제로 열린 전국 남녀 웅변 대회 안내 책자. (국립한글박물관 소장)

중앙일보 특별취재팀은 『실록 박정희』(1998)에서 "이렇듯 박정희
는 절미 운동 위반을 중대한 범죄행위로 규정했다. 그러다 보니 식당에
는 암행 단속반이 들이닥쳐 솥단지를 뒤지는가 하면 각급 학교에서는
도시락 검사를 벌이는 등 진풍경이 속출했다"며 다음과 같이 말했다.

"그중 압권은 잡곡을 섞은 생선초밥(스시)이었다. 주요 관광 수입원
인 일본인 관광객들이 즐겨 찾는 스시에도 잡곡을 섞도록 한 것이다. 관
광협회는 1973년 초 보리로 만든 스시를 들고 김보현 농림부 장관을 찾
아가서 '먹어보라'며 항의하는 소동까지 벌였다. 순 쌀로 만드는 것을 인
정해준 유일한 사례는 경주법주였다. 청와대 외빈 접대용을 제외하고 전
량 수출하는 조건이었다."[124]

혼분식을 장려하고 표준식단제를 권장하는 건 새마을운동의 일환
이기도 했다. 정부는 아예 혼식 비율까지 정해 '손님에게 10퍼센트 이상
혼분식으로 공깃밥을 제공할 것' 등과 같은 지시를 내렸다. 이 운동에 언
론도 동원되어 신문에는 「혼식의 과학」이니 「보리밥 도시락 맛있게 싸
려면」 같은 기사들이 실렸다.[125]

1973년 4월 서울시는 혼분식 시범 음식점 11개소를 지정했고,
1975년 8월에는 혼분식 위반업소 1,336개소를 적발했다. 그중 8개소
는 허가 취소, 691개소는 1개월간 영업 정지, 637개소는 고발 조치당하
는 엄격한 제재 조치가 내려졌다.[126]

학교에서 과잉 단속

이런 군사작전식 운동은 늘 과잉 충성과 그에 따른 이른바 '눈덩이

효과'를 낳기 마련이어서 부작용도 만만치 않았다. 『동아일보』 1976년 6월 12일자는 학교에서 일어난 부작용을 다음과 같이 보도했다.

"문교부가 지시한 혼분식 장려를 대부분의 학교들이 지나치게 확대 해석, 많은 물의를 빚고 있다. 문교부가 올해 새 학기부터 각급 학교에 실시 중인 도시락 혼분식 장려운동을 감독 관청인 각 시·도 교위(교육위원회)나 일선 학교 관계자들이 지나치게 확대 해석, 학생들의 성적에까지 반영시키는가 하면 처벌까지 하고 학부모들을 불러 이행각서를 쓰게 하는 등 과잉 단속으로 물의를 빚고 있다."[127]

어디 그 구체적인 사례들을 살펴보자.

"일부 학교에서는 문교부의 혼식 비율 기준 30%를 아예 50%로 높여 책정하고 있으며 숫제 학생들로부터 돈을 거두어 빵이나 우유를 단체 구입해서 나누어주거나 빵만을 싸오도록 강요, 학부모의 부담을 가중시키는 경우도 적지 않다.

서울 동대문구 제기동 ㅈ여중의 경우 조회시간에 학생들의 도시락을 일제히 검사, 잡곡을 50% 이상 섞지 않은 학생은 일주일 동안 실내 청소를 시키고 해당 학부모를 학교로 불러 이행각서를 쓰게 하고 있으며 중구 옥수동 ㅈ여중에서도 담임교사가 매일 도시락 점검을 하여 이행이 안 된 학생은 도덕 성적에 반영시키고 있다는 것이다.

또 성동구 ㅎ중학교와 ㅁ여중에서는 학생들의 혼식 성적을 통지서에까지 기입, 부모의 확인도장을 받아오게 하고 있으며 종로구 안국동 ㅍ여고 등에서는 학급별 혼식 이행 통계를 작성, 잡곡을 가장 많이 섞는 도시락 지참 학급에 대해 표창을 하고 도시락을 싸오지 않은 학생들도 혼식 불이행자로 간주, 교실 청소 등의 벌을 주고 있다는 것.

이 같은 과잉 단속은 국민학교가 더욱 심해 동대문구 회기동 ㄱ국
민학교에서는 일주일에 2일을 무미일(분식일)로 정하고 학생 1명당 월
630원씩을 거둬 빵과 우유를 공동 구입하여 급식시키고 있으며 성동구
ㅎ국교에서는 도시락 검사에서 30% 이상 잡곡을 섞지 않은 학생은 벌
로 수업시간에 세워두기도 한다는 것이다.

동대문구 ㅅ국교의 경우는 혼식 비율을 숫제 50% 이상으로 높여
불이행 학생들의 도시락을 압수하기도 하며 극빈 학생으로 점심을 갖고
오지 못하는 학생들도 일단 불이행자로 간주, 가정환경 조사를 다시 하
기도 하여 어린이들에게 열등감을 안겨주는 등 동심을 멍들게 하는 경
우도 있다는 것이다."[128]

'쌀밥=미개', '밀가루=문명'

그래서 많은 가정에선 집에서 먹는 밥과 도시락용 밥을 따로 하는
일이 벌어졌다. 교사들도 학생들을 못살게 구는 악역을 맡아야 했기 때
문에 죽을 맛이었지만, 때론 이 운동에 기쁨을 느끼는 헌신적인(?) 교사
도 있었다.

이승호는 "1970년대 초반, 서울 전동초등학교 5학년 5반 시절입니
다. 당시 담임 선생님은 툭하면 '영양학적으로 쌀보다 밀가루가 훨씬 훌
륭하다'는 강의를 하셨지요. 선생님은 '서양 사람이 키가 크고 덩치가 좋
은 것은 다 밀가루로 만든 빵을 먹어서 그렇다'고 말했습니다. 마침내 저
는, 혹은 우리 반 애들은 쌀밥을 먹으면 미개한 것이고, 밀가루를 먹으면
문명이요, 문화라고 생각하게 됐습니다"라면서 다음과 같이 말했다.

"그런데 어느 날, 조경원이라는 아이 하나가 사실은 그게 아니라고 부정하고 나섰습니다. 그 애는 '아버지가 그러시는데, 사실은 쌀이 밀가루보다 훌륭하며, 담임의 말은 거짓'이라고 반박했습니다(놈의 표정과 말투에는 진실을 밝히는 자 특유의 떨림과 희열이 있었지요). 반 아이들은 다 놀랐습니다. 분노한 선생님은 그 녀석을 매우 치셨습니다. 이렇게 소리소리 지르면서. '임마, 네 아버지가 말이 맞아, 내 말이 맞아?'……다시 세월이 흘러 1976년, 서울 용문고등학교 2학년 시절입니다. 저의 어머니 김득중 여사는 그날 아침 깜빡하셨는지 쌀밥을 짓는 실수를 저지르셨습니다.……키가 작아 땅콩이란 별호를 갖고 계시던 공포의 훈육주임께서 직접 우리 반에 왕림하셨습니다. 제 도시락의 흰 쌀밥을 보신 그분은 저를 매우 치셨습니다. 한 10분간 이렇게 소리소리 지르시면서. 10분간이나 떠드신 내용이지만 요약하면 이런 거였지요. '이 애국심이라곤 코딱지만큼도 없는 놈! 나라 걱정 하나도 안 하는 놈!'"[129]

새마을운동과
민족성 개조론

'시멘트 생산 과잉'에서 비롯된 운동

1969년 8월 4일 박정희는 경남 수해복구 현장 시찰을 위해 부산으로 가던 중 경북 청도군 청도읍 신도1리 마을 어귀에서 갑자기 특별열차를 멈추게 했다. 경부선 철도변에 있는 이 마을의 울창한 산림, 말끔하게 개량된 지붕과 잘 닦인 마을 안길 등에 깊이 감동받았기 때문에 그랬다는 것이다. 이때 박정희가 받은 감동이 새마을운동이 태동하게 된 배경이라고 보는 시각이 있다.[130]

그러나 박정희가 그때 느낀 감동은 거의 9개월간 그냥 감동으로만 머물러 있었다. 박정희가 새마을운동의 모태라 할 '새마을 가꾸기 운동'을 공식적으로 발설한 건 1970년 4월 22일이었다. 이번엔 수해水害가 아닌 한해旱害와 관련된 행사였다. 박정희는 4월 22일에 열린 한해 대책 지방장관회의에서 '새마을 가꾸기 운동'을 제창했다. 그 배경에 대해『중앙일보』 특별취재팀은 『실록 박정희』(1998)에서 다음과 같이 말했다.

"때마침 그해 여름 쌍용양회가 시멘트 생산 과잉으로 재고 처리에 어려움을 겪자 박 대통령은 정부가 구입해 전국 3만 5,000개 부락에 335부대씩 무료로 지급하게 했다. 그 결과 1만 6,000여 개 마을이 빨래 터를 고치고 다리를 놓는 등 기대 이상의 성과를 올렸다. 이듬해 이들 마을에 대해서만 시멘트 500부대와 철근 1톤씩이 추가로 지원됐다."[131]

과연 '때마침'이었을까? 대통령 비서실장 김정렴의 증언을 들어보자. "그해(1970년) 여름 어느 날 민주공화당의 재정위원장을 맡고 있던 김성곤 의원이 당무 보고차 청와대에 왔다. 김 의원은 당무 보고가 끝난 다음 박 대통령에게 시멘트의 과잉 재고로 인한 시멘트업계의 자금난을 호소하고 특별재고융자의 배려를 요청했다. 박 대통령은 '남아도는 시멘트를 부진한 새마을 가꾸기 운동에 돌릴 수 있는 방안을 강구해보라'고 나에게 분부했다."[132]

당시 내무부 장관 박경원의 증언도 참고할 필요가 있겠다. 박경원은 후일(1990년대 후반) 다음과 같이 말했다. "새마을 관계도 그때 내무부 소관이었다. 내가 시작을 했다. 그때 공장을 만들었는데 시멘트가 안 팔렸다. 김성곤이 찾아와서 죽겠다고 내게 시멘트도 사달라고 했다. 그래서 30억을 내서 전국적으로 시멘트를 한 부락에 288포씩(10만 원) 배당했다. 총 3만 부락 정도에 시멘트를 제공했다. 도시 근교의 부락까지 합치면 약 4만 부락이었으나 도시 근교의 부락은 뺐다. 그래서 새마을운동을 시작했다."[133]

'초가집'에서 '기와집'으로 변화

박경원은 새마을운동을 처음 생각해낸 사람은 누구였느냐는 질문에 대해서도 "새마을운동은 시멘트 때문에 시작된 것이었다. 시멘트가 남았는데 어떻게 할 수가 없었다.……박 대통령에게 이야기하고 이루어진 것이었다"고 말했다.[134]

쌍용양회의 사주이기도 했던 김성곤이 박경원에게 먼저 호소했는지 아니면 박정희에게 먼저 호소했는지 그건 분명치 않지만, 한 가지 분명한 건 새마을운동은 처음엔 시멘트를 사용해 할 수 있는 일 중심으로 이루어졌다는 사실이다.

1970년 당시만 해도 전국의 250여 만 농가들의 약 80%는 초가지붕이었다.[135] 새마을운동의 초기에는 "초가지붕을 기와지붕으로 바꾸는 것이 새마을 사업인 양 생각할 정도로 지붕 개량은 순식간에 전국의 마을에서 전개되었다".[136] 물론 이건 시멘트만으로 얼마든지 가능한 일이었다. 시멘트로 도로를 내고 그 도로로 모래와 시멘트를 운반해 시멘트 기와를 만들었으니까 말이다. 박정희의 새마을 담당 특보였던 박진환은 다음과 같이 말한다.

"그리하여 1975년에는 전국의 거의 모든 농가들의 지붕은 기와나 슬레이트로 바꿔지게 되었으며, 이 지붕 개량으로 농촌의 모습이 극적으로 달라지게 되었다. 지붕 개량 사업은 점차로 농촌의 주택을 새롭게 건축하는 계기가 되었다. 초가집이 사라지고 기와집으로 바꿔지자 오랜 역사를 살아오는 동안 '우리도 한 번 기와집에서 살아봤으면……' 하던 농민들의 소원이 이뤄졌던 것이다."[137]

박정희의 민족성 개조론

박정희는 새마을운동의 정치화를 반대한 것으로 알려져왔다. 그 근거로 새마을운동 지도자들의 공화당 입당을 반대했다는 걸 지적하는 사람이 많다. 그러나 그건 '정치화'를 너무 좁게 해석한 것으로 보인다. 의회정치 자체를 인정하지 않은 박정희가 '정치화'를 겨우 공화당에 국한시키는 것을 흡족하게 생각했을 리 없다.

박정희가 생각한 새마을운동은 일종의 '민족성 개조운동'이었다. 그의 새마을 관련 담론엔 반드시 '근면·자조·협동'이 들어간다. 이는 박정희가 보기에 한국인, 특히 농민들에게 그게 부족하다는 걸 의미하는 것이었다. 이와 관련된, 박정희 자신의 말을 들어보자.

"1971년은 바로 우리가 자조와 근면과 협동의 정신을 전국의 마을마다 번지게 만든 획기적인 한 해였다. 긴 겨울철의 농한기에 아무 하는 일 없이 나태와 안일에 빠져 음주나 도박으로 소일하는 퇴폐적인 풍조를 없애기 위해, 대대적인 환경 개선 작업에 착수한 것이다."[138](역사 산책 5: '화투 화형식'과 '주부도박단' 참고)

그렇듯 인간성 개조를 꿈꾼 박정희가 새마을운동을 공화당의 산하운동쯤으로 만드는 걸 어찌 용납할 수 있었겠는가? 박정희 정권의 외무부 장관을 지낸 이동원도 회고록 『대통령을 그리며』(1992)에서 "이렇게 게으르고 단결심이 없어서야 어찌 일본을 이기겠소"라는 박정희의 말이 "소위 '새마을운동'으로 불리는 민족성 개조론의 출발점"이라고 말했다.[139]

박정희가 생각하는 '인간성 개조'는 당연히 '조국 근대화'에 모든

박정희는 새마을운동을 '민족성 혹은 인간성 개조운동'이라고 보았으며, 특히 인간성 개조는 '조국 근대화'에 모든 걸 바치는 자신의 지시대로 따르는 걸 의미했다.

걸 바치고자 하는 자신의 지시대로 따르는 걸 의미하는 것이기도 했다. 1972년 3월 7일 대통령령 제6104호에 의해 중앙에는 내무부 장관을 위원장으로 하여 관계부처(처음에는 15개 부처, 1975년부터 22개 부처)의 차관급으로 구성되는 새마을중앙협의회가 탄생했다. 또 각 도, 각 시·군·면 단위에도 도지사, 시장, 군수, 면장을 위원장으로 하는 새마을추진협의회가 구성되었으며, 각 마을 단위에는 마을개발위원회가 만들어졌다. 이런 조직의 최정점에는 대통령이 버티고 있었다.[140] 물론 박정희가 하는 일은 늘 군사작전식이었다.

"'새마을운동은 전쟁'이라는 당시 내무부 장관의 언명에 따라 군수·부군수·읍면장은 전 지역을 순회하여야 했고, 일반 직원들도 담당

마을이 있어 월 10~30회가량 순회하는 것이 보통이었다. 공무원들은 아예 마을에 상주하면서 새벽부터 종을 직접 치는 등 매우 적극적으로 움직였다."[141]

새마을운동의 사회개혁운동화

새마을운동은 동시에 농촌을 벗어나 도시새마을운동, 공장새마을 운동, 학교새마을운동 등으로 확대되었고 운동(사업) 영역도 단순한 마을 가꾸기를 넘어서 정치·경제·사회·문화 등 전 영역에 걸친 일종의 사회개혁운동으로 확대되었다.[142](역사 산책 6: "아들 딸 구별 말고 둘만 낳아 잘 기르자"; 역사 산책 7: 미신·무속 타파 운동 참고)

방송은 새마을운동을 위한 전위대로 이용되었다. 1972년 4월부터 각 방송국은 새마을방송을 위한 전담 기구를 설치해 새마을정신, 새마을 운동 주요 시책, 새마을 사업, 새마을 지도자 소개와 관련 미담 등을 집중적으로 홍보하기 시작했으며 행정기관에서 주최하는 새마을방송협의회도 매월 정기적으로 개최되어 새마을방송의 편성과 제작을 강력하게 추진했다. 새마을방송 프로그램 콘테스트와 새마을방송 종합평가회 등이 열렸던가 하면 새마을방송 유공자를 선발해 시상하기도 했다.[143] 새마을운동에 부정적 영향을 끼친다며 초가지붕이나 요강 등이 나오는 영화 장면 등은 일절 엄금이었다.[144]

박정희는 새마을운동이 소득증대 사업으로만 머무르는 것에 만족할 수 없었다. 더 큰 비전이 필요하다고 보았다. 그의 비서실장 김정렴이 『한국경제정책 30년사: 김정렴 회고록』(1995)에서 밝힌 다음과 같은 에

피소드는 박정희의 심경에 무언가 심상치 않은 변화가 일었다는 걸 시사한다.

"1972년 5월 18일 광주에서 열린 새마을 소득증대촉진 전국대회에 참석하고 귀경길에 정읍을 지나 전주로 향하던 대통령 일행의 차가 갑자기 정지하였다. 박 대통령 차에 동승, 경호하고 있던 정인형 경호과장이 급히 비서실장 차로 오더니 동승하고 있던 김성진 청와대 대변인을 각하가 찾으신다는 전갈이었다. 김 대변인은 박 대통령 전용차를 타고 서울로 올라왔다. 무슨 지시 때문에 대변인을 동승시켰는지 영문을 알 수 없었는데 청와대에 도착하니 박 대통령이 〈새마을노래〉의 제4절로서 그 전날 광주 숙소에서 스스로 작사한 '우리 모두 굳세게 싸우면서

박정희는 자신이 직접 작사·작곡한 〈새마을노래〉에 대해 "노래 한 구절에 10월 유신의 정신이 모두 포함되었다"고 토로했다. 새마을운동 깃발. (국립민속박물관 소장)

일하고 일하면서 싸워서 새 조국을 만드세'라는 새마을 향토방위에 관한 노래를 주면서 홍보하도록 하라는 지시가 있었다."[145]

박정희 자신이 하룻밤 새 작사·작곡했다는 〈새마을노래〉의 음반은 1972년 6월 20일 대도레코드에 의해 처음 생산되었다. 박정희는 1973년 1월 12일 연두 기자회견 자리에서 〈새마을노래〉 2절을 언급하며 "노래 한 구절에 10월 유신의 정신이 모두 포함되었다"고 토로했는데,[146] 1절에서 4절까지의 가사는 다음과 같다.

"새벽종이 울렸네 새아침이 밝았네/너도나도 일어나 새마을을 가꾸세."(1절) "초가집도 없애고 마을길도 넓히고/푸른동산 만들어 알뜰살뜰 다듬세."(2절) "서로서로 도와서 땀흘려서 일하고/소득증대 힘써서 부자마을 만드세."(3절) "우리모두 굳세게 싸우면서 일하고/일하면서 싸워서 새조국을 만드세."(4절) "살기좋은 내 마을, 우리 힘으로 만드세"(후렴)

"유신 이념과 연결된 정치적 국민운동"

소득증대를 넘어서 굳세게 싸우기 위해선 더욱 확고한 정신 무장이 필요했을 것이다. 박정희 정권은 1972년 5월 새마을운동에 소극적이라는 이유로 서울시 통반장 1만 8,000명을 해임하고 친여적 인물로 그 자리를 채웠다.[147] 사정이 이와 같은바, 여기서 새마을운동에 대한 다음과 같은 평가에 동의한다 해도 무리는 없을 것이다.

"1970년대에 들어와 박정희 정권은 한편에서는 사회 전체의 안정을 해칠 만큼 심각한 수위에 도달한 농촌 문제를 완화하고, 다른 한편에서는 10월 유신과 영구집권에 필요한 대중동원을 위해 새마을운동을 전개했다."[148]

박정희는 10월 유신 특별선언을 통해 "새마을운동을 국가 시책의 최우선 과업으로 추진한다"고 밝혔다.[149] 박정희는 연설에서도 "10월 유신이라고 하는 것은 곧 새마을운동이다, 새마을운동이라고 하는 것은 곧 10월 유신이다, 이렇게 해도 틀림이 없는 것입니다"고 말했다.[150] 이렇게 해서 새마을운동은 '유신 이념과 연결된 정치적 국민운동'[151]으로 격상된(?) 위상을 누리게 되었다.

박정희가 만든 〈새마을노래〉가 모든 방송매체를 통해 아침저녁으로 전국에 울려 퍼지는 가운데, 1973년 5월 31일 수원에 새마을지도자 연수원이 새로 건립되었다. 이 연수원은 매년 6,000여 명의 이수자를 배출하게 된다. 1970년대 후반의 새마을운동에 대해선 나중에 다시 살펴보기로 하자.

'화투 화형식'과 '주부도박단'

"새마을운동의 깃발 아래 노름을 징벌할 땐 법치주의고 뭐고 없었다. 마을 이장과 새마을 지도자들은 집집마다 돌며 화투를 압수했다. 어느 농촌 마을에선 동네 유지들이 '힘깨나 쓰는' 청장년 10명을 동원해 동네 화투판을 덮쳐 판돈 전부를 빼앗고 노름꾼들에게 뭇매를 가한 뒤 마을 주민을 모아놓고 비행을 폭로했다(『경향신문』, 1970년 1월 12일)."[152]

1971년 한 해에 도박하다 적발된 사람이 8,102명이나 되었고, 이 중 6,513명이 재판에 넘겨졌다. 숙직 근무하던 공무원들이 도박하는 일이 잦자 청와대가 암행감찰을 벌여 수많은 공무원의 옷을 벗겼다. 도박을 싫어해 화투조차 쳐본 적이 없던 박정희는 1972년 "보고에 따르면 대부분의 숙·일직 공무원들이 술 먹고 화투나 치고 있었으며, 어떤 곳에서는 거래선을 불러 화투를 치면서 민정반이 들이닥쳤는데도 모를 정도였더라"고 개탄했다.[153]

김명환은『조선일보』(2017년 4월 26일)에 쓴 '김명환의 시간여행'에서 "대낮 서울 한강변에서 시뻘건 불길이 훨훨 타올랐다. 1972년 6월 1일 열린 '화투 화형식'이다. 서울 시내 숙박·요식업자들이 모여 도박 풍조를 규탄한다며 벌인 이벤트였다. 여관과 식당에서 손님용으로 비치했던 화투 1만 7,000여 벌이 잿더미가 됐다"며 다음과 같이 말했다.

"국민의식 개혁을 외친 1970년대 새마을운동 초창기엔 이런 식의 화투 화형식이 잦았다. 애꿎은 화투짝들이 사람의 죄를 뒤집어쓰고 '극형'에 처해졌다. 지방 도시에선 경찰서가 노름을 뿌리 뽑겠다며 직접 나서서 가마니 한가득 수천 벌의 화투를 불태웠다. 불법 무기도 아닌데 경찰이 강제 압수할 수는 없어 각급 기관장, 술집 주인, 주부 등을 대상으로 '화투 모으기 운동'을 벌여 수거했다. 화형식 날짜 택일에도 신경을 쓴 듯, 1978년 여수의 화투 화형식 날짜는 3월 1일, 같은 해 광주직할시의 화형식은 개천절인 10월 3일에 거행됐다."[154]

1972년 3월엔 대규모 여자도박단이 적발되었다. 부유층 주부 상대로 도박장을 개설한 3개파 21명이 구속되었으며, 도박에 가담한 부유층 부인은 60명을 넘었다. 서울 시경국장 이건개는 이 도박단 검거를 계기로 가정주부들의 퇴폐성 풍조의 온상인 비밀 댄스홀, 변두리 카바레 등을 일제 단속하겠다고 밝혔다.[155]

이후 여자도박단 적발은 연례 행사처럼 이루어졌다.『조선일보』1973년 10월 23일자는 "최근에만도 소위 판돈이라는 것이 100만 원대를 오르내리는 여자도박단의 반사회 행위가 수 건이나 수사당국에 적발되었다"며 "한동안 주부의 이러한 가정 부재 현상을 빚은 겟바람 행각마저도 세찬 사회 지탄의 대상이 됐었거늘, 도박으로 주부가 집을 비우

는 가정의 자녀들은 어떻게 될 것인가"라고 개탄했다.[156]

1975년 8월 조직도박단의 단골 80%가 가정주부인 것으로 밝혀졌다. 주부도박은 한국 근로자들의 해외 취업 이후 성행한 것으로 분석되었다.[157] 1976년 1월 중학생 아들이 어머니의 도박을 고발한 사건도 있었다.[158] 1976년 6월 28일 도박을 한 주부가 경찰에 쫓기다 아파트 8층에서 떨어져 목숨을 잃은 사건마저 일어났다. 도박 주부의 연령별 분포는 40대가 가장 많고, 다음이 30대, 50대순인 것으로 나타났다.[159]

1978년 4월 10억 원대 주부도박단이 적발되었으며,[160] 『조선일보』 1979년 6월 14일자 사설은 "또 억대 주부도박단이 적발되었다. 이 같은 잦은 억대 도박의 빈도로 미루어 앞으로는 억대 아닌 조대兆臺 도박이 아니고는 신문·방송에서 다루지 않게 될지도 모를 일이다"고 했다.[161]

"아들 딸 구별 말고
둘만 낳아 잘 기르자"

1970년대의 가족계획 슬로건은 "3살 터울 셋만 낳고 35세 단산하자"고 외친 1960년대의 '3'에서 '2'로 줄었다. "아들 딸 구별 말고 둘만 낳아 잘 기르자", "하루 앞선 가족 계획 십년 앞선 생활 안전" 등과 같은 구호들이 외쳐졌다.[162]

정부가 가족계획사업을 시작한 1962년부터 1971년 3월까지의 실적에 따르면, 부인 150만 명이 루프 시술을, 7,000명이 난관결찰수술을 받았고, 30만 명이 피임약을 복용하고 있으며, 남자는 14만 3,000명이 정관수술을 했고, 15만 명이 콘돔을 사용하고 있는 것으로 집계되었다. 이는 전체 가임可姙 부부 410만 쌍 중 절반이 넘는 숫자였다.[163]

1971년 11월 11일 대한가족계획협회가 가족계획사업을 시행한 지 10돌을 맞아 기념식을 가졌다. 10년간 인구증가율은 3%에서 1.8%로 떨어졌다. 이제 최대 문제는 남아선호사상이었다. 이날 강연에서 서울대

교수 정범모는 아들을 낳을 때까지 아이를 낳겠다는 여성의 비율이 전국적으로 55%(서울 27%, 지방 73%)이고, 남아를 못 낳으면 남편이 소실을 얻는 데 찬성한다는 여성이 50%(서울 25%, 지방 68%)였다는 조사 결과를 밝혔다. 정범모는 남아선호사상을 어떻게 해결하느냐에 가족계획 사업의 성패가 달려 있다고 역설했다.[164]

대한가족계획협회는 '2남 1녀'의 벽을 뚫어야 한다는 취지로 1972년을 '둘낳기운동의 해'로 정했다.[165] 1972년 4월 정부는 1971년의 인구 증가율 1.9%를 1976년까지 1.5%로, 2000년대에는 0.5%로 낮추기 위한 '가족계획 장단기계획'을 마련했다. 이 계획은 2000년대엔 총인구를 4,500만 명 정도로 유지할 것을 목표로 삼았다.[166](이 목표는 놀라울 정도로 잘 달성된 셈이다.)

이와 관련,『조선일보』사설은 "우선 가족 관념에 대한 생각의 바탕부터 고쳐가야 한다"며 "그것은 일종의 조용하고도 시간이 걸리는 혁명사업이다"고 했다.[167] 가장 문제가 되는 '생각의 바탕'은 역사 남아선호사상이었다. 이는 1972년 5월 한국 행동과학연구소 연구원 이종승의 연구에서도 재확인되었다. 한국 전체 부인들 중 아들이 없을 경우 아들을 낳을 때까지 계속 아이를 낳겠다는 사람이 53%, 남편에게 첩을 얻게 해서라도 아들을 보게 하겠다고 응답한 부인은 50%나 되었다.[168]

1973년 7월 보건사회부와 대한가족계획협회는 둘만 낳아 잘 기르자는 가족계획 계몽 부채를 대량으로 만들어 전국 보건소를 통해 보급했다. 그런데 이 부채에 그려진 계몽만화가 음탕하다는 논란이 일었다. 잠옷바람의 여인이 피임약을 먹고 있는 옆에 이부자리 속의 남자가 기대에 찬 얼굴을 하고 있는 만화, '신사의 상비품'이라는 콘돔을 들고 가는 남자가 여자 생각을 하고 가는 만화, "돌이 엄마가 좋다는 루프, 나도 넣을래요" 하는 여인의 귓속말을 듣고 혓바닥을 내고 즐거워하는 남자를 그린 만화 등이 문제로 지적받았다.[169]

왜 이렇게까지 공격적이었을까? 정부의 '가족계획 장단기계획'엔 숨겨진 이야기가 있다. 당시 경제기획원 담당 사무관 조남홍의 증언에 따르면, "당시 인구증가율은 연 2% 이상이어서 3차 계획이 끝나는 연도(1976년)의 증가율을 1.8%로 잡았더니 부총리가 1.3%로 낮추라고 호통을 치는 겁니다. 인구가 줄어야 1인당 GNP를 높일 수 있다는 것이었죠. 이희일 국장이 물리적으로 불가능하다고 했고, 연구 용역을 맡았던 서울대 측은 1.5%도 힘들다고 했어요".[170]

그러나 1인당 GNP를 높이는 건 반드시 이루어내야 할 군사작전이었다. 당연히 인구를 줄이는 가족계획도 군사작전식으로 이루어져야만 했다. 그런 군사작전을 전개하면서 잠옷바람의 여인이 피임약을 먹고 있는 옆에 이부자리 속의 남자가 기대에 찬 얼굴을 하고 있는 만화는 음탕하기보다는 오히려 비장한 게 아니었을까?

미신·무속
타파 운동

1971년 4월 27일에 치러진 제7대 대통령 선거에서 박정희 정권은 미신을 적극 활용했다. 주로 점쟁이들을 유언비어 유포에 이용하는 수법이었다. 당시 중앙정보부원 최종선은 "점쟁이들까지 잡아다가 유언비어를 조작하여 유포하도록 공작하고 협박할 정도로 정권 연장을 위하여는 이미 체면도 없고 자존심도 없이 모든 추악한 방법을 다 동원"했다고 증언했다.[171]

1970년대 초까지도 미신이나 무속의 사회적 영향력은 막강했다. 1970년 보사부 통계에 따르면 전국에 산재한 무당의 수는 8,000여 명이었으며 이 가운데 6,000여 명이 여성 무당이고 나머지는 박수라고 불리는 남성 무당이었다. 점술가는 4만 7,000여 명이었다. 주간지마다 점집 소개 광고로 가득 차는 등 일부 언론마저 미신과 무속의 선전원 노릇을 열심히 하고 있을 정도였다. 서울에서는 매년 평균 262만여 시민들이 점술가를 찾았는데, 이는 당시 서울 인구 400만 명 중 거의 반 이상이 매년 점집에 간다는 걸 의미했다.[172]

박정희 정권은 미신이나 무속을 정치적으로 이용은 하지만, 그 자체에 대해선 적대적이었다. 특히 1972년부터 불어닥친 새마을운동 바람은 미신·무속 타파를 내세웠기에 미신·무속 산업은 큰 위기에 처하게 되었다. 예컨대, 충남도경은 허례허식 일소를 위해 미신의 상징인 서낭당, 산신당, 솟대蘇塗 등의 철거를 지시했다. 그 와중에서 장승까지 잘려나가자, 장승은 민속문화재 보호 차원에서 달리 봐야 한다는 논리가 등장했지만 별 힘을 쓰지 못했다.[173]

장승이 철거 수난을 당하기 시작한 것은 일제시대인 1930년대부터였는데, 40년 만에 다시 그 바람이 분 것이다. 사회 일각에서 제기된 '장승 보호령'은 별 힘을 쓰지 못한 채 "거센 새마을운동 바람에 밀려 그나마 잔명을 잇던 전국의 장승들이 '떼죽음'을 당했다".[174]

1972년 6월 24일 여성저축중앙회가 개최한 '도시의 지역사회 운동과 주부의 역할' 심포지엄에서 서울시 부녀과장 최남형은 도시 여성이 앞장서야 할 첫 번째 일로 미신 타파를 꼽았다.[175] 무속을 미신과 달리 보면서 보호의 대상으로 삼자는 인식의 변화가 이루어지기 시작한 것은 1980년대부터였다.[176]

2017년 기준 무당과 역술인의 수는 100만 명을 넘어선 것으로 추산되었는데, 이는 10년 전에 비해 배로 늘어난 수치였다. 회원 수가 가장 많은 두 단체인 대한경신연합회(무당 단체)와 한국역술인협회(역술인 단체)에 따르면 두 단체 각각 2017년 11월 기준 가입 회원이 약 30만 명, 비회원까지 추산하면 50만 명에 이르렀다. 11년 전인 2006년 대한

경신연합회에 가입한 무당은 약 14만 명, 역술인연합회에 가입한 역술인은 20만 명으로 회원 수만 지난 10년 새 1.5~2배 늘었다. 협회들의 비회원 추산치까지 더하면 무당과 역술인은 100만 명가량으로 추산되었다.[177]

경신연합회에 가입한 무당은 약 14만 명, 역술인연합회에 가입한 역술인은 20만 명으로 회원 수만 지난 10년 새 1.5~2배 늘었다. 협회들의 비회원 추산치까지 더하면 무당과 역술인은 100만 명가량으로 추산되었다.[177]

제9장

이순신 숭배와
국민의식 개조 사업

국사 교육 강화가 만든 '국사 붐'

박정희 정권은 1972년부터 '국적 있는 교육', '민족 주체성 확립을 위한 교육'을 내세워 국사 교육을 강화했다. 국사교육강화위원회가 구성되어 중등학교에서 국사 교과의 독립, 모든 대학에서 국사 교양 필수화, 모든 국가채용고시에 국사 과목 부과 의무화 등을 실시했다. 이 일은 10월 17일 유신 이후 가속화되어 국사교과서가 국정화되었다. 이는 국사학계의 즉각적이고 강력한 반대에도 강행되어 1974학년도부터 전국의 모든 중등학교에 새 국정 국사교과서가 배포되었다.[178]

'국사 붐'이라고 해도 좋았다. 대학마다 사학과가 개설되었고, 일선의 초급장교들에겐 한국사를 공부하라는 명령이 떨어졌다. 국사 책들도 많이 팔려 나갔다. 당시 가장 많이 팔리던 책은 이기백의『한국사 신론』이었다. 이 책과 관련, 이 책을 낸 한길사 사장 김언호는『책의 탄생: 저자와 독자와 출판인, 그리고 시대정신』(1997)에서 "통사로서 권위를 갖게 되자 권력 쪽으로부터 손길이 뻗쳐왔다. 청와대의 공보수석 비서관 K 씨가 집요하게 전화를 걸어와 만나자고 했다. 저자는 견디다 못해 전화선을 뽑아 버렸다. 그랬더니 전화국에서 나와 '청와대에서 이 전화 고장났으니 수리를 하라고 한다'고 했다"며 다음과 같이 말했다.

"결국 만나지 않았지만, 4월 혁명으로 끝나는 『한국사 신론』을 연장해서 5·16을 정당화시켜줄 수 없겠느냐는 요청을 하려 했다는 것을 간접적으로 전해 듣고 저자는 아연해하지 않을 수 없었다. 그 후 모씨가 개설서를 만들면서, 민주당 시대의 '혼란상'과 민주당 정부의 '무능'을 지적하고 따라서 '5·16 혁명'이 불가피했다는 식으로 썼다. 박정희는 어느 자리에서 문제의 이 책을 손에 들고 '참 잘 씌어진 역사책'이라고 자랑한 바 있다고 한다."[179]

박정희의 이순신 성웅화 작업

『한국사 신론』에 얽힌 에피소드가 시사하듯이, 박정희 정권이 만든 '국사 붐'은 순수한 것이 아니었다. 지극히 정치적이었다. 이는 박정희의 이순신 숭배와 맥을 같이하는 것이었다. 물론 박정희의 이순신 숭배엔 순수한 면이 분명히 있었지만, 그렇지 못한 점도 있었다는 것이다. 민족주의와 국가주의 비판에 앞장서고 있는 박노자는 "왜 한국에선 이순신이 영웅의 표본이 되는가?"라고 묻지만,[180] "박정희는 이순신을 어떻게 이용했는가?"라고 묻는 것이 더 온당할지도 모른다.

박정희는 18년 동안의 집권 기간 중 충무공 탄신일 행사에 열네 번이나 참석할 정도로 이순신을 숭배했다. 이순신의 『난중일기』를 거의 외우다시피 했으며, 그걸 흉내낸 일기를 쓰기도 했다. 박정희의 그런 열성에 힘입어 현충사는 문자 그대로 성역화되었다. 박정희가 1966년 현충사 종합정화에 관한 지시를 통해 성역화할 것을 지시한 이래 현충사 경역境域은 1967년 10만 6,000여 평, 1973년 21만 6,000여 평, 1974년에 42만 5,000여 평으로 대폭 확장되었다. 1969년 9월에 중간 마무리된 현충사 성역화 사업은 약 30억 원이 투입된, 당시로선 대역사였다.[181]

1967년부터 현충사의 관리소장으로 예비역 준장급이 임명되었으며, 직급도 1급 상당으로 승격되었다.[182] "충남 지역에서는 차관급으로 도지사 다음인 서열 2위의 공직자였다. 조선시대 왕릉을 관리한 능참봉이 품계 중 가장 낮은 종9품이었던 데 비하면 실로 파격적인 대우였다."[183]

현충사 바깥에도 이순신은 살아 있었다. 1968년엔 서울 세종로 한복판에 애국선열조상건립위원회에 의해 전신 17.49미터의 이순신 동상이 세워졌다. 1975~1977년 이순신이 삼도의 수군을 통제하던 경남 충무에 제승당制勝堂을 신축하고 유허비遺墟碑 등을 보수했으며, 경역을 정화하고, 한산대첩 기념비를 건립했다.[184]

학생과 시민들을 대상으로 한 수많은 홍보 작업은 일일이 열거하기기 힘들 정도로 많았다. 학술적·역사적·문화적으로 볼 때에 의미 있고 중요한 일도 많이 했지만, 극성스러웠다는 건 분명하다. 최상천은 『알몸 박정희』(2001)에서 다음과 같이 주장했다.

"이순신 작품집 번역 발간, 『난중일기』 국보 지정(76호), 홍보 책자 발간, 이순신 이야기의 교과서 등재, 글짓기 대회, 각종 기념 행사, 현충사 성역화와 국민 참배, 수학여행 의무화, 탄신기념일 제정, 국가 제사,

박정희는 이순신을 숭배했는데, 『난중일기』를 거의 외우다시피 했고, 현충사를 성역화하라고 지시를 내렸다. 서울 광화문광장에 있는 이순신 동상.

이순신 동상 건립, 영화 제작과 단체 관람……. 대한민국이 '성웅 국가'로 바뀐 느낌이 들 정도다. 국가가 앞장서서 이런 '성웅 소동'을 벌였으니 대한민국 국민이야 정신이 어리벙벙했을 게 뻔하다. 지하의 이순신은 어땠을까? 아마도 박정희한테 '제발 날 좀 내버려 둬라'며 통사정했을 것이다."[185]

이순신 영화 때문에 망한 김진규

1971년에 나온 〈성웅 이순신〉을 비롯해 영화도 여러 편 제작되었다. 1977년 대종상을 받은 영화 〈난중일기〉는 박정희의 지시로 만들어졌는데, 이 영화는 개봉 전 청와대에서 시사회를 했다가 박정희의 지적 사항을 고치느라 대종상 시상식 날짜마저 연기해야 했다.[186] 이 영화의 제작과 주연을 맡은 김진규의 이야기는 좀 다르지만, 그의 증언은 박정희의 유별난 이순신 숭배의 일면을 보여준다는 점에서 소중하다. 그는 자신이 "영화에서 손을 뗀 것은 1979년 영화 〈난중일기〉 제작에 평생번 돈을 쏟아넣었다가 흥행에 실패를 한 때문"이었다며 다음과 같이 말한다.

"영화를 만들고 난 후에 청와대에서 들어오라고 연락이 왔어요. 갔더니 박정희 대통령이 감명 깊게 봤다고 치하를 하면서 두 군데만 고치라고 하는 거예요. 이미 세트로 만들었던 수십 척의 배를 마지막 장면을 찍으며 불태워 버려 소품도 없는 상태였죠. 그러나 못하겠다고 할 수 없어 그날부터 빚을 얻어 제작에 쏟아부었어요. 영화를 만들고 나면 영화사 건립을 허락하겠다는 언약을 받고서였습니다. 그러나 영화 제작이 끝나는 것과 때를 같이해서 10·26이 터졌어요. 박 대통령 서거와 함께 영화사 건립의 꿈은 사라지고, 빚만 떠안고 넘어진 거죠. 시도 때도 없이 빚쟁이에게 몰려 자살을 생각하기도 했습니다. 이 일로 해서 아내(김보애)와도 이혼을 하고 가정은 풍비박산이 났지요."[187]

'성웅=멸사봉공 정신'

박정희는 왜 그렇게 이순신 숭배에 공을 들였던 걸까? 박정희가 "충무공으로 상징되는 호국정신을 북한의 주체사상을 압도하는 하나의 이데올로기로까지 생각했다"는 평가가 타당할 듯 싶다.[188] 달리 말하자면, 최상천의 지적대로 "성웅 사업은 박정희가 직접 기획, 제작, 감독한 국민의식 개조사업"이었던 것이다.[189]

'이순신 이용'의 원조는 박정희가 아니다. 이광수로 보아야 할 것이다. 이광수의 소설 『이순신』이 일제 치하인 1931년 5월 30일부터 이듬해 4월 2일까지 『동아일보』에 연재되었다는 건 무엇을 말하는가? 최상천은 이광수의 『이순신』이 "민족 자학의식을 정신병적 경지까지 끌어올린 기획작품"이라면서 다음과 같은 질문을 던진다. "이순신 하면 일본의 침략이 떠오르는가 아니면 더러운 당파 싸움이 떠오르는가?"[190]

이어 최상천은 "불행하게도 민족 반역자들은 진짜로 이순신을 좋아했다. 그들은 이순신한테서 기절초풍할 매력을 발견(?)했다. 조선 5백 년, 민족사 5천 년에서 이순신만 가지고 있는 매력 포인트! 그걸 밝히면 민족 반역자들이 이순신에게 깜빡 죽었던 이유가 나올 것이다. 그게 뭘까? 변치 않는 애국심이다. 왕과 대신들이 도망을 다니든 말든, 원균이 모함을 하든 말든, 백성이 좌충우돌하든 말든, 이순신은 오직 나라사랑의 길로 매진하는 애국자의 표상이었다. 돈도 벼슬도, 음모도 핍박도, 심지어 죽음까지도 그의 나라사랑을 꺾을 수는 없었다"며 다음과 같이 주장했다.

"여기까지는 약간 과장은 있지만 대체로 진실이다. 애국자 이순신의 모습이 민족 반역자들의 눈에는 어떻게 비칠까? 이순신은 욕망도 야망도 없다. 나라사랑만 있을 뿐이다. 민족 반역자도 독재자도 욕하지 않는다. 일본 제국이든 대한제국이든 국가라면 무조건 받들 뿐이다. 빨갱이로 집어넣고 고문을 해도 '아야' 소리도 안 낸다. 묵묵히 백의종군을 다짐할 뿐이다. 이 사람이 바로 민족 반역자들이 발명한 성웅, 일명 '바보 이순신'이다.……성웅은 머릿속에 '나'는 없고 '국가'만 있는 인간상이다. '나'를 잃어버린 존재다. 이런 성웅의 정신을 한마디로 표현하면 멸사봉공滅私奉公 정신이다. 즉 '성웅=멸사봉공 정신'이다. 멸사봉공, 박정희는 이 말을 너무너무 좋아했다. 그는 1939년 만주군관학교에 보낸 '충성 혈서'에도 이 구절을 빠뜨리지 않았다."[191]

효도도 '국민총화'를 위하여

1973년 3월 30일 대통령령 제6115호로 '어버이날'이 확정·공포되었다. 그해 5월 8일 첫 어버이날을 맞아, 오전 10시 30분 서울대 총여학생회장 홍경훈을 비롯한 10명의 여학생 회장단은 청와대를 예방해 "나라의 상징적인 큰 어버이, 대통령 내외분에게 장미꽃과 창포꽃으로 엮은 꽃다발을 드렸다".[192] 이 자리에서 박정희는 다음과 같이 말했다. "어버이를 공경하는 것은 우리나라의 미풍양속 중 으뜸가는 것이다. 이런 미풍양속은 어버이의 일부가 곧 자식이요 자식의 일부가 곧 어버이라는 일체감 위에서 연면히 이어져온 윤리의식이다. 그리고 이러한 일체감이야말로 국민총화를 이루는 기본적인 바탕이 된다."[193]

어용 단체로 전락한 한국노동조합총연맹

노동 착취가 최대 경쟁력

노동자 통제는 박정희 정권의 운명이 걸린 문제였다. 경제개발로 노동자 수가 급증했기 때문이다. 1970년 임금노동자 수는 380만 명에 이르렀고, 한국노동조합총연맹(한국노총) 산하 노동조합과 조합원은 17개 산별, 46만 9,000여 명에 이르게 되었다.[194] 박정희 정권은 노동자들을 통제하기 위해 각종 규제 조치를 양산해냈다. 강력한 노동 통제는 박정희 정권의 경제개발 전략에 원초적으로 내재되어 있는 것이었다. 거칠게 말하자면, 노동 착취가 박정희식 경제개발의 최대 경쟁력이었던 셈이다. 이와 관련, 서중석은 다음과 같이 말한다.

"한일간의 경제 관계 구도는 1970년 서울에서 열린 제2차 한일경제협력위원회 총회에서 국책연구회 간부이자 한일 관계의 막후 인물인 야쓰기 가즈오矢次一夫에 의해 발표된 한일 장기협력 시안에 잘 나타나

있다. 이 시안은 값싼 한국의 노동력과 땅을 이용하여 섬유 등 노동집약
적 산업과 철강·조선·석유화학·전자공업 등 사양 산업을 이전시켜 남
한을 하위 생산기지로 만들고, 이를 위해 일본의 관서關西 경제권과 남한
의 포항 이남 남해공업지대를 연결시킬 것을 제안하고, 합작회사에 대해
노동쟁의를 금지시켜줄 것을 요구하였다."[195]

이미 1969년에 제정된 마산수출자유지역설치법이 그러한 요구에
부응하는 것이었고, 1971년 한일 각료회담을 계기로 일본의 경제 지원
규모가 커지면서 외국인 투자기업의 노동조합과 노동쟁의 조정에 관한
임시특례법(1971년 12월), 국가보위법에 의한 특별조치법(1971년 12월)
등이 제정되어 일본 기업들이 한국 진출에 매력을 느끼게끔 만들었다.[196]

외국인 투자기업의 노동조합과 노동쟁의 조정에 관한 임시특례법
은 외국자본의 투자를 촉진한다는 명분을 앞세워 강제 중재를 도입했고,
노동쟁의 조정 절차를 배제했다. 그 결과 10만 달러 이상의 외국 기업과
전 생산품을 수출하는 외국 기업에서는 노동조합의 조직과 활동이 사실
상 불가능하게 되었다.[197] 국가보위법에 의한 특별조치법은 국가비상사
태하에서 단체교섭권 또는 단체행동권의 행사는 미리 주무관청의 조정
결과에 따라야 한다고 규정함으로써 사실상 단체교섭권과 단체행동권
을 박탈했다.[198] 이 법은 공화당에 의해 날치기 통과되었으며 언론의 관
심을 거의 받지 못했다.

『조선일보 70년사』(1990)에 따르면, "크리스마스인 12월 25일 아
침에 서울 대연각호텔에 큰불이 나서 155명이 죽는 큰 참사가 일어난
다. 신문이 이에 대한 상보에 정신이 팔려 있는 동안, 국회는 12월 27일
새벽 3시에 제4별관에서 공화당과 무소속 의원만으로 국가보위법을 단

3분 만에 통과시킨다. 그리고 그날로 각의를 거쳐 전격적으로 공포한다. 이 사실을 보도하는 신문은 수출 문제에 관한 사설만 싣고 있다".[199]

정권에 포섭된 한국노총

"이승만이 5월 1일 메이데이를 3월 10일 노동절로 바꾸었다면 박정희는 노동절이라는 이름까지도 '근로자의 날'로 바꾸어버렸다. 경제개발에는 자기 권리에 눈뜬 '노동자'가 아니라 오직 주는 대로 받고 시키는 대로 일하는 '근로자'가 필요했다."[200]

그러나 그렇게 순치된 근로자들도 부당한 인권유린을 당하면서 점차 자신의 노동 권리에 눈을 뜨게 되었다. 박정희 정권은 어떻게 해서든 그들이 자신의 권리 주장을 하지 못하도록 하는 데에 정보기관들을 총동원했고 더 나아가 한국노총을 어용화해 노동자들이 노동자들을 통제하는 수법까지 구사하게 되었다.

한국노총은 1970년 1월 30일 노동조합의 정치참여를 선언했다. 원칙적으론 바람직한 일일 수도 있었으나 문제는 오직 여당에만 참여하겠다는 것이었다. 한국노총은 1971년 국가보위법 선포 직후 국가비상사태를 공식적으로 지지하고 나섰으며, 국가비상사태에서 정권이 내건 총화단결 등과 같은 슬로건에 호응해 모든 노동자가 따라야 할 행동지침까지 선포했다. 또 그해에 한국노총 위원장 최용수는 직능대표로서 공화당 전국구 의원으로 국회에 진출했다.

한국노총은 1972년 3월 10일 노동절에 '비타협적인 투쟁'보다는 '정부정책 및 사용주들과의 협력을 통한 실용주의' 노선을 천명했다. 5월

救國·統一을 爲한
英斷을 積極支持한다

韓國勞動組合總聯盟
委員長 裵相浩

委員長
全國鐵道勞組
全國纖維勞組
全國鑛山勞組
全國電力勞組
全國外機勞組
全國遞信勞組
全國運輸勞組
全國海員勞組
全國金融勞組
全國專賣勞組
全國化學勞組
全國金屬勞組
全國垈頭勞組
全國出版勞組
全國自動車勞組
全國觀光勞組
全國聯合勞組

一九七二年 十月 日

박정희 정권 들어 한국노총은 어용화되었는데, 특히 '구국통일을 위한 영단을 적극 지지한다'는 신문 광고를 내기도 했다. (『경향신문』, 1972년 10월 20일)

에는 3,000여 명의 노동자 지도자들이 서울에 모여 '방관자로서가 아니라 적극적인 참여자'가 되겠다고 다짐했다.[201] 또 산업평화, 노사협조주의, '회사 일을 내 일처럼, 종업원을 가족처럼'이라는 가부장주의적 경영 이데올로기를 표방하는 공장새마을운동의 기수가 될 것을 결의했다.[202]

한국노총은 몇 개월 후 10월 유신이 선포되자 지지를 표명하면서 '노동조합의 유신적 체질 개선과 입법 방향에 관한 건의서'를 정부에 제출했다. 이 건의서에서 한국노총은 "민족 주체 세력의 강력한 단위 세포로서 정부 시책에 집단적으로 협력할 능동적 태세를 갖춘다"고 다짐했다.[203]

한국노총은 더 나아가 '구국통일을 위한 영단을 적극 지지한다'는 제하의 성명을 내고 산별 노조별로 계몽유세반을 편성해 유신체제 지지를 유도하기 위한 전국 유세 활동에 들어갔다. 이런 유세 활동 덕분인지는 알 수 없으나, 한국노총 사업보고에 따르면, 1971년 1,656건에 달했던 노사분규 발생 건수는 1972년 346건, 1973년 367건으로 감소했다.[204]

노조 간부들의 귀족화

한국노총은 진실로 10월 유신의 정신에 공감해 그런 활동을 펼쳤던 걸까? 그건 아니었다. 여기에도 박정희 정권의 치밀한 '정치공작'이 개입했다. 이에 대해 이상우는 『박정권 18년: 그 권력의 내막』(1986)에서 "총연맹 위원장이나 산하 산별노조의 위원장쯤 되면 그 자리는 일류회사 이사 자리 부럽지 않은 대우를 받았다. 그것은 정부와 경영자가 그렇게 만들어준 결과였다. 유신체제하 노총 위원장은 으레 유정회 국회의원 후보 물망에 올랐고, 산별위원장도 제각기 정치적 배경과 지원을 확보할 수 있는 위치에 있었다. 노조 간부의 특혜적인 신분은 중앙의 위원장급뿐만이 아니라 단위 산업체의 노조 지부장까지도 나름대로 누리고 있었다"며 다음과 같이 말했다.

"가령 광산노조의 경우, 산하 탄광의 노조 지부장은 3년 만에 갑부가 된다는 이야기가 실감 있게 나돌 정도였다. '탄광촌을 지나는 검은색 6기통의 지프차는 군수나 경찰서장 차가 아니면 거의 틀림없이 노조 지부장의 차'라는 이야기도 있었다. 노조 간부 자리가 이처럼 실속 있는 자리였기 때문에 위원장 선출은 어느 때나 그 경쟁이 치열했다.……선거가 있기 3~4개월 전부터 향응·매수 등 치열한 득표 작전이 벌어졌고, 어느 후보자가 과반수 득표를 얻기까지는 2차·3차까지 가면서 막후 협상을 벌이는 등 잡음이 끊이지 않았다. 이 과정에서 누구를 당선시키거나 혹은 제거시키기 위해 정부의 특정기관이나 경영자가 손길을 뻗치는 일은 상식에 속했다. 그리고 이렇게 해서 당선된 위원장과 노조 간부들이 정부와 경영자 편에 서서 '협조 요청'에 순응하리라는 것은 쉽사리 짐작할 수 있는 일이었다. 정부정책과 노동자의 이해가 일치하지 않을 경우, 이미 당국의 '공작'에 의해 귀족화된 노조 간부들은 조합원 권익 옹호의 의무보다는 정부 정책에 순응해갔다."[205]

한국 노동운동의 이중 구조

한국노총의 어용화는 이후 한국 노동계 또는 노동운동의 이중 구조를 낳게 되었다. 노동조합운동이 전혀 상반된 두 개의 흐름을 보이게 된 것이다. 이에 대해 신광영은 『계급과 노동운동의 사회학』(1994)에서 "하나는 정부 정책에 적극적으로 호응하는 한국노총을 중심으로 하는 조직 노동운동이다. 이것은 유신의 지지와 정부의 각종 정책에 지지를 보낸 이른바 어용노조 활동이라 불리는 노동조합운동으로 정부에 의해서 통제되거나 혹은 기업에 의해서 통제되었던 노동조합운동이었다"며 다음과 같이 말한다.

"다른 하나는 노동자들의 불만을 새롭게 조직하면서 기존의 노조운동에 대항하여 등장한 재야 노동조합운동이다. 노총과 산별 노조의 어용적인 활동에 의해 노동자들의 권익이 보장되지 않은 상태에서, 종교단체인 도시산업선교회나 자발적인 노동운동 단체들이 등장했던 것은 당연한 현상이었다. 재야 노동운동은 양적인 면에서 다수를 차지하지는 못했지만, 주요한 노사 분규는 대부분 재야 노동운동에 영향을 받은 바 컸고, 1980년대 본격적으로 나타난 민주노동운동의 근원이 되어 한국 노동운동과 노동조합운동이 노총 중심의 어용 노조운동과 재야 노동운동으로 이중 구조화되는 계기를 만들었다."[206]

남진·나훈아와
김추자·신중현의 활약

남진과 나훈아의 경쟁

노동자들을 위한다는 한국노총마저 노동자들을 외면한 '노동귀족' 위주의 어용단체로 전락하고 말았지만, 대중문화만큼은 노동자들을 외면하지 않았다. 이와 관련, 1970년대 초 가요계를 주름잡았던 남진과 나훈아 이야기를 빼놓을 수 없다. 그들의 노래는 "산업화의 흐름에 따라 고향을 떠나와서 도시에 살면서도, 도시의 화려함의 선두에 서서 살지 못하는 소외당한 사람들의 고달픔"을 다룬 것이 많았기 때문에 특히 여성 노동자들에게서 큰 인기를 누렸다.[207]

1972년 최고 인기가요는 남진의 〈님과 함께〉였는데, 후일(1979년) 신민당사에 들어가 농성을 벌였던 YH 여성 노동자들이 자신들의 억울한 처지를 표현하면서 가사를 개사改詞해서 부른 노래도 바로 이것이었다. 원래 가사는 이런 내용이었다.

"저 푸른 초원위에 그림같은 집을짓고/사랑하는 우리님과 한백년 살고싶어/봄이면 씨앗뿌려 여름이면 꽃이피네/가을이면 풍년되어 겨울이면 행복하네/멋쟁이 높은 빌딩 으시대지만 유행따라/사는것도 제멋이지만 반딧불 초가집도/님과함께면 나는좋아 나는좋아 님과 함께면/님과함께 같이산다면/저푸른 초원위에 그림같은 집을짓고 사랑하는/우리님과 한백년 살고 싶어."

두 가수의 인기가 치솟음에 따라 상호 경쟁도 치열해졌는데, 신문과 잡지들이 판매를 위해 일부러 경쟁 구도를 만들어낸 점도 있었다. 예컨대, 「두 사람 시민회관서 숙명의 대결 1라운드」(『일간스포츠』 1971년 10월 4일)라는 식이었다. 남진은 후일 "우리들은 그렇지 않았는데 일거수일투족이 대결 구도로 그려졌어요. 두 명의 가수가 비슷한 인기를 얻으니까 호사가들이 '라이벌 상황'을 만들어낸 것이죠"라고 주장했다.[208]

방송사들의 '가수왕' 제도도 그런 경쟁 관계를 부추겼다. 이 점에선 남진이 나훈아보다 조금 앞섰던 것 같다. 당시 가장 알아주는 MBC 10대 가수상의 최고 인기가수상을 남진은 1970~1972년 3년간 계속 수상한 반면, 나훈아는 한 번도 그 상을 타지 못했다(그러나 후일 나훈아는 남진에 비해 가수로서 긴 수명을 자랑하게 된다). '가수왕' 경쟁과 관련, 『문화방송 30년사』는 "1972년 12월 2일 창사 11주년 기념으로 서울시민회관에서 열린 'MBC 10대 가수 가요제'는 당시 최고의 인기가수인 남진과 나훈아 가운데 누가 MBC 가수왕이 되느냐로 화제가 됐던 행사였다"며 다음과 같이 말했다.

"연례행사로 개최된 'MBC 10대 가요제'는 한 해 가요계의 총결산이요, 가수들의 인기를 가늠짓는 저울로 연말 프로그램의 백미였다. 이날 시민회관 객석은 초만원을 이루었으며 MBC TV와 라디오는 이 실황을 전국에 생방송으로 중계하고 있었다. 그날 저녁 8시 27분, 모든 행사가 순조롭게 끝나갈 즈음 예기치 못한 화제가 무대에서 발생하면서 공연 현장은 순식간에 아수라장이 되었다."[209]

화제 원인은 시민회관의 전기배선 누전으로 밝혔지만, 사망자는 놀랍게도 51명이나 되었다. 1972년 최악의 대형 사고였다.

경쟁과 상부상조

남진은 호사가들이 라이벌 상황을 만들어냈다고 주장하지만, 반은 맞고 반은 틀리다. 연예매체들이 부추기고 과장한 점은 있지만, 두 사람이 치열한 라이벌 관계였음은 틀림없는 사실이었기 때문이다. 30년 후 『경향신문』(2001년 10월 15일)은 "두 사람은 1970년대 벽두에 최고의 인기를 구가하면서 최대 라이벌로 부상했다. 아이러니하게도 이들은 당대 박정희 정권과 대항하던 두 야당 지도자와 자주 비견됐다"며 다음과 같이 말했다.

"경상도가 고향인 나훈아는 김영삼 전 대통령과, 전라도가 고향인 남진은 김대중 대통령과 각각 동류항이었다. 나훈아는 '내가 한 번 전국 리사이틀을 돌고 오면 남진이 나섰다'면서 '이번 리사이틀에서는 유리창이 몇 장 깨졌는지가 인기를 가늠하는 척도였다'고 말한다. 이들의 숙적 관계는 1973년 9월 서울시민회관 공연 때 군 특수부대 출신의 ㄱ씨가 '남진의 사주를 받았다'면서 깨진 맥주병으로 나훈아의 얼굴에 자상을 입히며 첨예화됐다. 조사 결과 '일을 저지른 뒤 남진에게 대가를 요구

남진과 나훈아는 라이벌이었는데, 신문과 잡지들은 일부러 경쟁 구도를 만들기도 했다. 고향을 떠나와 도시에 살면서 소외당한 사람들에게 인기를 누렸던 나훈아.

하려 했다'는 정신이상자의 범행으로 밝혀졌지만 팬들이 극단적으로 나뉘어 감정싸움을 하는 계기가 됐다."[210]

이번엔 『오효진의 인간 탐험』(2002)에 나오는 나훈아의 말을 직접 들어보자. 그는 "그때가 참 황금시대였지요. 대한민국의 가요 역사상 그런 때가 다시 오기가 어려울 겁니다. 경쟁도 했지만 상부상조相扶相助하기도 했지요. 인기를 얻는 데 서로 도움이 됐어요"라면서 다음과 같이 말했다.

"모든 면에서 그렇게 라이벌이 될 만한 상대를 만나기가 힘들었죠. 고향도 호남(남진) 대 영남(나훈아)이었고, 생긴 것도 한쪽(남진)은 아주 잘 생겼고 이쪽(나훈아)은 소도둑 같고, 노래하는 스타일도 저쪽은 엘비스 프레슬리처럼 막 춤추면서 하고, 이쪽은 거의 서서 하고……. 그 당시에 또 김영삼 씨와 김대중 씨가 영·호남으로 서로 라이벌이고, 그래서 정치는 누구와 누구, 노래는 누구와 누구, 이랬죠."[211]

〈고향역〉·〈님과 함께〉의 사회학적 의미

그러나 스스로 '고상하다'고 생각하거나 주장하는 사람들은 당시엔 두 가수의 노래를 좋아하지 않았다. 좋아하지 않은 정도가 아니라 경멸하는 사람도 적지 않았다. 가요평론가 이영미는 『흥남부두의 금순이는 어디로 갔을까』(2002)에서 "엘비스 프레슬리 같은 의상에 꼭 엘비스 프레슬리처럼 한쪽 다리를 떨며 노래를 불렀던 남진과, 조금 촌스러운 용모를 했지만 개성적이고 놀라운 가창력으로 〈사랑은 눈물의 씨앗〉, 〈가지 마오〉를 불러 인기몰이를 하고 있었던 나훈아, 이 둘이 가요계를 주름잡고 있었다"며 다음과 같이 말했다.

"그 시절 막 초등학생에서 중학생이 되었던 나는 이런 트롯들이 정말 싫었다. 텔레비전을 보다가도 '도대체 촌스러운 재네들은 왜 자꾸 나오는 거야?' 하고 신경질을 냈다. 천박해 보였던 것이다. '천박'과 '촌스러움'. 그게 무슨 말이었을까? 얼굴이 붉어지는 것을 무릅쓰고 솔직하게 말하면 당시 나는 트롯을 식모(가정부) 언니나 좋아하는 노래로 생각하고 있었다. 그 생각의 밑바닥에 저학력에다 시골 출신이고 가난한 식모 언니에 대한 무시가 깔려 있었던 것은 물론이다."[212]

식모에 대해선 이미 1960년대편 제1권에서 자세히 소개한 바 있지만, 1972년 연구에 따르면, 서울시 전체 가구의 31.4퍼센트가 식모를 두고 있었으며, 그 수가 무려 24만 6,000명으로 추산될 정도였다.

1974년 이농 여성들의 실태 조사에 따르면, 농촌을 떠날 당시 소녀들의 나이는 13세 이하 9.0%, 14~15세 9.3%, 16~17세 27.2%, 18~19세 40.4%, 20세 이상 14%였으니, 그들 중 상당수가 진입 장벽이 낮은 식모를 택했으리라는 건 쉽게 미루어 짐작할 수 있다.[213]

그랬다. 그렇게 많은 사람에 대한 집단적 '무시'가 분명히 있었다. 그런데 이영미는 "그때 그토록 치를 떨면서 싫어했던 노래이지만, 대중가요를 연구하기 위해 다시 들춰 보면서 당시엔 생각하지도 못했던 매우 흥미로운 사실을 발견하게 되었다"고 했다. 그는 "도대체 왜 그때 식모 언니나 공장 다니는 가난한 사람들이 이런 노래를 그렇게 좋아했는지를 비로소 깨닫게 된 것이다. 그것은 1970년대 초반 트롯이 당시 도시 하층민들의 경험과 욕망을 드러내고 있다는 점이었다. 다시 말해 1960년대 트롯의 특징이 시골 이미지와의 결합이라면 1970년대 초반 트롯의 특징은 거기에 도시 하층민의 경험이 덧붙여져 있는 것이다"며 다음과 같이 말했다.

"돈 벌기 위해 꿈의 도시 서울에 올라왔던 돈 없고 못 배운 사람들은 결국 행상, 점원, 가정부, 단순 제조업 노동자, 매춘부 등의 직업을 가지며 고달픈 서울 생활을 하게 된다. 총각 선생님의 바짓가랑이를 부여잡으며 서울을 꿈꾸던 1960년대와 달리, 이제 팍팍한 서울살이에 익숙해진 이들은 배고프지만 평화로웠던 고향에서의 삶을 그리워하게 된다. 나훈아의 〈고향역〉 같은 노래는 물론이거니와, 〈님과 함께〉도 '멋쟁이 높은 빌딩 으시대지만' 자신은 '저 푸른 초원 위에 그림 같은 집을 짓고' 살고 싶다는 내용 아닌가."[214]

남진과 나훈아는 1970년대 중반까지도 화려한 뉴스메이커로 많은 사람의 호기심을 자극했다. 당시 연예 스캔들 보도에서 발군의 실력을 자랑하던 『주간중앙』이 '특종'으로 보도한 다음 두 가지 사건이 그걸 잘 말해준다고 하겠다.

"「김지미 나훈아 동거 발각」. 당시 25세의 가요계 최고 인기가수 나훈아와 과거가 많은 은막계의 여왕 김지미(당시 36세)의 비밀 동거에 대한 특종은 연예계와 팬들을 발칵 뒤집어놓았다. 이 기사를 보도한 1975년 7월 5일, 『주간중앙』은 3판이나 중쇄重刷, 모두 매진되었다. 이들은 6년 뒤인 1982년 5월 4일 결별했다.……「남진 윤복희 애정 곡예」. 미국서 가수 유주용과 이혼하고 귀국한 윤복희와 남진은 1976년 봄 약혼, 파혼, 다시 결혼으로 이어지는 애정 곡예를 펼쳤다. 『주간중앙』은 이 과정을 상세히 보도했다."[215]

"담배는 청자, 노래는 추자"

남진과 나훈아로 대표되는 트롯 음악의 다른 한편에 신중현으로 대표되는 밴드 음악이 있었다. 신중현은 펄 시스터즈 김추자, 박인수, 장현, 김정미 등 여러 가수의 '음악적 후견인'으로 이미 1960년대 중반부터 맹활약을 해왔다.[216] 이 가수들 가운데 가장 큰 대중적 인기를 누린 가수는 단연 김추자였다.

1970년대 초, '담배는 청자, 노래는 추자'라는 유행어가 떠돌았다.[217] 당시 청자는 최고급 담배였고, 추자는 제일 화끈한 가수였다. 그런 유행어를 낳았을 정도로 인기를 누렸던 가수, 바로 김추자다. 노재명은 『신중현과 아름다운 강산』(1994)에서 "1969년 10월 20일에 제작된 김추자 데뷔 음반은 나온 지 두 달 만에 〈늦기 전에〉가 히트하기 시작했다"
며 다음과 같이 말했다.

"1970년은 '음반업계, 최악의 불경기'라는 말이 있었음에도 〈늦기
전에〉의 히트로 김추자 데뷔 음반은 불티나게 팔렸다. 〈늦기 전에〉가 크
게 히트하자 1971년에 연방영화주식회사에서 신영균·김지미 주연의
영화 〈늦기 전에〉를 제작했다. 〈늦기 전에〉의 히트 후, 곧바로 〈월남에서
돌아온 김상사〉, 〈나뭇잎이 떨어져서〉, 〈님은 먼곳에〉가 히트했다. 당시
〈월남에서 돌아온 김상사〉는 폭발적인 인기를 얻어 1971년 4월에 연방
영화주식회사에서 신영균·윤정희 주연의 〈월남에서 돌아온 김상사〉라
는 영화까지 제작되었다."[218]

『문화방송 30년사』는 〈토요일 토요일 밤에〉라는 프로그램을 소개
하면서 다음과 같이 기록하고 있다. "1972년 11월 4일 105회를 맞아
'김추자 컴백 쇼'를 마련하여 전국적인 화제를 불러일으켰다. 당시의 톱
싱어 김추자가 피습 사건 이후 두문불출하여 소식조차 없다가 1년 11개
월 만에 단독 출연으로 MBC TV 화면에 나타난다는 예고가 나가자, 이
날을 맞아 도시의 다방 입구에는 '김추자 컴백 쇼'라는 쪽지가 나붙을
정도로 인기를 집중시켰다. 1974년 6월 22일에 방송된 특집 '김추자
쇼' 역시 〈토요일 토요일 밤에〉 기록에 남길 만한 프로그램이었다."[219]

이영미는 "김추자, 당대 최고의 인기 여가수. 그를 구태여 '여가수'
라고 부르고 싶은 것은 그가 매우 '섹시한' 가수였기 때문이다. 배꼽이
다 드러날 정도로 짧고 딱 달라붙는 티셔츠에 꽉 끼는 나팔바지를 펄럭
이며 현란하게 춤을 춘 관능적 여가수는, 아마 김추자가 최초이지 않을
까 싶다. 김추자가 〈쇼쇼쇼〉에 나오기만 하면 (정말 거짓말 안 보태고) 브라

1970년대 초, '담배는 청자, 노래는 추자'라는 유행어가 떠돌 정도로 김추자는 선풍적 인기를 누린 가수였다. 1970년 유니버셜레코드사에서 제작한 김추자의 앨범. (한국대중음악박물관 소장)

운관이 출렁거렸다"며 다음과 같이 말했다.

"그녀는 정말 춤 잘 추는 가수였다. 그녀의 춤은 손을 비비 꼬아서 내뻗고 고개와 허리를 비틀어 함지박 하나는 될 법한 긴 파마머리를 휘저으면서 유난히 큰 그녀의 얼굴을 묘하게 가리고 노출하는 그런 춤이었다.……〈늦기 전에〉는 어찌나 노래와 춤이 충격적이었는지 아이들 사이에서는 김추자가 간첩이라는 둥 저 희한한 춤이 간첩끼리 주고받는 암호라는 둥, 한동안 텔레비전에 얼굴을 내밀지 못하는 이유가 바로 그것이라는 둥의 소문이 무성할 정도였다."[220]

신중현의 예술가적 근성

신중현은 김추자를 위한 노래들을 작곡하는 동시에 자신의 음악 활동도 활발하게 전개했다. 신중현이 1972년 10월에 발표한 〈아름다운

강산〉은 '한국 록 음악 역사상 전무후무한 걸작'으로 평가되었으며, 수십 년 넘게 애창되었다.[221]

신중현이 높이 평가받는 이유 중의 하나는 권력을 무서워하지 않는 그의 예술가적 '근성'이었다. 신중현의 실력을 알아본 박정희 정권은 1972년 유신 직전 신중현에게 "박정희 대통령의 새로운 통치를 내용으로 한 노래를 만들어달라", 즉 '박정희 찬가'를 만들라는 주문을 했는데, 신중현은 단호히 거절했다.[222] 이 거절 이후 박정희 정권은 신중현의 공연장에 늘 경찰을 내보내 단속을 하게 했고 나중엔 '대마초 파동'이라는 결정적인 보복을 가하게 된다. 이에 대해 신중현은 훗날 다음과 같이 말했다.

"어느 날 청와대에서 '대통령 노래'를 만들라고 연락이 왔어요. 그래서 내가 '나는 그런 음악 못한다'고 거절했죠. 그쪽에서는 기분이 나빴겠죠. '감히', 이런 기분도 들었을 거예요. 하지만 할 수 없는 거는 못하는 거예요. 나는 음악 하는 사람이지 정치가는 아니니까요. 그 뒤부터 정보부에서 나를 많이 주시했어요. 내가 음악하고 있는데 괜히 빙빙 돌면서 검은 지프차 타고 따라다니고. 이건 뭐 내가 독일 영화에 나오는 유대인도 아닌데 말이죠. 하여간에 그때는 생각하기도 싫어요. 아주 지옥 같아."[223]

신중현이 '박정희 찬가' 대신 자기 스스로 내켜서 만든 게 바로 〈아름다운 강산〉이었다. 이에 대해 신중현은 "저는 도리어 독재자가 아닌 우리나라의 강산과 국민을 위한 노래를 만들어야겠다고 생각했어요. 그게 1972년 그룹 '더맨' 시절의 〈아름다운 강산〉입니다. 그때 MBC 토요일 쇼 프로그램에 출연해 이 곡을 불렀습니다"라면서 다음과 같이 말했다.

"출연은 제가 제의했어요. 그 방송에서 리드보컬인 박광수는 삭발을 했고 멤버들은 귀 주변에 머리핀을 꽂아 긴 머리를 걷어올려 장발을 더 부각했어요. 한마디로 강압에 대한 불만을 표시한 거죠. 그게 미웠겠지요. 이걸 본 고故 육영수 여사가 '만들라는 박 대통령 노래는 안 만들고 반항한다'며 분을 터뜨렸다는 얘기도 들렸습니다. 그러더니 장발 단속이 더 심해졌고 제 곡은 금지 처분되었습니다. 결정타는 말할 것도 없이 1975년에 터진 대마초 파동과 가요 규제 조치였지요."[224]

당시는 '건전'에 미쳐 돌아가던 시절이었다. 문공부는 1972년 '명랑한 사회 분위기를 이룩하기 위해' 건전가요 122편을 제정하고 범국민적 개창 운동을 폈다. 사랑 노래가 대부분인 가요는 '저속·퇴폐'로 몰린 가운데 반공, 건설, 충효 등 정부가 외치는 이념과 가치를 담은 노래만 부르고 들으라는 이야기였다('건전가요'에 대한 정부의 집착은 갈수록 더 심해져 교통부는 1974년 8월 5일 시·도에 이런 특별 지시를 내렸다. "모든 버스와 택시에서는 〈새마을 노래〉 등 건전한 음악만 방송하도록 지도하라." 교통부는 '대중교통 수단이 퇴폐적 저속가요 등을 요란스럽게 차내에 방송해 손님에게 불쾌감을 주고 있다'며 '암행 단속을 실시해 적발되면 행정처분한다'고 으름장을 놓았다. 1976년엔 서울의 한 경찰서가 유치장에 종일 건전가요를 틀었다. 이 아이디어를 냈다는 서장은 '응어리진 유치인들 가슴을 풀어 참다운 인간으로 개조시키려는 목적'이라고 밝혔다나).[225]

51명이 사망한 서울시민회관 화재

1972년 12월 2일, 앞서 지적했듯이, 지금의 세종문화회관 자리에 있었던 서울시민회관에서 문화방송 개국 11주년 10대 가수 청백전 공연이 열렸다. 당시 무대에 섰던 가수로는 남진, 이상렬, 이용복, 정훈희, 조미미, 하춘화 등이 있으며 신인상 수상자 김세환과 정미조, 특별상 수상자 김추자, 코미디언 구봉서, 곽규석 등도 있었다.

공연이 끝나 관객이 밖으로 나오고 있던 오후 8시 28분 무렵 갑자기 펑 하는 소리와 함께 무대 위에 가설된 조명장치가 터지면서 불이 붙었다. 연기는 점차 짙은 색으로 바뀌면서 질식 수준의 상황으로 발전했고, 급기야 정전이 되면서 암흑 천지 속에 유리창이 열기로 깨지는 등 복도 쪽 상황은 점차 급박한 상황으로 전개되고 있었다. 이 과정에서 질식으로 쓰러지는 사람, 많은 인파 속에서 압사하는 사람, 창문이 깨지면서 추락하는 사람들이 생겨나 대부분 사망했다.

이 화재의 피해자는 사망 51명, 부상 76명으로 집계되었다. 이 화재는 1971년 대연각호텔 화재, 1974년의 서울 청량리역 대왕코너(현재 롯데백화점) 화재와 함께 1970년대 서울시 3대 화재 사건 중 하나로 꼽혔다. 대연각호텔 화재는 1971년 12월 25일 크리스마스 아침 서울시 중구 명동 소재 22층 대연각호텔에서 일어난 화재 사고로 191명이 사망하고 63명이 부상당했다. 청량리역 대왕코너 화재는 1974년 11월 3일 6층에 있던 브라운호텔 618호실 앞에 설치된 조명등의 합선으로 화재가 발생해 사망 88명, 부상 35명의 인명 피해를 냈다.[226]

이 세 화재 중 가장 충격적인 건 22층 건물이었던 대연각호텔 화재였다. 『대한민국을 즐겨라: 통계로 본 한국 60년』(2008)은 "미군 헬기까지 동원됐지만 접근이 어려웠다. 위로도 아래로도 출구가 막히자 창문으로 뛰어내리는 투숙객도 잇따랐다. 침대 매트리스나 베개를 안고 투신했지만 목숨을 구하는 데는 도움이 안 됐다"며 다음과 같이 말했다.

1971년 12월 25일 크리스마스 아침에 일어난 대연각호텔 화재로 191명이 사망하고 63명이 부상 당했다. 투숙객들 중 일부는 침대 매트리스와 베개를 안고 투신하기도 했다. (『동아일보』, 1971년 12월 25일)

"투신으로 사망한 38명을 포함해 모두 163명의 목숨을 앗아간 이 사고는 우리나라에서 단일 화재로 최대 인명 피해를 낸 재난으로 기록 됐다. 당시의 참혹한 장면은 TV를 통해 그대로 생중계돼 성탄절 휴일을 맞은 전국을 충격으로 몰아넣었다. 1974년 개봉한 존 길러먼 감독의 유 명한 재난 영화 〈타워링〉에 소재를 재공한 것이 대연각호텔이었다는 말 도 있었다."[227] (각 자료마다 사망자 수가 좀 다르다.)

정부 주도
축구의 인기

'실세' 장덕진의 축구협회장 취임

1960년대가 한국 축구의 '최악의 침체기'라면, 1970년대는 '정부 주도 축구의 중흥기'였다고 볼 수 있다. '정부 주도 축구'의 매개 역할은 1969년 축구협회 재무이사가 된 재무부 이재국장 장덕진이었다. 그는 대통령 부인 육영수의 인척으로 이른바 '실세'였다. 장덕진의 적극적 권유로 1969년 1월 상업은행 축구팀이 창단되었다. 이후 주택은행, 신탁은행, 외환은행, 제일은행, 조흥은행, 한일은행, 중소기업은행, 농업협동조합중앙회, 자동차보험 등이 잇따라 축구팀을 창단함으로써 금융단 축구팀의 전성시대를 열게 되었다.[228]

장덕진은 1970년 1월 15일 축구협회장에 취임해 1972년 1월 25일까지 제31대 회장 임기를 채웠고 연임해 제32대 회장으로 1973년 8월 19일까지 한국 축구를 이끌었다. 그는 1973년 8월 농수산 장관을 맡기

까지 축구 발전에 큰 기여를 했다. 비록 권력 바람을 탄 정부 주도 축구였을망정 말이다.[229]

1969년 9월 26일에 창간된 『일간스포츠』에 이어, 1970년엔 『월간축구』가 창간되어 축구는 '읽을거리'로서의 가치를 지니며 더욱 저변을 확대해나갔다. 장덕진은 『월간축구』 1970년 5월호에 쓴 「축구를 통해 국민의 단결을 과시하자」는 글에서 "축구야말로 우리나라의 국기이며, 축구를 통해 민족의 단결, 나아가서는 조국의 통일까지도 바람직한 굳은 신념을 갖게" 되었으며, "3천만의 겨레가 한데 뭉쳐 통일의 대업을 이룩하는 거대한 추진력이 될 수 있을 것이라고 확신"한다고 말했다. 이어 장덕진은 "이조 시대의 사색 당쟁"은 물론 일제 시기와 해방 후까지도 민족이 단결하지 못하고 분열과 불신 풍조가 만연되었다고 개탄한 뒤, "축구 경기는 일사불란한 팀플레이를 승리의 첫째 요건으로 삼고 있으므로 전 국민이 뛰어난 축구 선수가 될 때 우리는 막강한 단결력으로서 온갖 어려움을 박차고 이겨 나갈 수 있"다고 주장했다.[230]

재무부 차관보를 겸한 장덕진은 재무 관료답게 축구협회의 기금 1억 원을 모으는 등 재정 확충에 주력했다. 장덕진 체제의 축구협회는 침체된 국가대표팀의 부흥을 위해 국가대표팀을 상비군 제도로 이원화하고, 상비군 1군을 청룡, 2군을 백호라고 명명했다. 청룡은 1970년 7월 16일 제13회 메르데카컵 결승전에서 미얀마를 1 대 0으로 누르고 처음으로 단독 우승했다.

메르데카컵·킹스컵 우승이 불러온 '축구 열풍'

7월 19일 김포공항 환영식장에서 장덕진은 "온 국민의 성원에 감사한다"며 "한국 축구는 이번 대회를 통해 용기와 신념, 그리고 자신을 얻었다"고 했다. 그는 "그러나 이번 우승보다는 우리는 아시아경기대회에서 아시아를 제패하고 1972년 뮌헨올림픽에서도 상위 입상을 해야 하므로 성대한 환영식은 그때에나 받겠다"면서 "오는 24일 시민회관에서 있을 환영식은 사양한다"고 말했다. 환영식을 마친 선수단은 13대의 오픈카에 분승分乘, 김포공항을 떠나 연도沿道의 많은 시민의 열렬한 환영을 받으며 노량진 본동-서울역-남대문-신세계백화점 앞-소공동-시청 앞까지 카퍼레이드를 벌였다. 선수단의 카퍼레이드 모습을 찍은 텔레비전 카메라는 활짝 웃는 장덕진의 얼굴에 주목했다.[231]

대대적인 환영에 고무된 장덕진은 선수단 해단식에선 "국민이 무엇을 원하는가를 알고 그들의 소망을 들어줄 도덕적 의무가 여러분에겐 있습니다"라면서 "저는 이번 대회를 통해 혁명적·역사적 사실을 발견했습니다"라면서 다음과 같이 말했다.

"메르데카컵 대회 때 3만 명이 한 덩어리가 되는 모습을 보았고, 김포공항에 나온 2천여 축하객과 연도에 늘어선 30~40만 이상의 열렬한 팬은 참으로 놀라운 것이었습니다. 그것은 강제 동원도 아니고 누가 시켜서 나온 것도 아닙니다.……일제시대의 애국심은 형무소로 가는 길이라고 했습니다. 오늘날 애국하는 길은 맡은바 일로서 모든 게임에서 승리로서 민족을 기쁘게 하는 것입니다."[232]

실제로 거의 모든 축구인이 바로 그런 자세로 축구에 임했다. 제3회

한·일 고교 교환경기를 마치고 돌아온 한 축구인은 『월간축구』 1970년 10월호에 쓴 「화랑도 정신으로 일본을 이겼다」는 글에서 선수들에게 "애국애족한 선열들의 피를 이어받은 여러분은 조국의 명예를 걸고 합심협력하여 사력을 다해 싸워줄 것"을 당부했다고 말했다.[233]

한국은 1970년 11월 태국 방콕에서 열린 킹스컵에서 우승한 데 이어, 1970년 12월 방콕아시안게임에서 미얀마와 공동우승을 차지했다. AFC(아시아축구연맹) 총회에서 부회장으로 선출된 장덕진은 "아시아 규

1970년 12월 방콕아시안게임에서 한국은 미얀마와 공동우승을 차지했는데, 그런 축구 붐 속에서 축구협회는 직장 팀 창설을 권유하고, 세인의 관심을 끌 만한 친선대회를 열기도 했다. (『조선일보』, 1970년 12월 19일)

모의 국제축구대회를 한국에서 개최하겠다"고 밝혔다.[234]

1970년 축구협회는 〈축구의 노래〉(김동진 작곡, 박목월 감수)까지 만들어 보급했다. "마을마다 직장마다 울려퍼지네/볼을 몰고 차고 뛰는 즐거운 함성/강철같은 투지로 슛하면 골인/승리속에 젊은이 영광있으라/골을 향해 돌진하는 우리 용사들/맺어지는 우정이여 겨레의 힘이요/세계정상 노리는 대한의 축구."[235]

한국 팀의 연이은 우승과 〈축구의 노래〉 때문인지는 알 수 없으나, 전국에 걸쳐 '축구 열풍'이 불기 시작했으며, 이는 각종 통계로도 나타났다. 1969년에 팔린 축구공은 10만여 개였지만, 1970년 들어 11월 말까지 모두 35만 개나 팔렸다. 또 축구협회와 각 시도 지부 등엔 10개월 동안 149개 팀이 새로 등록했는데, 이는 10년 동안 늘어난 수보다 많았다(총 등록 팀은 456개). 또 축구협회는 직장 팀 창설을 권유했고, 그런 붐 속에서 배우-가수 시합, 소설가-시인 시합 등 세인의 관심을 끌 만한 친선대회가 열리기도 했다. 왕년의 명선수 김덕준이 창설한 축구학교가 84군데로 뻗어나가자 축구협회는 2만 2,000여 개의 공을 무료로 보내주었다.[236]

1970년 멕시코월드컵 열풍

세계를 덮친 1970년 6월의 제9회 멕시코월드컵 열풍도 한국의 '축구 열풍'에 적잖은 영향을 미쳤다. 『조선일보』는 "요릿집의 장사가 되지 않았으며 남편이 일찍 들어와 주부들에게까지 대인기였었던 멕시코월드컵의 녹화중계는 축구인, 축구 팬은 물론 온 국민의 관심과 흥미를 축구에 쏠리게 했다"며, "베켄바우어(독), 뮐러(독), 리베리노(브라질), 자이르지노(브라질) 정도의 이름을 척척 대지 못하고선 적어도 축구 얘기엔 끼어들지 못하게 됐다"고 했다.[237]

1970년 멕시코월드컵은 처음으로 선수 교체가 허용되고 옐로카드와 레드카드가 등장한 월드컵이었다. 최초로 인공위성을 통해 전 세계로 중계된 대회이기도 했다. 이 대회에서 브라질은 사상 처음으로 통산 3회 우승을 달성해 줄리메컵을 영원히 소유하게 되었다.

이 대회의 에피소드도 풍성했다. 예선전이었지만 사실상의 결승인 브라질과 영국의 경기 직전엔 멕시코의 극성 팬들이 영국 팀 숙소인 힐튼호텔로 몰려들어 고래고래 소리를 지르는가 하면 자동차 경적을 울려대는 등 밤새도록 온갖 소음을 내 잠을 설치게 만들었다. 산소가 부족한 고원인데다 기온까지 섭씨 40도에 가까워 가뜩이나 정신적·육체적으로 시달림을 받던 영국 선수들은 잠까지 설쳤으니, 그 결과야 더 말해 무엇하랴. 엘살바도르와 멕시코의 경기에선 심판의 잘못된 판정 때문에 멕시코가 승리했다. 한 멕시코인이 "주심이 엉터리야, 우리를 너무 봐준 것 같아"라고 말하자 옆에 있던 멕시코 극성 팬이 그를 현장에서 권총으로 사살해버린 사건도 일어났다.

멕시코를 비롯한 중남미에서 축구는 곧 종교였다. 그런 종교의 바람이 텔레비전 중계방송을 통해 유입되는 것과 더불어 1970년에 이루어진 외국 명문 팀의 초청도 국내 축구 열풍에 기여했다. 브라질 명문 플라멩고 프로팀 초청 경기에선 이회택이 2골을 넣으며 2대 1로 승리했다. 이어 '검은 표범' 에우제비우가 이끄는 프로의 명문 벤피카가 서울운동장에서 백호(9월 4일), 청룡(9월 6일)과 대전했다. 벤피카는 백호를 5대 0으로 이겼지만, 청룡과는 1대 1로 비겼다. 벤피카와의 경기 때 1골을 넣은 한국의 스타플레이어 이회택을 전담 마크맨으로 밀착 방어했던 선수가 있었으니, 그가 바로 먼 훗날 한국 대표팀 감독을 맡게 될 포르투갈 출신의 움베르투 코엘류Humberto Coelho였다(코엘류는 2003년 2월에 영입되었으나 임기를 못 채운 채 14개월 만인 2004년 4월에 물러났다).[238]

이때 페헤이라 다실바 에우제비우Ferreira da Silva Eusebio, 1942~2014는 한국 축구 팬들에게 이미 알려졌던 명성 이상으로 강한 인상을 남겼다. 축구 소년 강석진은 "벤피카 팀이 떠난 뒤에는 아예 이름도 '강 에우제비우'로 바꾸고 살았다. 그러니까 대만에 계신 부모님께 편지를 쓸 때엔 꼭 '강 에우제비우 올림'이라고 써서 영문을 모르는 부모님이 아들이 갑자기 바뀐 줄로 알고 놀라게 했다는 얘기다"고 했다.[239]

포르투갈에 에우제비우가 있었다면, 한국엔 이회택이 있었다. 이즈음이 이회택의 최전성기였는데, 한 신문은 이 시절을 이렇게 회고했다. "그 무렵 마을 공터나 초등학교 운동장에서 벌어지던 동네 축구에서 제법 폼나게 단독 드리블을 할 참이면 어김없이 돌아오는 핀잔이 네가 이회택이냐였다. 소 뒷걸음질치다 쥐 잡는 격으로 어쩌다 상대편의 결정적인 공격을 가로막았을 때는 이회택도 막을 수 있겠다는 어설픈 찬사를 받았다. 축구가 대중의 울분을 풀어주는 유일무이한 스포츠이던 시절, 이회택은 최고의 공격수, 불세출의 스타플레이어이자 살아 있는 신화였다."[240]

'박대통령배 아시아축구대회' 출범

장덕진이 말한 국제축구대회는 바로 '박대통령배 아시아축구대회

(박스컵Park's cup)'였다. 축구협회는 1971년 5월 개최 예정인 대회에 더 많은 나라의 참가를 종용하기 위해 2월부터 부회장 이시동과 국제부장 홍덕영을 각국에 파견했다.[241] '박대통령축구 컵'은 높이 52.3센티미터, 폭 16.5센티미터의 순금컵으로 순금 750그램이 함유되어 제작 때부터 화제를 모았다. 축구협회는 박대통령컵을 아시아 어느 국가의 대회컵보다 더 권위 있는 컵으로 만들기 위해 세심한 주의를 기울였다고 밝혔다.[242]

5월 2일 개막된 제1회 박대통령배 아시아축구대회는 한국 최초의 국제축구대회였지만, 참가국은 한국, 버마(미얀마), 월남(베트남), 크메르, 인도네시아, 말레이시아, 태국, 대만 등 8개국에 머물렀다. 첫 경기인 한국-태국전은 박정희의 시축으로 시작되었으나 다음 날엔 비가 쏟아져 스탠드가 텅 비고 말았다. 시내 각 예매소를 통해 팔린 입장권은 1만 2,000장으로 집계되었으나 이날 구경나온 관중은 펜스 안 처마 밑에 1,000여 명 정도밖에 되지 않았으며 스탠드에는 한 사람도 없어 표를 사고도 안 본 사람이 1만 1,000명이 된다는 계산이 나왔다. 축구협회의 집계가 맞는 건지 확인할 길은 없었다.[243]

5월 13일 밤에 벌어진 결승전에선 한국과 미얀마가 맞붙었다. 이날에도 경기 도중 소나기가 쏟아졌으며, 5월인데도 우박까지 섞여 내렸다. 전후반 모두 득점이 없자 축구협회는 "비바람과 우박 때문에 연장전을 속행할 수 없다. 15일 오후 3시에 경기를 하겠다"고 했다. 15일 재경기는 암표 값이 5~6배나 할 정도로 큰 인기를 누렸다.[244] 재경기는 한국과 미얀마의 공동우승으로 막을 내렸다(박대통령배 아시아축구대회는 1976년부터는 박대통령배 국제축구대회, 1980년부터는 대통령배 국제축구대회로 대회 명칭이 변경되어 개최되었다. 이 대회는 1995년부터 코리아컵으로 이름을 바꾸어

1971년 5월 박대통령배 아시아축구대회는 한국 최초의 국제축구대회였지만, 참가국은 8개국에 머물렀다. 자신의 성을 딴 축구대회를 관람하고 있는 박정희.

1999년까지 개최되었다).

'축구 열풍'을 말해주듯, 1971년 9월 18일 서울운동장에선 제1회 국회의장배쟁탈 여야 국회의원 친선축구대회가 열렸다. 야당 팀이 5대 2로 이겼는데, "경남중학교 시절의 선수였음을 자랑하는 김영삼(신민) 의원의 볼 컨트롤 묘기(별로 성공률은 없었지만), 정구 선수 출신의 이철승(신민) 의원의 아슬아슬한 논스톱 슈팅" 등이 볼거리였다.

"본부석 왼쪽에 자리 잡은 500여 명의 공화당 응원단은 소형 당기를 들고 밴드까지 동원하여 확성기로 〈얼룩송아지〉 등을 불러댔으며 오른쪽에 앉은 거의 같은 수의 신민당 응원단은 가사를 바꾼 〈대머리총각〉

을 찢어질 듯이 마이크로 외쳐댔다. 그때마다 스탠드 속에 큰 당기를 들고 앉은 여야의 열성단원들은 기를 흔들어 3만여 관중의 흥분을 한층 돋 웠다."[245]

이회택의 눈물과 삭발

1971년 9월 23일 서울에서 제20회 뮌헨올림픽 예선전에선 예상을 깨고 말레이시아가 한국과 일본을 누르고 뮌헨행 티켓을 거머쥐었다. 9월 25일 한국-말레이시아전에서 한국은 수중전을 치르며 슈팅 수에선 32대 9로 절대 우위를 보였지만 득점에선 0대 1로 패하고 말았다. 흥분한 관중들은 본부석 앞으로 몰려가 울분을 터뜨리면서 20여 분 동안 자리를 뜰 줄 몰랐다. 이들은 "세계 정상을 향하는 한국 축구라더니 말도 안 된다", "축구협회는 책임을 지고 모두 사표를 내라", "야구를 뮌헨에 보내라"고 외쳐댔다. 얼굴이 굳어진 장덕진은 "대회가 끝난 뒤 중대한 발표를 하겠다"고 말했다.[246]

한국 대표팀의 스타플레이어 이회택은 더욱 괴로웠다. 그는 전날 감기몸살로 잠을 못 이룬데다 감기약을 먹고 출전하는 바람에 경기 내내 허공 속을 뛰어다니는 것 같은 상태였다. 그 와중에 팬이 던진 병이 운동장 안으로 들어왔고, 홧김에 공을 밖으로 차버린 것이 문제가 되기도 했다.[247] 그는 관중들에게서 "회택아, 김포에 가서 농사나 지어라", "회택아 꺼져라" 등의 야유를 들었다.[248]

장덕진의 '중대 발표'는 10월 6일에 나왔다. 그는 기자회견에서 기존 '청룡' 체제를 개편하는 등 여러 개혁안을 내놓았으며 자신의 거취에 대해선 "한국이 금번 뮌헨올림픽 축구 예선전에서 우승을 차지하지 못한 책임을 지고 마땅히 물러나야 옳을 것으로 아나 무책임한 행동으로 판단, 내년 1월 15일 이전에 있을 정기대의원총회에서 신임을 묻겠다"고 했다.[249]

축구협회는 청룡을 해체하고 새로운 국가대표 상비군을 구성했다. 이회택은 훗날 『조선일보』(1981년 2월 22일)에서 "대회가 끝난 뒤 20일쯤 되는 날이었다. 김포 사우리 집에서 우연히 펴든 신문에는 개편된 대표팀 명단이 발표됐고 거기에 내 이름은 없었다"며 다음과 같이 말했다.

"나뿐만 아니라 H형 S형 P형도 없었다. 부상과 나이 많은 것이 이유였다. 눈앞이 캄캄했다. '나는 다치지도 않았는데! 나이 스물다섯이 많다는 것인가.' 그러나 나는 감수해야 한다고 생각했다. 온 국민의 열망을 저버린 책임을 져야 할 것이 아닌가. 팬들도 이미 나의 곁을 떠나지 않았던가. 대표선수 생활 4년 만의 일. 입술을 깨물며 참았지만 자꾸 눈물이 솟구쳤다."[250]

이회택은 삭발을 하고 공과 자른 머리카락을 싸서 넣은 가방을 들고 여행을 떠났다. 그 공은 새로운 상비군 주장이 된 박이천이 "형. 시골에 갈 때 이 공을 갖고 가. 다시 시작한다는 맘 먹고. 우린 기다릴 거요"라고 말하면서 준 것이었다.[251] 이회택은 1972년에 다시 대표팀에 복귀하게 되었다.

축구 황제 펠레의 방한 경기

1972년 4월부터 대대적으로 전개된 새마을운동엔 새마을축구대회가 따라붙었다. 매월 1일과 15일 조기 청소를 하면서 조기 축구를 하는 붐이 조성되었으며, 조기축구회는 전국 방방곡곡에 걸쳐 조직되었다.[252]

"새마을운동은 축구로부터"라는 슬로건이 말해주듯이, 조기축구회는 새마을운동처럼 행정적 동원망을 타고 이루어진 경우가 많았다. 이미 1969년 초등학교 학생을 대상으로 조직된 일요축구회 운동에도 박차가 가해져 1973년까지 5년간 3만 명에 육박하는 학생들을 대상으로 교육을 실시했다. 또 1970년대 초부터 추진돼온 마을 대항, 직장 대항 축구 대회에도 가속이 붙어 전국에 걸쳐 축구를 하지 않는 단체와 학교가 거의 없을 정도였다. 전국의 새마을 지도자로 구성된 팀들이 참가하는 '대통령하사기쟁탈 전국새마을축구대회'도 개최되었다."[253]

해외 팀 초청도 잇따랐다. 1972년 5월 영국 프로축구팀 카벤트리 시티팀이 내한해 25일과 28일 한국 대표팀과 친선경기를 가졌다. 카벤트리 시티팀이 2대 0, 3대 0으로 승리를 거두었다. 1972년 6월 1일 '축구 황제' 펠레Pelé, 1940~2022가 소속팀 산토스 팀과 함께 한국 대표팀과 친선경기차 내한했다. 펠레의 인기는 대단했다. 경기가 열린 6월 2일 서울운동장은 미어터질 정도였다. 2만 5,000여 명 수용 능력에 3만 5,000명이나 입장했다. 이들은 "펠레, 펠레"를 외치며 열광했다. 운동장 밖의 열기도 뜨거웠다.

"3개 텔레비전방송국이 일제히 중계를 시작한 오후 7시께부터 다방, 음식점 등 텔레비전이 있는 접객업소엔 운동장에 가지 못한 팬들이 진을 쳤다. 텔레비전 가게엔 쇼윈도 너머로 중계방송을 시청하는 시민들이 발길을 돌리지 않았다. 텔레비전이 있는 사람들은 퇴근하자마자 귀가

1972년 6월 1일 '축구 황제' 펠레가 친선경기차 한국을 방문했는데, 관중들은 "펠레, 펠레"를 외치며 열광했다. 경기를 마치고 한국 선수들과 사진을 찍은 펠레.

를 서둘러 거리는 한산하기까지 했고 여느 때 흥청대던 무교동, 명동 등 유흥가에선 손님이 평소의 3분의 1도 안 들어 울상을 지었다."[254]

경기는 차범근과 이회택이 1골씩 넣긴 했지만 한국 팀이 2대 3으로 패배했다. 그러나 관중은 승패가 문제가 아니라 펠레의 묘기를 보고 싶었다. 그런데 눈치 없는 주심은 볼 쟁탈을 위해 펠레에게 도전한 한국 선수가 넘어지기만 하면 번번이 펠레의 반칙을 선언하며 경기의 흐름을 차단해 관중들의 불만을 샀다. 주심은 펠레가 이차만과 몸싸움을 벌인 것이 지나친 행동이라며 옐로카드를 내밀었고, 펠레는 경고처분을 받은 뒤 얼마 안 돼서 다른 선수와 교체해 나가버렸다. 산토스 팀은 경기 종료 5분을 남기고 1골을 추가해 승리했다.[255]

1972년의 한국 축구는 국제대회에선 '불황'의 연속이었다. 5월 제5회 아시아축구선수권대회에선 이란에 1대 2로 밀려 한국은 준우승을 차지했다. 8월 일본 도쿄에서 열린 제1회 한일 정기전은 2대 2로 비겼고, 제2회 박스컵 대회에서는 3위를 차지했다. 제5회 킹스컵 대회에서도 싱가포르와 비겼다. 『조선일보』는 이런 실적을 거론하면서 "분명히 1972년은 후퇴의 해였다"고 평가했다.[256]

북한의 올림픽 금메달이 준 자극

1972년 뮌헨올림픽에 처음으로 출전한 북한은 금메달과 은메달 각각 1개, 동메달 3개를 따면서 종합 22위를 기록해 은메달 1개를 따는 데 그쳐 종합 33위에 머물렀던 한국을 압도했다. 그나마 이 은메달도 일본에서 유도를 배웠던 재일 한국-조선인 오승립의 것이라서 순수하게 한국에서 육성된 선수들은 메달을 전혀 따지 못했다(한국 최초의 올림픽 금메달리스트는 4년 후인 1976년 몬트리올올림픽 레슬링의 양정모다).

북한은 사격 소구경 복사 종목에서 리호준이 세계신기록까지 세우며 첫 번째 금메달을 따냈다. 그의 수상 소감은 "원수의 심장을 겨누는 심정으로 쐈다"였다. 북한 측 자료에는 "저는 과녁을 조선 인민의 철천지 원수인 미국놈의 털가슴으로 보고 쏘았습니다"고 소개되어 있다. 동계올림픽의 첫 메달도 그렇고, 하계올림픽도 북한이 먼저 금메달을 따자 정부는 본격적으로 엘리트 스포츠의 육성에 나섰다(북한은 1964년 인스브루크 동계올림픽에서 스피드스케이팅 여자 3,000미터에 출전한 한필화가 은메달을 따서 1992년 알베르빌 동계올림픽에 가서야 메달을 딴 한국보다 28년이나 먼저 동계올림픽 메달을 땄다).

북한의 올림픽 금메달은 한국의 엘리트 체육 육성에 전환점이 되었다. 특히 사격 부문에서는 북한의 첫 금메달에 자극을 받은 대한사격협회 회장이자 청와대 경호실장이던 박종규가 박정희에게 다시는 이런 일이 없겠다고 다짐했고, 대기업들의 협조를 받아 1972년 태릉에 사격장을 지었다. 이것이 한국 최초의 국제 규격 사격장인 태릉사격장이다.[257]

정부는 1973년엔 체육특기자에 대한 병역혜택제도를 만들었고, 1974년에는 메달리스트를 위한 체육연금제도를 만들었다. 1974년 제정 당시 올림픽 금·은·동메달리스트에게 지급되는 평생 연금액은 매월 60·30·20만 원이었다.[258]

왜 공중전화 통화시간을
3분으로 제한했는가?

전화기 50만 대로 34번째 중진국

1969년 1월 18일 박정희는 체신부를 초도순시한 자리에서 "전화 고장 신고를 받았을 경우, 밤중에라도 1시간 내에 수리하도록 하라"고 지시를 내렸다. 서울 시내의 전화 고장 신고는 하루 평균 약 800건이었으며, 신고되지 않은 건수도 헤아릴 수 없이 많았다. 체신부 장관인 김태동의 집에도 새벽 1시쯤만 되면 전화벨이 울려 "OB홀이냐, 미스 김 바꾸어주시오"라는 등 전화가 오접誤接되는 일이 잦은 것으로 알려졌다.[259] 잦은 전화 고장의 가장 큰 원인은 국산화한 기계의 불량 때문인 것으로 밝혀졌다. 그 밖의 이유로는 시설의 노후, 기술자의 미숙, 전화기와 다이얼 불량, 기계부속품 공급 부족 등이었다.[260]

1970년 5월 체신부는 『월간 전화가이드』를 창간해 전화 가입자를 대상으로 "모자라는 전화를 넉넉히 쓰는 길"을 홍보하고 나섰다. 이 창간호에 글을 기고한 변호사 최건은 다음과 같이 말했다. "문제는 전화를 자주 걸고 또 길게 거는 사람은 어떨까 함에 있다. 도대체 남녀 간에 말이 많고 말이 길면 복이 박한 법. 오피스에서 남달리 자주 전화에 매달리는 여인에게는 사고가 따르는 율率이 높게 마련. 다방 출입이 잦은 신사일수록 붉은 통에 줄곧 매달리는 것이 아닐까? 전화 한 통화 받고 거는 것으로 그 위인을 알 수 있게 한다."[261]

고장난 공중전화 때문에 살인사건까지 벌어졌다. 1970년 6월 7일 서울 성북구 송천동의 한 제과점에서 서울시경 형사과2계 소속 정모 경장이 주인 김씨와 고장난 공중전화 때문에 시비를 벌이다가 김씨와 김씨의 동생 등 2명에게 뭇매를 맞고 병원에 옮기는 도중 숨진 사건이었다.[262]

1970년 6월 체신부가 전국의 자동전화 가설료와 도수료度數料를 1971년부터 50%씩 올리기로 방침을 정하는 동시에 전화청약방식 중 공개 추첨 방식을 없앰으로써 당분간 일반 시민들의 신규 전화가입이 거의 불가능하게끔 억제하기로 했다. 이에 『조선일보』는 「전화를 사치품으로 착각하지 말라」는 사설을 통해 "우리나라도 1969년 5월에 전화기 50만 대를 돌파함으로써 세계에서 제34번째로 중진국의 열列에 들어서고 있다"며 다음과 같이 주장했다.

"그러나 선진국의 보유대수에 비하면 우리의 그것은 아직 요원한 상태에 있다. 미국의 대對인구비 50%는 말할 필요가 없지만 영국(22%), 독일(18%), 프랑스(14%)에 비해봐도 우리의 전화보유율(서울 4.5%, 전국 평균 1.8%)은 까마득한 것이다. 국민생활을 보다 문명화하고 경제발전을 더욱 촉진하기 위해서도 체신사업에 좀더 거시적인 안목과 투자가 요청되지 않을 수 없는 것이다."[263]

'청색전화'와 '백색전화'의 차이

『조선일보』는 "전화를 사치품으로 착각하지 말라"고 했지만, 현실은 여전히 사치품이었다. 그것도 투기의 대상이 된 사치품이었다. 이에 정부 일각에선 전화가입권을 사용권으로 규제해 전화의 양도를 전면 금지하자는 안이 나왔다. 그건 사유재산권 침해라며 반대하는 사람이 많자, 전화 양도 금지 조치를 이원화하기로 했다. 새로 공급하는 전화는 매매를 금지하되 이미 설치되어 있는 전화는 자유로이 매매할 수 있도록 풀어주기로 한 것이다.

그게 바로 1970년 9월 1일 전기통신법 개정의 주요 내용이었다. 즉, 종래 재산권의 일종이던 전화가입권을 사용권으로 규정함으로써 전화가입권의 양도를 금지했고, 전기통신법 개정 전에 인가된 전화에 대해서는 자유로이 양도할 수 있는 규정을 둠으로써 가설전화를 사고 팔 수 있는 길을 터준 것이다.

9월 1일 이후 달아주는, 판매를 금지한 전화는 '청색전화', 여전히 자유롭게 사고 팔 수 있는, 이미 가설되어 있는 전화는 '백색전화'라 불렀다. 무슨 깊은 뜻이 있어서 그렇게 부른 건 아니었다. 앞의 전화는 가입전화에 관한 사항을 기재하는 원부의 색깔을 청색으로 했기에 청색전화, 뒤의 전화는 그 원부의 색깔을 종전의 백색 그대로 두었기에 백색전화라 부른 것뿐이다.[264] 김소진의 『장석조네 사람들』엔 이런 이야기가 나온다.

"그 집에는 주인집 장씨네에도 없는 백색전화라는 게 있을 정도로 끗발이 세었다.……백색전화가 어떻게 생겨부렸던가? 웬걸 깜장인 게로

판매를 금지한 전화는 '청색전화', 자유롭게 사고 팔 수 있는 전화는 '백색전화'라고 불렀다. 즉, 백색전화는 이미 가설되어 있는 전화다.

흑색전화인가 부던데? 분명히 백색전화라고 혀서 전화 중에서 젤로 비싸다 혔는디, 사람들이 잘못 알아부렀나? 그때까지만 해도 백색전화니 청색전화니 하는 말들이 색깔을 두고 하는 말이 아니라 남에게 어느 만큼 자유롭게 사고 팔 수 있는가 하는 조건을 뜻하는 것인 줄도 모르는 사람들이 깨나 있었다."[265]

이 제도가 시행된 1970년 9월 1일 당시 가입자 수는 전국 45만 7,280명이었으며, 그중 서울의 가입자는 19만 6,599명으로서 이것만 백색전화이고 그 후부터는 청색전화가 되었다.[266] 또한 정부는 전화 청약 우선순위를 정해 전화 공급의 공정을 기하려고 노력했지만, 하루아침에 전화가 투기적 사치품의 굴레에서 벗어나기는 어려운 일이었다.

1971년 서울-부산 간 장거리자동전화 개통

1970년 6월 2일 금산통신위성지구국이 개통되어 태평양 상공에 떠 있는 인텔새트 3호와 연결됨으로써 전화, 텔렉스, TV 등의 국제중계가 한결 수월해졌다. 이전까지만 하더라도 TV의 국제중계 등은 일본의 도움을 받아야만 했다. 1969년 7월 16일 미국이 인류 역사상 최초로 아폴로 11호를 발사해 인간을 달에 착륙시키는 데에 성공했을 때에도 한국 TV의 중계 경로는 매우 복잡했다. 미국의 케이프케네디 발사 현장에서 미국 ABC-TV가 인공위성 인텔새트 2호에 쏘아올린 화면을 일본의 NHK가 지구국에서 받아 전국에 중계하는 한편 한국을 위해 쓰시마섬에서 마이크로웨이브로 보내주었다. 이것을 부산 금련산에서 받아 서울에 보내 다시 전국 텔레비전망을 통해 방송하는 방식을 채택했던 것이다.[267]

1971년 3월 31일 서울-부산 간에 교환원의 중계 없이 가입자가 직접 다이얼을 돌려 전화를 걸 수 있는 장거리자동전화가 처음 개통되었다. 마이크로웨이브의 도입으로 회선이 증설됨에 따라 자동호출방식 Direct Distance Dialing, D.D.D의 채택이 가능하게 된 것이었다. 또한, 독립된 시외전화국이 건립되어 시외전화 소통이 훨씬 원활해졌다.[268]

1971년 9월 22일 남북분단 26년 만에 남과 북을 잇는 감격의 첫 통화가 이루어졌다. 이는 1971년 8월 대한적십자사 총재 최두선이 '1천만 이산가족찾기 운동'을 북한 적십자회에 제의하여 가진 최초의 남북 적십자회담이 맺은 첫 결실이었다.

그날 오전 10시부터 남북 공동작업반원들은 '자유의집'에서 약 70미터의 전선을 끌어와 판문점 공동경비구역 전봇대에 함께 올라가 직통전화를 가설했다. 북쪽의 흰색 건물인 '판문각' 2층 왼쪽에서 세 번째 창문이 있는 방과 연결된 직통전화는 자석식 전화로, 송신용과 수신용 각각 1대씩이었다. 이렇게 연결된 전화로 "여보세요, 여보세요, 하나 둘, 하나 둘, 신호가 잘 가는지 받아보세요", "신호는 잘 오는데 얘기는 잘 안 들리니 손 좀 보시지요"라고 하며 대한적십자사 회담사무국 직원 최동일과 북한적십자회 연락사무소장 최봉춘(현재도 담당) 사이에 첫 통화가 이루어졌다. 그날 판문점 주변과 각 언론은 분단 4반세기를 육성으로 뚫은 감격으로 축제 분위기에 휩싸였다.[269]

1972년 공중전화 3분 제한제

정부는 전화 가입 청약에 대한 경쟁이 치열한 나머지 가수요가 성행하자, 이를 통제하기 위해 1971년부터 전화 가입 청약을 할 때에 국가기관과 공공기관을 제외한 청약자에게 청약가납급을 예치하도록 제도화했다. 이 제도는 일시적인 효과는 있었으나 전화 적체의 누증으로 3개월 이상의 적체(이 경우 연리 18%의 이자 지급)가 45.4%나 차지하게 되자 청약자들의 불만이 점차 고조되었고 심지어는 전신전화사업에 대한 불신감마저 갖게 됨에 따라 나중에(1983년 8월) 전면 폐지되었다.[270]

'전화 전쟁'은 격렬했다. 『조선일보』 1971년 11월 12일자는 "전화 청약 접수는 아귀다툼을 벌여야 하고 가설을 기다릴 땐 기린같이 목이 빠질 지경이다"며 "11일 현재 서울 시내에서 가설 예정자 4,600여 명이 가설비 저축 등 10만 5,180원을 내고 전화를 놓지 못해 3개월 내지 6개월 동안 기다리고 있으며 약 7,700명이 예약금 7만 원을 내고 승낙을 고

대하고 있다"고 했다.[271] (1971년 월 신문구독료는 300원이었다.)

1972년 3월 25일 체신부는 공중전화에 대한 통화시분을 3분으로 제한했다. 전화교환기실에 타이머를 장치해 통화 개시 후 3분이 경과하면 자동으로 절단되도록 하는 이 조치는 장시간의 통화를 억제해 통화 완료율을 향상시키는 동시에 공중전화의 공평한 이용을 기하기 위한 조치였다.[272]

새마을운동의 시작과 함께 1972년부터 농촌 지역엔 공동전화가 설치되었다. 가입전화 1회선을 여러 가입자(2~10 이하)가 공동으로 사용하는 제도였다. 1972년 한해에 새마을사업 촉진을 위한 우수 새마을 우선지원의 일환으로 462개 마을에 설치함으로써 전국의 농촌마을 3만 4,665개 중 9,288개 마을에 전화가 가설되었다(이는 계속 추진되어 1976년 전화 무교환 면面이 일소되었으며, 1977년 상주인구 50인 이상 되는 54개 섬에 통신시설을 모두 설비했고, 1978년까지 1만 8,633개 리·동 단위의 마을에 전화 가설을 끝냈다).[273]

머리말

1 박찬식, 「야만의 시대, 인간 해방의 횃불 전태일」, 이병천·이광일 편, 『20세기 한국의 야만 2』(일빛, 2001), 172쪽.

2 로버트 하일브로너(Robert L. Heilbroner), 장상환 옮김, 『세속의 철학자들: 위대한 경제사상가들의 생애, 시대와 아이디어』(이마고, 2000/2005), 191~192쪽.

3 최장집, 『한국민주주의의 조건과 전망』(나남, 1996), 30~31쪽.

4 최장집, 『한국민주주의의 조건과 전망』(나남, 1996), 30~33쪽.

5 강준만, 「왜 지식인 논객들은 편가르기 구도의 졸(卒)이 되었을까?: 확증 편향」, 『감정 독재: 세상을 꿰뚫는 50가지 이론』(인물과사상사, 2013), 130~134쪽 참고.

6 김진송, 『현대성의 형성: 서울에 딴스홀을 허(許)하라』(현실문화연구, 1999), 11쪽.

제1부 1970년

1 박봉현, 『실록 제3공화국』(고려출판문화공사, 1993), 360쪽에서 재인용.

2 특별취재팀, 「실록 박정희 시대-철권통치: "정치는 낭비" 행정 돌파력에 강한 신념」, 『중앙일보』, 1997년 12월 18일, 10면.

3 전원경, 「놀 줄 모르는 당신 '여가학' 배워라」, 『주간동아』, 2002년 7월 25일, 59면.

4 이경남, 「철혈 대통령 박정희 재평가」, 『월간중앙』, 1992년 10월, 277~279쪽.

5 박정희, 『국가와 혁명과 나』(지구촌, 1963, 재발간 1997), 251~256쪽.

6   홍성태,「'군사적 성장주의'와 성수대교의 붕괴」, 이병천·이광일 편,『20세기 한국의 야만 2』(일빛, 2001), 371~378쪽.

7   한배호,『한국정치변동론』(법문사, 1994), 181쪽.

8   구해근, 신광영 옮김,『한국 노동계급의 형성』(창작과비평사, 2002), 207쪽.

9   김창훈,『한국 외교 어제와 오늘』(다락원, 2002), 137~138쪽; 특별취재팀,「실록 박정희 시대-수출 제일주의: 수출업자 특대…밀수에 걸려도 "봐줘라"」,『중앙일보』, 1997년 9월 8일, 5면.

10   특별취재팀,「실록 박정희 시대-수출 제일주의: 수출업자 특대…밀수에 걸려도 "봐줘라"」,『중앙일보』, 1997년 9월 8일, 5면.

11   특별취재팀,「실록 박정희 시대-수출 제일주의: 수출업자 특대…밀수에 걸려도 "봐줘라"」,『중앙일보』, 1997년 9월 8일, 5면.

12   오원철,『한국형 경제건설 3』(기아경제연구소, 1996), 162쪽.

13   오원철,『한국형 경제건설 3』(기아경제연구소, 1996), 162~164쪽.

14   오원철,『한국형 경제건설 3』(기아경제연구소, 1996), 163쪽.

15   오원철,『한국형 경제건설 3』(기아경제연구소, 1996), 164쪽.

16   오원철,『한국형 경제건설 3』(기아경제연구소, 1996), 165쪽.

17   오원철,『한국형 경제건설 3』(기아경제연구소, 1996), 167쪽.

18   오원철,『한국형 경제건설 7: 내가 전쟁을 하자는 것도 아니지 않느냐』(한국형경제정책연구소, 1999), 355~356쪽.

19   오원철,『한국형 경제건설 3』(기아경제연구소, 1996), 167쪽.

20   한국기독교교회협의회 인권위원회,『1970년대 민주화운동 (I)』(한국기독교교회협의회, 1987), 193쪽.

21   박진도,「현대사 다시 쓴다-이농과 도시화: 급격한 산업화…남부여대(男負女戴) 무작정 서울로」,『한국일보』, 1999년 8월 3일, 14면.

22   박진도,「현대사 다시 쓴다-이농과 도시화: 급격한 산업화…남부여대(男負女戴) 무작정 서울로」,『한국일보』, 1999년 8월 3일, 14면.

23   임혁백,『시장·국가·민주주의: 한국 민주화와 정치경제이론』(나남, 1994), 319쪽.

24   데이비드 거겐(David Gergen), 서율택 옮김,『CEO 대통령의 7가지 리더십: 리처드 닉슨에서부터 빌 클린턴까지』(스테디북, 2002), 56쪽.

25   정진석,『총성 없는 전선: 격동의 한·미·일 현대 외교 비사』(한국문원, 1999), 23쪽.

26   이동원,『대통령을 그리며』(고려원, 1992), 144~145쪽.

27   이동원,『대통령을 그리며』(고려원, 1992), 146~147쪽.

28   이동원,『대통령을 그리며』(고려원, 1992), 147~148쪽.

29　정진석, 『총성 없는 전선: 격동의 한·미·일 현대 외교 비사』(한국문원, 1999), 25쪽.

30　이동원, 『대통령을 그리며』(고려원, 1992), 148쪽.

31　현대사 연구소 연구팀, 「주한미군 철수 6」, 『중앙일보』, 1995년 10월 24일, 10면.

32　김성진, 『한국 정치 100년을 말한다: 우리들이 꼭 알아야 할 한국 정치의 실상』(두산 동아, 1999), 295쪽.

33　한배호, 『한국정치변동론』(법문사, 1994), 185쪽.

34　김용환, 『임자, 자네가 사령관 아닌가: 김용환 회고록』(매일경제신문사, 2002), 52쪽.

35　손정목, 「현대사 다시 쓴다-경부고속도 개통: 64년 독 아우토반 주행 후 박 대통령 ‘대역사’ 결심」, 『한국일보』, 1999년 8월 17일, 14면.

36　김정렴, 『한국경제정책 30년사: 김정렴 회고록』(중앙일보사, 1995), 243~244쪽.

37　오원철, 『한국형 경제건설 2』(기아경제연구소, 1996), 293쪽.

38　정주영, 『이 땅에 태어나서: 나의 살아온 이야기』(솔, 1998), 118~119쪽.

39　김정렴, 『한국경제정책 30년사: 김정렴 회고록』(중앙일보사, 1995), 242쪽.

40　손정목, 「현대사 다시 쓴다-경부고속도 개통: 64년 독 아우토반 주행 후 박 대통령 ‘대역사’ 결심」, 『한국일보』, 1999년 8월 17일, 14면.

41　「집중연재 박정희 육성 증언: 선우연 공보비서관, 8년간의 육성 비망록 여섯 권, 역사 적인 대공개!」, 『월간조선』, 1993년 3월, 154쪽.

42　홍하상, 『카리스마 vs 카리스마 이병철·정주영』(한국경제신문, 2001), 157~158쪽.

43　홍하상, 『카리스마 vs 카리스마 이병철·정주영』(한국경제신문, 2001), 162쪽.

44　오원철, 『한국형 경제건설 2』(기아경제연구소, 1996), 299~307쪽.

45　김정렴, 『아, 박정희: 김정렴 정치회고록』(중앙M&B, 1997), 120쪽.

46　장지량 구술, 이계홍 정리, 『빨간 마후라: 하늘에 등불을 켜고』(이미지북, 2006), 294 ~295쪽.

47　김정렴, 『한국경제정책 30년사: 김정렴 회고록』(중앙일보사, 1995), 241쪽.

48　중앙일보 특별취재팀, 『실록 박정희』(중앙M&B, 1998), 186쪽.

49　오원철, 『한국형 경제건설 2』(기아경제연구소, 1996), 294쪽.

50　중앙일보 특별취재팀, 『실록 박정희』(중앙M&B, 1998), 189쪽.

51　홍권희, 「개통 24년 경부고속도 차량 10억 대 통과」, 『동아일보』, 1994년 7월 8일, 29면.

52　손정목, 「현대사 다시 쓴다-경부고속도 개통: 64년 독 아우토반 주행 후 박 대통령 ‘대역사’ 결심」, 『한국일보』, 1999년 8월 17일, 14면.

53　조용중, 「1971년 ‘10·2 항명 파동’의 전말: 대정객 김성곤, 박정희에 항명하다!」, 『월 간조선』, 1995년 4월, 661쪽.

54 홍하상, 『카리스마 vs 카리스마 이병철·정주영』(한국경제신문, 2001), 163쪽.

55 강현두, 「현대 한국 사회와 대중문화」, 강현두 편, 『한국의 대중문화』(나남, 1987), 26~27쪽.

56 이영미, 「'이별' 그리고 '여행': 가요에 담긴 기차의 이미지」, 『시사저널』, 1999년 8월 26일, 67면.

57 박태순, 「내가 보낸 서울의 60년대」, 『문화과학』, 5호(1994년 봄), 141~142쪽.

58 손정목, 「현대사 다시 쓴다-경부고속도 개통: 64년 독 아우토반 주행 후 박 대통령 '대역사' 결심」, 『한국일보』, 1999년 8월 17일, 14면.

59 임철, 『통일 한국의 땅 이야기: 토지제도가 바로 서야 나라가 바로 선다』(동연, 1995), 97쪽.

60 전상봉, 『강남을 읽다: 강남 형성과 강남 현상을 찾아서』(여유당, 2018), 59쪽; 한종수·강희용·전병옥, 『강남의 탄생: 대한민국의 심장 도시는 어떻게 태어났는가?』(미지북스, 개정증보판, 2024), 255~261쪽.

61 홍승직, 「고속도로와 사회변동」, 임희섭·박길성 공편, 『오늘의 한국 사회』(나남, 1993), 498쪽.

62 홍승직, 「고속도로와 사회변동」, 임희섭·박길성 공편, 『오늘의 한국 사회』(나남, 1993), 502쪽.

63 홍승직, 「고속도로와 사회변동」, 임희섭·박길성 공편, 『오늘의 한국 사회』(나남, 1993), 503~504쪽.

64 손정목, 『서울 도시계획 이야기: 서울 격동의 50년과 나의 증언 ①』(한울, 2003), 305~306쪽.

65 손정목, 『서울 도시계획 이야기: 서울 격동의 50년과 나의 증언 ②』(한울, 2003), 35쪽.

66 강명구, 「1960년대 도시 발달의 유형과 특징: 발전주의 국가의 공간 조작」, 한국정신문화연구원 편, 『1960년대 사회변화연구: 1963~1970』(백산서당, 1999), 84쪽; 송은영, 『서울 탄생기: 1960~1970년대 문학으로 본 현대 도시 서울의 사회사』(푸른역사, 2018), 212쪽.

67 심승희, 『서울: 시간을 기억하는 공간』(나노미디어, 2004), 74쪽.

68 우동선, 「청계천에 관한 몇 가지 단상들」, 이재현 외, 『공간의 문화 정치: 공간 문화 서울』(현실문화연구, 1995), 166쪽.

69 한상진, 「고속도로와 지역불균등발전」, 『역사비평』 편집위원회, 『논쟁으로 본 한국 사회 100년』(역사비평사, 2000), 303쪽.

70 김용환, 『임자, 자네가 사령관 아닌가: 김용환 회고록』(매일경제신문사, 2002), 54쪽.

71 이상우, 『박정권 18년: 그 권력의 내막』(동아일보사, 1986), 341~342쪽.

72 한상진, 「고속도로와 지역불균등발전」, 『역사비평』 편집위원회, 『논쟁으로 본 한국 사회 100년』(역사비평사, 2000), 306쪽.

73 한상진, 「고속도로와 지역불균등발전」, 『역사비평』 편집위원회, 『논쟁으로 본 한국 사회 100년』(역사비평사, 2000), 302~303쪽.

74 홍하상, 『카리스마 vs 카리스마 이병철·정주영』(한국경제신문, 2001), 158쪽.

75 이상우, 『박정권 18년: 그 권력의 내막』(동아일보사, 1986), 346쪽.

76 강준만, 『전라도 죽이기』(개마고원, 1995), 50쪽.

77 박경애, 「인구변동과 사회변동」, 홍두승 편, 『한국 사회 50년: 사회변동과 재구조화』(서울대학교출판부, 1997), 30쪽.

78 이상우, 『박정권 18년: 그 권력의 내막』(동아일보사, 1986), 347쪽.

79 박상훈, 「지역균열의 구조와 행태」, 한국정치연구회 편, 『박정희를 넘어서: 박정희와 그 시대에 대한 비판적 연구』(푸른숲, 1998), 220쪽.

80 박상훈, 「지역균열의 구조와 행태」, 한국정치연구회 편, 『박정희를 넘어서: 박정희와 그 시대에 대한 비판적 연구』(푸른숲, 1998), 220~221쪽.

81 문일석, 『비록 중앙정보부』(물결, 1993년); 이정석, 『분단과 반민주로 본 한국 정치 이야기 상(上)』(무당미디어, 1997), 374쪽에서 재인용.

82 강준만, 「왜 경부고속도로가 지역주의를 악화시켰는가?: 경로의존」, 『우리는 왜 이렇게 사는 걸까?: 세상을 꿰뚫는 50가지 이론 2』(인물과사상사, 2014), 291~296쪽 참고.

83 이정석, 『분단과 반민주로 본 한국 정치 이야기 상(上)』(무당미디어, 1997), 374쪽에서 재인용.

84 오원철, 『한국형 경제건설 7: 내가 전쟁을 하자는 것도 아니지 않느냐』(한국형경제정책연구소, 1999), 342쪽.

85 오원철, 『한국형 경제건설 7: 내가 전쟁을 하자는 것도 아니지 않느냐』(한국형경제정책연구소, 1999), 343쪽.

86 김성진, 『한국 정치 100년을 말한다: 우리들이 꼭 알아야 할 한국 정치의 실상』(두산동아, 1999), 298쪽.

87 오원철, 『한국형 경제건설 7: 내가 전쟁을 하자는 것도 아니지 않느냐』(한국형경제정책연구소, 1999), 346쪽.

88 오원철, 『한국형 경제건설 7: 내가 전쟁을 하자는 것도 아니지 않느냐』(한국형경제정책연구소, 1999), 335쪽.

89 오원철, 『한국형 경제건설 7: 내가 전쟁을 하자는 것도 아니지 않느냐』(한국형경제정책연구소, 1999), 32쪽.

90 오원철, 『한국형 경제건설 7: 내가 전쟁을 하자는 것도 아니지 않느냐』(한국형경제정

책연구소, 1999), 330쪽.

91 김정렴, 『아, 박정희: 김정렴 정치회고록』(중앙M&B, 1997), 270쪽.

92 오원철, 『한국형 경제건설 7: 내가 전쟁을 하자는 것도 아니지 않느냐』(한국형경제정책연구소, 1999), 347쪽.

93 특별취재팀, 「실록 박정희 시대-1970년 8·15 선언: 경제개발 시간 벌기 위한 북 발목잡기」, 『중앙일보』, 1997년 7월 14일, 5면.

94 하야시 다케히코(林建彦), 최현 옮김, 『한국현대사』(삼민사, 1986), 294~295쪽; 이상우, 『박정권 18년: 그 권력의 내막』(동아일보사, 1986), 224쪽.

95 오원철, 『한국형 경제건설 7: 내가 전쟁을 하자는 것도 아니지 않느냐』(한국형경제정책연구소, 1999), 358쪽.

96 김정렴, 『아, 박정희: 김정렴 정치회고록』(중앙M&B, 1997), 51쪽.

97 중앙일보 특별취재팀, 『실록 박정희』(중앙M&B, 1998), 262쪽.

98 중앙일보 특별취재팀, 『실록 박정희』(중앙M&B, 1998), 262쪽.

99 김충식, 『정치공작사령부 남산의 부장들 1』(동아일보사, 1992), 181~182쪽.

100 이호갑, 「단독 공개-김계원 육군교도소 접견록: "김종필 세력을 벌초하라"」, 『신동아』, 1996년 5월, 270쪽.

101 김충식, 『정치공작사령부 남산의 부장들 1』(동아일보사, 1992), 244~246쪽.

102 김충식, 『정치공작사령부 남산의 부장들 1』(동아일보사, 1992), 243쪽; 이영훈, 『파벌로 보는 한국 야당사: 정치 파벌에 대한 심층적 분석』(에디터, 2000), 105쪽.

103 김충식, 『정치공작사령부 남산의 부장들 1』(동아일보사, 1992), 248쪽.

104 김옥두, 『고난의 한길에도 희망은 있다』(인동, 1999), 63쪽.

105 이희호, 『이희호 자서전 동행: 고난과 영광의 회전무대』(웅진지식하우스, 2008), 99~101쪽.

106 김택근, 『새벽: 김대중 평전』(사계절, 2012), 75쪽.

107 김충식, 『정치공작사령부 남산의 부장들 1』(동아일보사, 1992), 249쪽.

108 김충식, 『정치공작사령부 남산의 부장들 1』(동아일보사, 1992), 179~180쪽.

109 김충식, 『정치공작사령부 남산의 부장들 1』(동아일보사, 1992), 286쪽.

110 김충식, 『정치공작사령부 남산의 부장들 1』(동아일보사, 1992), 297쪽.

111 고은, 「이후락」, 『만인보 22』(창비, 2006), 225~229쪽.

112 박정희, 「새마을운동과 국가건설」, 『민족중흥의 길』(광명출판사, 1978), 113쪽.

113 유양수, 「내가 사석에서 만난 대통령 박정희: "평가교수들 만나는 게 시간이 아까워 만나지 않는 겁니다"」, 『월간조선』, 1995년 12월, 538쪽.

114 이상우, 『박정권 18년: 그 권력의 내막』(동아일보사, 1986), 167쪽.

115 이상우,『박정권 18년: 그 권력의 내막』(동아일보사, 1986), 311쪽.

116 이상우,『박정권 18년: 그 권력의 내막』(동아일보사, 1986), 312쪽.

117 「집중연재 박정희 육성 증언: 선우연 공보비서관, 8년간의 육성 비망록 여섯 권, 역사 적인 대공개!」,『월간조선』, 1993년 3월, 140쪽.

118 이상우,『박정권 18년: 그 권력의 내막』(동아일보사, 1986), 313쪽.

119 이상우,『박정권 18년: 그 권력의 내막』(동아일보사, 1986), 313~315쪽.

120 이상우,『박정권 18년: 그 권력의 내막』(동아일보사, 1986), 312쪽.

121 홍윤기,「박종홍 철학 연구: 철학과 권력의 퇴행적 결합」,『역사비평』, 제55호(2001년 여름), 161쪽.

122 홍윤기,「박종홍 철학 연구: 철학과 권력의 퇴행적 결합」,『역사비평』, 제55호(2001년 여름), 206쪽.

123 김정렴,『아, 박정희: 김정렴 정치회고록』(중앙M&B, 1997), 30쪽에서 재인용.

124 홍윤기,「박종홍 철학 연구: 철학과 권력의 퇴행적 결합」,『역사비평』, 제55호(2001년 여름), 206쪽에서 재인용.

125 홍윤기,「박종홍 철학 연구: 철학과 권력의 퇴행적 결합」,『역사비평』, 제55호(2001년 여름), 207쪽.

126 김석수,『현실 속의 철학 철학 속의 현실: 박종홍 철학에 대한 또 하나의 해석』(책세상, 2001), 67~68쪽.

127 홍윤기,「박종홍 철학 연구: 철학과 권력의 퇴행적 결합」,『역사비평』, 제55호(2001년 여름), 163~164쪽.

128 홍윤기,「박종홍 철학 연구: 철학과 권력의 퇴행적 결합」,『역사비평』, 제55호(2001년 여름), 205쪽.

129 리처드 워커(전 주한 미 대사),「한국의 추억: 한국의 보배 함병춘」,『한국일보』, 1998년 2월 23일.

130 조갑제,「사대적 문민들의 대한민국 죽이기」,『월간조선』, 1998년 1월호에서 재인용.

131 조갑제,「사대적 문민들의 대한민국 죽이기」,『월간조선』, 1998년 1월호에서 재인용.

132 이한빈,『일하며 생각하며: 이한빈 회고록』(조선일보사, 1996), 454~455쪽.

133 김석수,『현실 속의 철학 철학 속의 현실: 박종홍 철학에 대한 또 하나의 해석』(책세상, 2001), 203쪽에서 재인용.

134 김석수,『현실 속의 철학 철학 속의 현실: 박종홍 철학에 대한 또 하나의 해석』(책세상, 2001), 27쪽에서 재인용.

135 여영무,「추적 정인숙 미스테리」,『신동아』, 1983년 9월호, 166~167쪽.

136 윤재걸,『청와대 밀명: 윤재걸 르포집』(한겨레, 1987), 14쪽.

137 김충식, 『정치공작사령부 남산의 부장들 1』(동아일보사, 1992), 188쪽.

138 노가원, 『청와대 경호실 2: 군사정권 30년 비사』(월간말, 1994), 54쪽.

139 셀리그 해리슨(Selig Harrison), 「박 정권 외신 보도 통제 안간힘」, 『한겨레신문』, 1996년 1월 15일, 5면.

140 박갑수, 「창간 이후 유행어로 본 세태 47년」, 『경향신문』, 1993년 10월 6일, 30면.

141 임은순, 「오빠 정종욱 씨가 밝힌 '정인숙 사건' 진상」, 『경향신문』, 1991년 1월 16일, 14면.

142 김충식, 『정치공작사령부 남산의 부장들 1』(동아일보사, 1992), 195쪽; 노재현, 『청와대 비서실 2』(중앙일보사, 1993), 178쪽.

143 이정식, 「정인숙 사건」, 『권력과 여인』(돋움, 2000), 267쪽.

144 김충식, 『정치공작사령부 남산의 부장들 1』(동아일보사, 1992), 199~200쪽.

145 이정식, 「정인숙 사건」, 『권력과 여인』(돋움, 2000), 267~268쪽.

146 윤재걸, 『청와대 밀명: 윤재걸 르포집』(훈겨레, 1987), 14쪽; 최을영, 「정인숙: 요정 정치의 희생자」, 김환표 외, 『시사인물사전 16: 스캔들에 갇힌 영혼들』(인물과사상사, 2002), 91~114쪽.

147 장사공, 『실록 정인숙: 나는 너를 천사라 부른다』(길한문화사, 1988); 황현철 편저, 『박 정권과 정인숙 사건』(덕문출판사, 1988).

148 손광주, 「24년 만에 말 문 연 이거락: "정인숙 '비밀수첩' 하루 만에 빼앗겼다"」, 『신동아』, 1994년 12월, 354~368쪽.

149 김동철, 「미로 속의 취재, 현장은 말을 한다」, 한국언론정보학회 편, 『이제는 말할 수 있다』(커뮤니케이션북스, 2002), 310쪽; 김동철, 「땅에 묻은 스캔들, 정인숙 사건」, 정길화·김환균 외, 『우리들의 현대 침묵사: 한국 현대사 미스터리 추적』(해냄, 2006), 90~108쪽.

150 하준, 「정인숙 여인 살해 사건」, 『세계일보』, 1995년 10월 9일, 5면.

151 임은순, 「오빠 정종욱 씨가 밝힌 '정인숙 사건' 진상」, 『경향신문』, 1991년 1월 16일, 14면.

152 「친자확인 소송 정인숙 아들 "박 대통령 핏줄일 수도" 주장」, 『국민일보』, 1993년 2월 4일, 19면.

153 김경재, 『혁명과 우상: 김형욱 회고록 3』(인물과사상사, 2009), 25~261쪽; 이정식, 「정인숙 사건」, 『권력과 여인』(돋움, 2000), 279~280쪽.

154 김충식, 『정치공작사령부 남산의 부장들 1』(동아일보사, 1992), 191쪽.

155 김호경, 「"박 전 대통령 딸 낳았다" 주장 문일봉 씨 '박정희 숭모회'와 집 소유권 다툼 승소」, 『국민일보』, 2000년 12월 5일, 27면.

156　조갑제, 『유고! ①』(한길사, 1987), 20쪽.

157　문명자, 「문명자의 박정희 취재 파일 ⑤ 비운의 영부인 육영수: "청와대는 영원한 나의 집이 아니다"」, 『월간말』, 1997년 12월, 112~114쪽.

158　조성식, 「김택수의 여인 김성순 고백/내가 겪은 '요정의 세계': '한윤희' 놓고 이후락 김진만 김택수 3각 게임」, 『일요신문』, 1996년 1월 28일, 52면.

159　조성식, 「김택수의 여인 김성순 고백/내가 겪은 '요정의 세계': '한윤희' 놓고 이후락 김진만 김택수 3각 게임」, 『일요신문』, 1996년 1월 28일, 52면.

160　최종선, 『산자여 말하라: 나의 형 최종길 교수는 이렇게 죽었다』(공동선, 2001), 217쪽.

161　조성식, 「김택수의 여인 김성순 고백/내가 겪은 '요정의 세계': '한윤희' 놓고 이후락 김진만 김택수 3각 게임」, 『일요신문』, 1996년 1월 28일, 52~53면.

162　우종창, 「"보안사령관실에 사우나 만들고 마사지 걸 채용": 전 합수본부 수사국장 백동림 씨의 '보안사 30년' 회고」, 『주간조선』, 1995년 3월 30일, 56면.

163　우종창, 「"보안사령관실에 사우나 만들고 마사지 걸 채용": 전 합수본부 수사국장 백동림 씨의 '보안사 30년' 회고」, 『주간조선』, 1995년 3월 30일, 56면.

164　고은, 「요정 종업원 임도빈」, 『만인보 11』(창작과비평사, 1996), 139~140쪽.

165　허의도, 「인물탐구/68세의 거울 앞에 선 김현옥 씨: "도시 행정은 시민의 즐거움에 유·무형 재산을 보태는 것"」, 『월간중앙』, 1994년 12월, 135쪽.

166　고철, 「한국주택변천사/시민아파트: '부실 대명사' 와우아파트 69년 건설」, 『중앙일보』, 1994년 6월 8일, 21면.

167　손광식, 『한국의 이너서클: 대기자 취재파일』(중심, 2002), 111쪽.

168　손정목, 『한국 도시 60년의 이야기 1』(한울, 2005), 260쪽.

169　허용범, 『한국 언론 100대 특종』(나남, 2000), 182~183쪽.

170　김희경 외, 『어처구니없는 한국 현대사』(지성사, 1996), 15, 17쪽.

171　김희경 외, 『어처구니없는 한국 현대사』(지성사, 1996), 16쪽.

172　김희경 외, 『어처구니없는 한국 현대사』(지성사, 1996), 16쪽.

173　김희경 외, 『어처구니없는 한국 현대사』(지성사, 1996), 16쪽.

174　정진동, 「유신정권 앞에 휘날렸던 산업선교 깃발이 오늘은 왜 휘날리지 못하나?」, 박형규 목사 고희기념문집 출판위원회 편, 『행동하는 신학 실천하는 신앙인』(사회평론, 1995), 166~167쪽.

175　김충식, 『정치공작사령부 남산의 부장들 1』(동아일보사, 1992), 207~208쪽에서 재인용.

176　김충식, 『정치공작사령부 남산의 부장들 1』(동아일보사, 1992), 208~209쪽.

177　김삼웅, 『한국곡필사 (1)』(신학문사, 1989), 193쪽.

178   김충식,『정치공작사령부 남산의 부장들 1』(동아일보사, 1992), 208~209쪽.

179   양평,「광인(狂人)의 광시(狂詩)」,『세계일보』, 2000년 6월 2일, 2면.

180   김삼웅,『한국곡필사 (1)』(신학문사, 1989), 193쪽.

181   양길승,「1970년대-김지하: '오적' 그리고 '타는 목마름으로'」,『역사비평』, 제31호
       (1995년 겨울), 208쪽.

182   정진석,『한국 현대언론사론』(전예원, 1985), 234~235쪽.

183   정진석,『한국 현대언론사론』(전예원, 1985), 236쪽.

184   하야시 다케히코(林建彦), 최현 옮김,『남북한 현대사』(삼민사, 1989), 229쪽에서 재
       인용.

185   김명환,「[김명환의 시간여행] (42) 아파트에도 있던 '엘리베이터 걸'"가장 큰 고충
       은 남자 손님들 희롱"」,『조선일보』, 2016년 11월 2일.

186   하야시 다케히코(林建彦), 최현 옮김,『남북한 현대사』(삼민사, 1989), 229~230쪽.

187   박정희,『국가와 혁명과 나』(지구촌, 1963, 재발간 1997), 275~276쪽.

188   김종신,『박정희 대통령과 주변 사람들』(한국논단, 1997), 204쪽.

189   김종신,『박정희 대통령과 주변 사람들』(한국논단, 1997), 204~205쪽.

190   김종신,『박정희 대통령과 주변 사람들』(한국논단, 1997), 206~207쪽.

191   임종수,「1960~70년대 텔레비전 붐 현상과 텔레비전 도입의 맥락」,『한국언론학보』,
       48권 2호(2004년 4월), 86쪽에서 재인용.

192   한국방송공사,『한국방송사』(한국방송공사, 1977), 823~825쪽.

193   고성원,「아씨와 작가 임희재」, 한국TV방송50년위원회,『한국의 방송인: 체험적 현장
       기록 한국방송 1956~2001』(커뮤니케이션북스, 2001), 440쪽.

194   조항제,「1970년대 한국 텔레비전의 구조적 성격에 관한 연구: 국가정책과 텔레비전
       자본 간의 관계를 중심으로」, 서울대학교 대학원 신문학과 박사학위 논문, 1994년 2
       월, 169쪽.

195   정순일,『한국방송의 어제와 오늘: 체험적 방송 현대사』(나남, 1991), 185~186쪽.

196   최장집,『한국의 노동운동과 국가』(나남, 1997), 149~150쪽.

197   여성신문사 편집부 엮음,「이소선: 아, 우리들의 어머니!」,『이야기 여성사 1』(여성신
       문사, 2000), 163~164쪽.

198   조영래,『전태일 평전』(돌베개, 1983/1991), 125~126쪽.

199   조영래,『전태일 평전』(돌베개, 1983/1991), 156쪽.

200   조영래,『전태일 평전』(돌베개, 1983/1991), 104~111쪽.

201   조영래,『전태일 평전』(돌베개, 1983/1991), 238쪽.

202   조영래,『전태일 평전』(돌베개, 1983/1991), 252~254쪽.

203　조영래,『전태일 평전』(돌베개, 1983/1991), 259~268쪽.

204　조영래,『전태일 평전』(돌베개, 1983/1991), 26쪽.

205　「몸 살라 지펴낸 노동해방의 불꽃」, 한겨레신문사,『발굴 한국 현대사 인물』(한겨레신
　　　문사, 1991), 133쪽.

206　구해근, 신광영 옮김,『한국 노동계급의 형성』(창작과비평사, 2002), 159쪽.

207　이광일,「우리시대 지식인의 초상: 권력과 자본의 품에 안긴 지식인들」,『당대비평』,
　　　제4호(1998년 여름), 279쪽.

208　서중석,「3선 개헌 반대, 민청학련 투쟁, 반유신 투쟁」,『역사비평』, 창간호(1988년 여
　　　름), 75쪽.

209　박세길,『다시 쓰는 한국 현대사 2: 휴전에서 10·26까지』(돌베개, 1989), 224~225
　　　쪽; 한국기독교교회협의회 인권위원회,『1970년대 민주화운동 (I)』(한국기독교교회
　　　협의회, 1987), 107~108쪽.

210　이우정,「민청학련 사건에서 겪은 고통」, 박형규 목사 고희기념문집 출판위원회 편,
　　　『행동하는 신학 실천하는 신앙인』(사회평론, 1995), 243쪽.

211　조영래,『전태일 평전』(돌베개, 1983/1991), 27쪽.

212　지명관,『한국을 움직인 현대사 61장면』(다섯수레, 1996), 98~101쪽; 한국정치연
　　　구회,『한국정치사』(백산서당, 1990), 352~353쪽; 역사학연구소,『강좌 한국근현대
　　　사』(풀빛, 1995), 347쪽.

213　박승옥,「1970년대 - ‘고속도로’와 ‘닭장집’」,『역사비평』, 제13호(1991년 여름),
　　　113~117쪽.

214　조영래,『전태일 평전』(돌베개, 1983/1991), 26쪽.

215　오도엽,『지겹도록 고마운 사람들아: 이소선 여든의 기억』(후마니타스, 2008), 189쪽;
　　　「이소선」,『위키백과』.

216　박석분·박은봉,『여성 인물사: 한국편』(새날, 1994), 290쪽.

217　고은,「이소선」,『만인보 10』(창작과비평사, 1996), 19쪽.

218　한승동,「노동자 어머니 이소선 “지금 정규직이라고 천년만년 할 것 같냐”」,『한겨레』,
　　　2008년 12월 6일.

219　오도엽,『지겹도록 고마운 사람들아: 이소선·여든의 기억』(후마니타스, 2008), 286
　　　~287쪽.

220　한승동,「“태일아, 너의 간절한 꿈 아직 못 이뤘구나” 기념사업회관서 만난 이소선 씨
　　　“없는 사람은 더 땅으로 꺼지는 세상”」,『한겨레』, 2008년 12월 6일.

1   이희호, 『이희호 자서전 동행: 고난과 영광의 회전무대』(웅진지식하우스, 2008), 103
        ~105쪽; 강성주, 「[강성주의 '박정희 · 김대중'-㊷] 김대중, 닉슨 대통령은 만나지 못
        해」, 『월드코리안』, 2024년 7월 20일.

2   홍석률, 「대통령 선거와 미국: 미국의 관여와 영향력」, 『역사비평』, 제60호(2002년
        가을), 89쪽.

3   김충식, 『정치공작사령부 남산의 부장들 1』(동아일보사, 1992), 303~304쪽.

4   한승헌, 『불행한 조국의 임상노트: 정치재판의 현장』(일요신문사, 1997), 116~117쪽.

5   윤형두, 「월간『다리』지 필화 사건: 언론 · 출판 탄압에 대한 최초의 무죄 사건」, 한승헌
        선생 화갑기념문집간행위원회 편, 『분단시대의 피고들: 한승헌 변호사 변론 사건 실
        록』(범우사, 1994), 160쪽.

6   한승헌, 『재판으로 본 한국현대사』(창비, 2016), 211~212쪽.

7   동아일보사 노동조합, 『동아자유언론 실천운동백서』(동아일보사, 1989), 150쪽.

8   송건호, 『한국현대언론사』(삼민사, 1990), 169쪽.

9   정리 장인철, 「미 국무부 기밀해제 문서/71년 한국 대선: 박 대통령, 정일권에 "선거
        손떼라"」, 『한국일보』, 1997년 11월 4일, 14면.

10   정리 장인철, 「미 국무부 기밀해제 문서/71년 한국 대선: 박 대통령, 정일권에 "선거
        손떼라"」, 『한국일보』, 1997년 11월 4일, 14면.

11   동아일보사 노동조합, 『동아자유언론 실천운동백서』(동아일보사, 1989), 25쪽.

12   김해식, 『한국 언론의 사회학』(나남, 1994), 123쪽.

13   동아일보사 노동조합, 『동아자유언론 실천운동백서』(동아일보사, 1989), 26쪽.

14   서중석, 「3선 개헌 반대, 민청학련 투쟁, 반유신 투쟁」, 『역사비평』, 창간호(1988년 여
        름), 76쪽.

15   한국기독교교회협의회 인권위원회, 『1970년대 민주화운동 (I)』(한국기독교교회협의
        회, 1987), 61, 65쪽.

16   김충식, 『정치공작사령부 남산의 부장들 1』(동아일보사, 1992), 310쪽.

17   서승, 「겨레를 찾아 나라를 찾아」, 한승헌 선생 화갑기념문집간행위원회 편, 『분단시
        대의 피고들: 한승헌 변호사 변론 사건 실록』(범우사, 1994), 180~182쪽.

18   김충식, 『정치공작사령부 남산의 부장들 1』(동아일보사, 1992), 310쪽.

19   최규장, 『언론인의 사계』(을유문화사, 1998), 102쪽.

20   최종선, 『산자여 말하라: 나의 형 최종길 교수는 이렇게 죽었다』(공동선, 2001), 220쪽.

21   「집중연재 박정희 육성 증언: 선우연 공보비서관, 8년간의 육성 비망록 여섯 권, 역사

적인 대공개!」, 『월간조선』, 1993년 3월, 158쪽.

22   최종선, 『산 자여 말하라: 나의 형 최종길 교수는 이렇게 죽었다』(공동선, 2001), 220쪽.

23   김충식, 『정치공작사령부 남산의 부장들 1』(동아일보사, 1992), 301쪽.

24   김택근, 『새벽: 김대중 평전』(사계절, 2012), 79쪽.

25   김택근, 『새벽: 김대중 평전』(사계절, 2012), 82~83쪽.

26   서중석, 「선거와 바람: 바람의 정치」, 『역사비평』, 제60호(2002년 가을), 71쪽.

27   강성주, 「[강성주의 '박정희 · 김대중'-㊹] 새로운 신화 쓴 장충단공원 유세」, 『월드코
      리안』, 2024년 8월 3일.

28   김대중, 『후광 김대중 대전집 6: 독재와 나의 투쟁』(중심서원, 1993), 124쪽.

29   김택근, 『새벽: 김대중 평전』(사계절, 2012), 86쪽; 김옥두, 『고난의 한길에도 희망은
      있다』(인동, 1999), 76~77쪽.

30   정리 장인철, 「미 국무부 기밀해제 문서/71년 한국 대선: 박 대통령, 정일권에 "선거
      손떼라"」, 『한국일보』, 1997년 11월 4일, 14면.

31   김충식, 『정치공작사령부 남산의 부장들 1』(동아일보사, 1992), 296쪽.

32   김충식, 『정치공작사령부 남산의 부장들 1』(동아일보사, 1992), 296쪽.

33   박세길, 『다시 쓰는 한국 현대사 2: 휴전에서 10 · 26까지』(돌베개, 1989), 171쪽.

34   김충식, 『정치공작사령부 남산의 부장들 1』(동아일보사, 1992), 183~184쪽에서 재
      인용.

35   문명자, 『내가 본 박정희와 김대중』(월간말, 1999), 212쪽.

36   허용범, 『한국 언론 100대 특종』(나남, 2000), 153쪽.

37   최형우, 『더 넓은 가슴으로 내일을』(깊은사랑, 1993), 62쪽.

38   이상우, 『박정권 18년: 그 권력의 내막』(동아일보사, 1986), 170쪽.

39   방우영, 『조선일보와 45년』(조선일보사, 1998), 211쪽.

40   김충식, 『정치공작사령부 남산의 부장들 1』(동아일보사, 1992), 319~320쪽.

41   광주매일 정사 5 · 18 특별취재반, 『정사(正史) 5 · 18 상(上)』(사회평론, 1995), 27쪽.

42   김충식, 『정치공작사령부 남산의 부장들 1』(동아일보사, 1992), 305쪽.

43   이상우, 『박정권 18년: 그 권력의 내막』(동아일보사, 1986), 343쪽.

44   김옥두, 『고난의 한길에도 희망은 있다』(인동, 1999), 86~87쪽.

45   김충식, 『정치공작사령부 남산의 부장들 1』(동아일보사, 1986), 267쪽; 이상우, 『박
      정권 18년: 그 권력의 내막』(동아일보사, 1986), 344쪽.

46   김충식, 『정치공작사령부 남산의 부장들 1』(동아일보사, 1992), 267쪽.

47   김옥두, 『고난의 한길에도 희망은 있다』(인동, 1999), 89쪽에서 재인용.

48   민주언론운동시민연합 신문모니터분과, 「조선일보와 지역 분열주의」, 김민웅 외, 『조

선일보를 아십니까』(개마고원, 1999), 258~259쪽.

49   「민족분열 조장 발언 성토: 700여 명이 잔디밭에 모여」,『전북대학신문』, 1971년 5월
     21일, 1면.

50   김정렴 외,「박정희 사후 15년 기념 그 시대 주역들의 특별좌담: "경제발전과 남침 저
     지의 울타리 안에서 민주화운동이 가능했다"」,『월간조선』, 1994년 11월, 597쪽.

51   한승조,『박정희 붐, 우연인가 필연인가』(말과창조사, 1999), 348쪽.

52   김경재,『혁명과 우상: 김형욱 회고록 3』(전예원, 1991), 86~88쪽; 김대중,『후광 김
     대중 대전집 6: 독재와 나의 투쟁』(중심서원, 1993), 129~130쪽.

53   한용원,『한국의 군부정치』(대왕사, 1993), 313쪽.

54   김충식,『정치공작사령부 남산의 부장들 1』(동아일보사, 1992), 331쪽.

55   김세중,「군부권위주의의 생선과 전개: 제3·4공화국의 정치 과정에 대한 권력정치적
     접근」, 한흥수 편,『한국정치동태론』(오름, 1996), 283~284쪽.

56   김종필,『김종필 증언록 1: JP가 말하는 대한민국 현대사』(와이즈베리, 2016), 385쪽.

57   김옥두,『고난의 한길에도 희망은 있다』(인동, 1999), 100쪽.

58   이상우,『박정권 18년: 그 권력의 내막』(동아일보사, 1986), 279쪽.

59   이상우,『박정권 18년: 그 권력의 내막』(동아일보사, 1986), 280~281쪽.

60   김충식,『정치공작사령부 남산의 부장들 1』(동아일보사, 1992), 359~360쪽.

61   이상우,『박정권 18년: 그 권력의 내막』(동아일보사, 1986), 284쪽.

62   김충식,『정치공작사령부 남산의 부장들 1』(동아일보사, 1992), 360~361쪽.

63   김충식,『정치공작사령부 남산의 부장들 1』(동아일보사, 1992), 361쪽.

64   「집중연재 박정희 육성 증언: 선우연 공보비서관, 8년간의 육성 비망록 여섯 권, 역사
     적인 대공개!」,『월간조선』, 1993년 3월, 141~147쪽.

65   김충식,『정치공작사령부 남산의 부장들 1』(동아일보사, 1992), 361쪽.

66   이영석,『야당 40년사』(인간사, 1987), 302~303쪽.

67   김충식,『정치공작사령부 남산의 부장들 1』(동아일보사, 1992), 361쪽; 이상우,『박
     정권 18년: 그 권력의 내막』(동아일보사, 1986), 291쪽.

68   이상우,『박정권 18년: 그 권력의 내막』(동아일보사, 1986), 291쪽.

69   송인수,「법원 100년 세태 100년: 부끄러운 과거 '유신 암흑기'」,『동아일보』, 1995년
     4월 23일, 21면.

70   이상우,『박정권 18년: 그 권력의 내막』(동아일보사, 1986), 293~294쪽.

71   한승헌,『불행한 조국의 임상노트: 정치재판의 현장』(일요신문사, 1997), 211쪽.

72   서중석,「3선 개헌 반대, 민청학련 투쟁, 반유신투쟁」,『역사비평』, 창간호(1988년 여
     름), 77쪽.

73 고은, 「목요상」, 『만인보 10』(창작과비평사, 1996), 173쪽.

74 특별취재팀, 「실록 박정희 시대-그린벨트: 한 뼘 땅도 예외 불허… '최고 치적' 각국 선망」, 『중앙일보』, 1997년 9월 25일, 5면.

75 최종헌, 「도시화와 종주성 문제」, 임희섭·박길성 공편, 『오늘의 한국 사회』(나남, 1993), 289쪽.

76 중앙일보 특별취재팀, 『실록 박정희』(중앙M&B, 1998), 159~160쪽.

77 중앙일보 특별취재팀, 『실록 박정희』(중앙M&B, 1998), 162쪽.

78 중앙일보 특별취재팀, 『실록 박정희』(중앙M&B, 1998), 163~164쪽.

79 특별취재팀, 「실록 박정희 시대-산림녹화: 일제도 두 손 든 치산 5년 만에 기틀」, 『중앙일보』, 1997년 9월 29일, 5면.

80 특별취재팀, 「실록 박정희 시대-산림녹화: 일제도 두 손 든 치산 5년 만에 기틀」, 『중앙일보』, 1997년 9월 29일, 5면.

81 중앙일보 특별취재팀, 『실록 박정희』(중앙M&B, 1998), 169쪽.

82 역사학연구소, 『강좌 한국근현대사』(풀빛, 1995), 341쪽.

83 역사학연구소, 『강좌 한국근현대사』(풀빛, 1995), 342쪽.

84 최장집, 『한국민주주의의 이론』(한길사, 1993), 171쪽.

85 한국기독교교회협의회 인권위원회, 『1970년대 민주화운동 (I)』(한국기독교교회협의회, 1987), 63~64쪽.

86 김원, 『여공 1970: 그녀들의 반(反)역사』(이매진, 2005), 215쪽.

87 김원, 『박정희 시대의 유령들: 기억, 사건 그리고 정치』(현실문화, 2011), 302쪽.

88 김원, 『박정희 시대의 유령들: 기억, 사건 그리고 정치』(현실문화, 2011), 301~302쪽.

89 김원, 『박정희 시대의 유령들: 기억, 사건 그리고 정치』(현실문화, 2011), 309쪽.

90 「광주대단지 사건」, 『나무위키』; 송은영, 『서울 탄생기: 1960~1970년대 문학으로 본 현대도시 서울의 사회사』(푸른역사, 2018), 312쪽.

91 오미환, 「이농민들 '내 집 내 땅 꿈' 짓밟히자 71년 광주대단지 폭동」, 『한국일보』, 1999년 8월 3일, 14면.

92 김원, 『여공 1970: 그녀들의 반(反)역사』(이매진, 2005), 257쪽.

93 박세길, 『다시 쓰는 한국 현대사 2: 휴전에서 10·26까지』(돌베개, 1989), 225~226쪽; 송은영, 『서울 탄생기: 1960~1970년대 문학으로 본 현대도시 서울의 사회사』(푸른역사, 2018), 311쪽.

94 「광주대단지 사건」, 『나무위키』.

95 한국기독교교회협의회 인권위원회, 『1970년대 민주화운동 (I)』(한국기독교교회협의회, 1987), 192쪽.

96   양길승, 「1970년대-김지하: '오적' 그리고 '타는 목마름으로'」, 『역사비평』, 제31호 (1995년 겨울), 208쪽.

97   한양환, 「천막당사 천민자본주의」, 『한겨레』, 2004년 3월 30일, 26면.

98   「집중연재 박정희 육성 증언: 선우연 공보비서관, 8년간의 육성 비망록 여섯 권, 역사적인 대공개!」, 『월간조선』, 1993년 3월, 147쪽.

99   박진도, 「현대사 다시 쓴다/이농과 도시화: 급격한 산업화…남부여대(男負女戴) 무작정 서울로」, 『한국일보』, 1999년 8월 3일, 14면.

100   김희경 외, 『어처구니없는 한국현대사』(지성사, 1996), 66~67쪽; 안홍욱, 「[여적] 실미도 '대독 사과'」, 『경향신문』, 2024년 8월 6일.

101   전미숙, 「한국을 뒤흔든 사건·사고 ① 실미도 사건: 격리 수용·처우 불만 집단 총기 난동」, 『토요신문』, 1995년 2월 18일, 22면.

102   김진, 『청와대 비서실 1』(중앙일보사, 1992), 189쪽.

103   김경재, 『혁명과 우상: 김형욱 회고록 3』(전예원, 1991), 92~93쪽.

104   김충식, 『정치공작사령부 남산의 부장들 1』(동아일보사, 1992), 167쪽.

105   김경재, 『혁명과 우상: 김형욱 회고록 3』(전예원, 1991), 94쪽.

106   김영철, 「'실미도 특수부대' 김형욱 씨가 창설」, 『한겨레』, 1998년 8월 6일, 1면.

107   김성진, 『한국 정치 100년을 말한다: 우리들이 꼭 알아야 할 한국 정치의 실상』(두산동아, 1999), 313쪽.

108   성홍식, 「"탈영자, 동료 손에 맞아 죽었다"」, 『내일신문』, 2002년 3월 18일, 22면.

109   「"우리는 목숨을 걸었지만 돌아온 것은 무엇인가": 참전연대 박부서 회장, 당국의 책임 회피에 분노」, 『뉴스위크 한국판』, 2002년 6월 26일, 55면.

110   임을출, 「다시 거리에 선 북파공작원」, 『한겨레21』, 2002년 3월 28일, 20면.

111   「실미도(영화)」, 『위키백과』.

112   고경태, 「[실미도 53주년] 영화 원작소설 쓴 백동호 작가-인터뷰 ①: 뱀 잡아먹고 연명한 실미도 '반전'…"최소 3명 살아서 탈출"」, 『한겨레』, 2024년 8월 22일.

113   고경태, 「[실미도 53주년] 영화 원작소설 쓴 백동호 작가-인터뷰 ③: "실미도 부대원 무장공비로 속여 서울 한복판서 몰살시키려…"」, 『한겨레』, 2024년 8월 23일.

114   이택현 「국방 장관, 실미도 사건 첫 사과…유해 발굴 위한 '개토제' 개최」, 『국민일보』, 2024년 10월 16일.

115   이상우, 『박정권 18년: 그 권력의 내막』(동아일보사, 1986), 203~204쪽.

116   우종창, 「"중정 신분증에 권총 차고 정치자금 날랐다": '박정희 정치자금 창구' 성곡 김성곤 씨의 비서 '미스터 리'…24년 만의 고백」, 『주간조선』, 1995년 5월 4일, 42~46면.

117　김충식, 『정치공작사령부 남산의 부장들 1』(동아일보사, 1992), 363쪽.

118　김충식, 『정치공작사령부 남산의 부장들 1』(동아일보사, 1992), 366쪽.

119　특별취재팀, 「실록 박정희 시대-2인자 관리: 권력 누수 허용 않는 '유아독존'」, 『중앙일보』, 1997년 12월 11일, 18면.

120　김충식, 『정치공작사령부 남산의 부장들 1』(동아일보사, 1992), 364쪽.

121　김경재, 『혁명과 우상: 김형욱 회고록 3』(전예원, 1991), 100쪽.

122　김종필, 『김종필 증언록 1: JP가 말하는 대한민국 현대사』(와이즈베리, 2016), 331쪽.

123　김종필, 『김종필 증언록 1: JP가 말하는 대한민국 현대사』(와이즈베리, 2016), 332쪽.

124　김충식, 『정치공작사령부 남산의 부장들 1』(동아일보사, 1992), 370쪽; 조갑제, 『유고! ①』(한길사, 1987), 52쪽.

125　김경재, 『혁명과 우상: 김형욱 회고록 3』(전예원, 1991), 100쪽.

126　김충식, 『정치공작사령부 남산의 부장들 1』(동아일보사, 1992), 372쪽.

127　전인권, 『박정희 평전: 박정희의 정치사상과 행동에 관한 전기적 연구』(이학사, 2006), 277쪽.

128　김재홍, 『박정희의 유산』(푸른숲, 1998), 228쪽.

129　조갑제, 『유고! ①』(한길사, 1987), 52쪽에서 재인용.

130　강인선, 「인터뷰 『성곡 김성곤전』의 저자, 조용중 ABC협회장: "그는 세상에서 말하던 것보다 더 배짱이 있는 인물이었다"」, 『월간조선』, 1995년 4월, 687~688쪽.

131　조용중, 「1971년 '10·2 항명 파동'의 전말: 대정객 김성곤, 박정희에 항명하다!」, 『월간조선』, 1995년 4월, 673쪽.

132　조용중, 「1971년 '10·2 항명 파동'의 전말: 대정객 김성곤, 박정희에 항명하다!」, 『월간조선』, 1995년 4월, 666쪽.

133　조용중, 「1971년 '10·2 항명 파동'의 전말: 대정객 김성곤, 박정희에 항명하다!」, 『월간조선』, 1995년 4월, 674쪽.

134　고은, 「김성곤」, 『만인보 15』(창작과비평사, 1997), 54~55쪽.

135　「김성곤」, 『나무위키』; 「박상희」, 『나무위키』.

136　김종필, 『김종필 증언록 1: JP가 말하는 대한민국 현대사』(와이즈베리, 2016), 333~335쪽.

137　김경재, 『혁명과 우상: 김형욱 회고록 3』(전예원, 1991), 102쪽.

138　한용원, 『한국의 군부정치』(대왕사, 1993), 314쪽.

139　서중석, 「3선 개헌 반대, 민청학련 투쟁, 반유신 투쟁」, 『역사비평』, 창간호(1988년 여름), 76~77쪽.

140　김종환, 「70년대 운동권 기수들의 오늘」, 조영래 변호사를 추모하는 모임 엮음, 『진실

을 영원히 감옥에 가두어둘 수는 없습니다』(창작과비평사, 1991), 306~307쪽.

141 김종환, 「70년대 운동권 기수들의 오늘」, 조영래 변호사를 추모하는 모임 엮음, 『진실을 영원히 감옥에 가두어둘 수는 없습니다』(창작과비평사, 1991), 306~307쪽.

142 김충식, 『정치공작사령부 남산의 부장들 1』(동아일보사, 1992), 376~377쪽.

143 하야시 다케히코(林建彦), 최현 옮김, 『한국현대사』(삼민사, 1986), 311쪽.

144 황종연, 「문학적 연대기: 신들린 시, 떠도는 삶」, 『작가세계』, 제20호(1994년 봄), 43~44쪽.

145 경향신문사 사사편찬위원회, 『경향신문 50년사』(경향신문사, 1996), 287쪽.

146 경향신문사 사사편찬위원회, 『경향신문 50년사』(경향신문사, 1996), 287쪽.

147 중앙일보사, 『중앙일보 30년사』(중앙일보사, 1995), 302쪽.

148 중앙일보사, 『중앙일보 30년사』(중앙일보사, 1995), 302쪽.

149 경향신문사 사사편찬위원회, 『경향신문 50년사』(경향신문사, 1996), 286쪽.

150 「'프레스카드제'란」, 『미디어오늘』, 1995년 12월 20일, 9면.

151 김해식, 『한국언론의 사회학』(나남, 1994), 137쪽.

152 중앙일보사, 『중앙일보 30년사』(중앙일보사, 1995), 302~303쪽; 경향신문사 사사편찬위원회, 『경향신문 50년사』(경향신문사, 1996), 287쪽.

153 조항제, 「1970년대 한국 텔레비전의 구조적 성격에 관한 연구: 국가정책과 텔레비전 자본 간의 관계를 중심으로」, 서울대학교대학원 신문학과 박사학위 논문, 1994년 2월, 61쪽.

154 김민남·김유원·박지동·유일상·임동욱·정대수, 『새로 쓰는 한국언론사』(아침, 1993), 354쪽.

155 조항제, 「1970년대 한국 텔레비전의 구조적 성격에 관한 연구: 국가정책과 텔레비전 자본 간의 관계를 중심으로」, 서울대학교대학원 신문학과 박사학위 논문, 1994년 2월, 228쪽.

156 정순일·장한성, 『한국 TV 40년의 발자취: TV 프로그램의 사회사』(한울아카데미, 2000), 94~95쪽.

157 김기주, 「남기고 싶은 이야기: 뉴스데스크의 탄생」, 문화방송, 『문화방송 30년사』(문화방송, 1992), 336쪽.

158 정순일·장한성, 『한국 TV 40년의 발자취: TV 프로그램의 사회사』(한울아카데미, 2000), 94~95쪽.

159 정경민·김영훈·손해용, 『대한민국을 즐겨라: 통계로 본 한국 60년』(한국통계진흥원, 2008), 93쪽.

160 김현, 「박정희 건강 악화 우려에 최불암 얽인 사연…육영수 여사 "개인적 부탁"」, 『뷰

어스』, 2019년 10월 17일.

161 김재길, 『"KBS야, 너 참 많이 컸구나!"』(세상의창, 2000), 89쪽.

162 최창봉·강현두, 『우리 방송 100년』(현암사, 2001), 180~181쪽.

163 문화방송, 『문화방송사사(1961~1982)』(문화방송, 1982), 653쪽.

164 정순일, 『한국방송의 어제와 오늘: 체험적 방송 현대사』(나남, 1991), 195쪽.

165 정순일, 『한국방송의 어제와 오늘: 체험적 방송 현대사』(나남, 1991), 202쪽.

166 김종신, 『박정희 대통령과 주변사람들』(한국논단, 1997), 228쪽.

167 정순일, 『한국방송의 어제와 오늘: 체험적 방송 현대사』(나남, 1991), 188~189쪽.

168 임박미리, 「70년대 암흑 밝힌 양심의 등불 정의구현의 사제, 지학순 주교」, 『민주유
공』, 1997년 3-4월, 33~34쪽.

169 조용중, 「1971년 '10·2 항명 파동'의 전말: 대정객 김성곤, 박정희에 항명하다!」, 『월
간조선』, 1995년 4월, 662쪽.

170 경향신문사 사사편찬위원회, 『경향신문 50년사』(경향신문사, 1996), 354~355쪽.

171 조항제, 「1970년대 한국 텔레비전의 구조적 성격에 관한 연구: 국가정책과 텔레비전
자본 간의 관계를 중심으로」, 서울대학교대학원 신문학과 박사학위 논문, 1994년 2월,
121쪽.

172 조항제, 「1970년대 한국 텔레비전의 구조적 성격에 관한 연구: 국가정책과 텔레비전
자본 간의 관계를 중심으로」, 서울대학교대학원 신문학과 박사학위 논문, 1994년 2월,
225~226쪽.

173 경향신문사 사사편찬위원회, 『경향신문 50년사』(경향신문사, 1996), 598쪽.

174 김창남, 『삶의 문화, 희망의 노래』(한울, 1991), 174쪽에서 재인용.

175 김창남, 『삶의 문화, 희망의 노래』(한울, 1991), 174쪽에서 재인용.

176 강헌, 「양희은 2집(1972): 역사에 걸터앉아 미래를 향해 외치는 젊은 세대의 요약」,
『리뷰』, 1998년 봄호, 19쪽.

177 이영미, 『광화문 연가』(예담, 2008), 155쪽.

178 선성원, 『8군쇼에서 랩까지』(아름출판사, 1993), 49쪽.

179 백영선, 「고고장을 가득 채운 미국식 리듬과 선율」, 『IMAZINE』, 1997년 4월, 117쪽.

180 강원용, 『빈들에서: 나의 삶, 한국 현대사의 소용돌이 3-호랑이와 뱀 사이』(열린문화,
1993), 41~42쪽.

181 이승호, 『옛날 신문을 읽었다 1950~2002』(다우, 2002), 76~77쪽.

182 이승호, 『옛날 신문을 읽었다 1950~2002』(다우, 2002), 77~79쪽.

183 「다방업 실태」, 『조사월국』, 1972년 5월호, 31쪽.

184 최범근, 「다방 3천 개의 성명철학」, 『월간중앙』, 1970년 4월호, 341쪽.

제3부 1972년

1   셀리그 해리슨(Selig Harrison), 이홍동 외 옮김, 『셀리그 해리슨의 코리안 엔드게
     임』(삼인, 2002/2003), 280~281쪽.

2   「한미 새 방위공약 합의: 양국 공동성명 '국군 현대화에 장기 지원'」, 『동아일보』,
     1970년 2월 6일; 양재인, 「정치 엘리트의 역할과 공과」, 이우진·김성주 공편, 『현대
     한국정치론』(사회비평사, 1996), 329쪽.

3   오원철, 『한국형 경제건설 7: 내가 전쟁을 하자는 것도 아니지 않느냐』(한국형경제정
     책연구소, 1999), 32쪽.

4   오원철, 『한국형 경제건설 7: 내가 전쟁을 하자는 것도 아니지 않느냐』(한국형경제정
     책연구소, 1999), 377~378쪽에서 재인용.

5   존 스틸 고든(John Steele Gordon), 안진환·황수민 옮김, 『부의 제국: 미국은 어떻
     게 세계 최강 대국이 되었나』(황금가지, 2004/2007), 493쪽.

6   요미우리 신문사 엮음, 이종주 옮김, 『20세기의 드라마 II: 20세기의 꿈과 현실』(새로
     운사람들, 1992/1996), 294쪽.

7   이병천, 「세계 자본주의 패권 모델로서의 미국 경제: 포드주의 경영자 자본주의에서
     금융 주도 신자유주의까지」, 전창환·조영철 편, 『미국식 자본주의와 사회민주적 대
     안』(당대, 2001), 42쪽.

8   요미우리 신문사 엮음, 이종주 옮김, 『20세기의 드라마 II: 20세기의 꿈과 현실』(새로
     운사람들, 1992/1996), 295쪽.

9   김학준, 『북한 50년사: 우리가 떠안아야 할 반쪽의 우리 역사』(동아출판사, 1995),
     272쪽.

10   중앙일보 특별취재팀, 『실록 박정희』(중앙M&B, 1998), 30~31쪽에서 재인용.

11   오원철, 『한국형 경제건설 7: 내가 전쟁을 하자는 것도 아니지 않느냐』(한국형경제정
     책연구소, 1999), 378~380쪽; 김정렴, 『아, 박정희: 김정렴 정치회고록』(중앙M&B,
     1997), 150쪽.

12   박태균, 「그때 오늘: 닉슨과 마오쩌둥의 어울릴 듯 어울리지 않는 만남」, 『중앙일보』,
     2010년 2월 20일.

13   이상민, 「닉슨-키신저 시대의 대외정책(1969~1976)」, 최영보 외, 『미국현대외교사:
     루즈벨트 시대에서 클린턴 시대까지』(비봉출판사, 1998), 321~374쪽.

14   이상민, 「닉슨-키신저 시대의 대외정책(1969~1976)」, 최영보 외, 『미국현대외교사:
     루즈벨트 시대에서 클린턴 시대까지』(비봉출판사, 1998), 321~374쪽.

15   네이슨 밀러(Nathan Miller), 김형곤 옮김, 『이런 대통령 뽑지 맙시다: 미국 최악의

대통령 10인』(혜안, 1998/2002), 377~378쪽.

16 김학준, 『북한 50년사: 우리가 떠안아야 할 반쪽의 우리 역사』(동아출판사, 1995),
    273쪽.

17 김학준, 『북한 50년사: 우리가 떠안아야 할 반쪽의 우리 역사』(동아출판사, 1995),
    273쪽.

18 엄광용, 『정주영의 성공 손자병법』(해냄, 1998), 281~282쪽. 이 책은 경제부총리의
    이름을 밝히지 않았지만, 제4대 경제기획원 장관인 김학렬(재임 기간 1969년 6월 3
    일~1972년 1월 4일)인 것으로 보인다.

19 정경민·김영훈·손해용, 『대한민국을 즐겨라: 통계로 본 한국 60년』(한국통계진흥원,
    2008), 277~278쪽.

20 정주영, 『시련은 있어도 실패는 없다: 나의 삶 나의 이상』(현대문화신문사, 1992),
    112~113쪽.

21 정경민·김영훈·손해용, 『대한민국을 즐겨라: 통계로 본 한국 60년』(한국통계진흥원,
    2008), 279쪽.

22 정경민·김영훈·손해용, 『대한민국을 즐겨라: 통계로 본 한국 60년』(한국통계진흥원,
    2008), 281~282쪽.

23 김충식, 『정치공작사령부 남산의 부장들 1』(동아일보사, 1992), 342쪽.

24 지명관, 『한국을 움직인 현대사 61장면』(다섯수레, 1996), 110쪽에서 재인용.

25 중앙일보 특별취재팀, 『실록 박정희』(중앙M&B, 1998), 42~45쪽.

26 중앙일보 특별취재팀, 『실록 박정희』(중앙M&B, 1998), 47쪽에서 재인용.

27 김종필, 『김종필 증언록 1: JP가 말하는 대한민국 현대사』(와이즈베리, 2016), 400쪽.

28 이동원, 『대통령을 그리며』(고려원, 1992), 128~129쪽에서 재인용.

29 강인덕, 「박정희는 왜 김일성의 정상회담 제의를 거절했나: 강인덕 극동문제연구소장
    의 '7·4 공동성명 전후' 증언」, 『신동아』, 1993년 1월, 360~382쪽.

30 신준영, 「"김일성은 10월 유신 알고 있었다"」, 『월간말』, 1997년 7월, 101~104쪽.

31 이동원, 『대통령을 그리며』(고려원, 1992), 324쪽.

32 김경재, 『혁명과 우상: 김형욱 회고록 3』(전예원, 1991), 121~122쪽.

33 「집중연재 박정희 육성 증언: 선우연 공보비서관, 8년간의 육성 비망록 여섯 권, 역사
    적인 대공개!」, 『월간조선』, 1993년 3월, 160~161쪽.

34 김학준, 『북한 50년사: 우리가 떠안아야 할 반쪽의 우리 역사』(동아출판사, 1995),
    276쪽.

35 「호화 쇼에 어색한 반응: 아악-민속 춤-옛 노래 등 무대에 감탄 워커힐 만찬」, 『조선일
    보』, 1972년 9월 14일.

36   김명환, 「[김명환의 시간여행] (33) 60년대 비키니 상륙… '해괴망측한 꼴' "노출 여성은 娼婦 근성 있다" 비난도」, 『조선일보』, 2016년 8월 24일.

37   서중석, 『비극의 현대 지도자: 그들은 민족주의자인가 반민족주의자인가』(성균관대학교출판부, 2002), 295쪽.

38   주태산, 『경제 못살리면 감방간대이: 한국의 경제부총리, 그 인물과 정책』(중앙M&B, 1998), 93~94쪽.

39   주태산, 『경제 못살리면 감방간대이: 한국의 경제부총리, 그 인물과 정책』(중앙M&B, 1998), 92쪽.

40   정경민·김영훈·손해용, 『대한민국을 즐겨라: 통계로 본 한국 60년』(한국통계진흥원, 2008), 72쪽; 주태산, 『경제 못살리면 감방간대이: 한국의 경제부총리, 그 인물과 정책』(중앙M&B, 1998), 95쪽.

41   김충식, 『정치공작사령부 남산의 부장들 1』(동아일보사, 1992), 381~382쪽.

42   김정주, 「1970년대 경제적 동원 기제의 형성과 기원: 한국 사회는 박정희 체제를 어떻게 넘어설 것인가?」, 『역사비평』, 제81호(2007년 겨울), 294쪽.

43   김대중, 『김대중 망명일기』(한길사, 2025), 38쪽.

44   주태산, 『경제 못살리면 감방간대이: 한국의 경제부총리, 그 인물과 정책』(중앙M&B, 1998), 92쪽에서 재인용.

45   김충식, 「창간특집: 횡설수설 휴지통의 80년사」, 『동아일보』, 2000년 3월 30일, A10면에서 재인용.

46   이대근, 「오도된 논리로 자찬되는 3공 경제정책: 김정렴 회고록을 보고」, 『세계와 나』, 1991년 1월, 236쪽.

47   한상진, 『한국 사회와 관료적 권위주의』(문학과지성사, 1988), 136쪽.

48   한상진, 『한국 사회와 관료적 권위주의』(문학과지성사, 1988), 143~144쪽.

49   서중석, 『비극의 현대 지도자: 그들은 민족주의자인가 반민족주의자인가』(성균관대학교출판부, 2002), 295쪽.

50   오원철, 『한국형 경제건설 7: 내가 전쟁을 하자는 것도 아니지 않느냐』(한국형경제정책연구소, 1999), 498~499쪽.

51   오원철, 『한국형 경제건설 7: 내가 전쟁을 하자는 것도 아니지 않느냐』(한국형경제정책연구소, 1999), 501쪽.

52   김정렴, 『아, 박정희: 김정렴 정치회고록』(중앙M&B, 1997), 170쪽; 홍윤기, 「박종홍 철학 연구: 철학과 권력의 퇴행적 결합」, 『역사비평』, 제55호(2001년 여름), 208~209쪽.

53   한국기독교교회협의회 인권위원회, 『1970년대 민주화운동 (I)』(한국기독교교회협의

회, 1987), 209쪽.

54   김충식, 『정치공작사령부 남산의 부장들 1』(동아일보사, 1992), 390~391쪽; 조갑
     제, 『유고! ①』(한길사, 1987), 53쪽.

55   김충식, 『정치공작사령부 남산의 부장들 1』(동아일보사, 1992), 391~392쪽.

56   김학준, 『북한 50년사: 우리가 떠안아야 할 반쪽의 우리 역사』(동아출판사, 1995),
     270쪽.

57   김충식, 『정치공작사령부 남산의 부장들 1』(동아일보사, 1992), 392쪽.

58   김대중, 『김대중 망명일기』(한길사, 2025), 61쪽.

59   김충식, 『정치공작사령부 남산의 부장들 1』(동아일보사, 1992), 393~394쪽.

60   김충식, 『정치공작사령부 남산의 부장들 1』(동아일보사, 1992), 395~396쪽.

61   김진, 『청와대 비서실 1』(중앙일보사, 1992), 215쪽.

62   특별취재팀, 「실록 박정희 시대-철권통치: "정치는 낭비" 행정 돌파력에 강한 신념」,
     『중앙일보』, 1997년 12월 18일, 10면.

63   김충식, 『정치공작사령부 남산의 부장들 1』(동아일보사, 1992), 393쪽; 한용원, 『한
     국의 군부정치』(대왕사, 1993), 315쪽.

64   김진, 『청와대 비서실 1』(중앙일보사, 1992), 191쪽.

65   김진, 『청와대 비서실 1』(중앙일보사, 1992), 189쪽에서 재인용.

66   최형우, 『더 넓은 가슴으로 내일을』(깊은사랑, 1993), 87쪽.

67   김충식, 『정치공작사령부 남산의 부장들 1』(동아일보사, 1992), 385쪽.

68   최형우, 『더 넓은 가슴으로 내일을』(깊은사랑, 1993), 99~100쪽.

69   최형우, 『더 넓은 가슴으로 내일을』(깊은사랑, 1993), 107쪽.

70   김충식, 『정치공작사령부 남산의 부장들 1』(동아일보사, 1992), 399쪽.

71   백동림, 『명청한 군상들: 전 보안사 베테랑 수사관의 자전적 수사 실화』(답게, 1995),
     68쪽.

72   김충식, 『정치공작사령부 남산의 부장들 1』(동아일보사, 1992), 398~399쪽.

73   역사학연구소, 『강좌 한국근현대사』(풀빛, 1995), 332쪽; 양재인, 「정치 엘리트의 역
     할과 공과」, 이우진·김성주 공편, 『현대한국정치론』(사회비평사, 1996), 329~330쪽.

74   오원철, 『에너지 정책과 중동 진출』(기아경제연구소, 1997), 395쪽.

75   김태일, 「유신체제를 어떻게 볼 것인가」, 『역사비평』, 제30호(1995년 가을), 83쪽.

76   김대중, 『김대중 망명일기』(한길사, 2025), 198쪽.

77   이영미, 『동백아가씨는 어디로 갔을까: 대중문화로 보는 박정희 시대』(인물과사상사,
     2017), 337쪽.

78   문명자, 「문명자의 박정희 취재파일 ⑤ 비운의 영부인 육영수: "청와대는 영원한 나의

집이 아니다"」, 『월간말』, 1997년 12월, 114~115쪽.

79   최상천, 『알몸 박정희』(사람나라, 2001), 231쪽.

80   김학준, 『북한 50년사: 우리가 떠안아야 할 반쪽의 우리 역사』(동아출판사, 1995),
      277쪽.

81   김학준, 『북한 50년사: 우리가 떠안아야 할 반쪽의 우리 역사』(동아출판사, 1995),
      277~278쪽.

82   신준영, 「"김일성은 10월 유신 알고 있었다"」, 『월간말』, 1997년 7월, 102쪽에서 재
      인용.

83   신준영, 「"김일성은 10월 유신 알고 있었다"」, 『월간말』, 1997년 7월, 105쪽에서 재
      인용.

84   김학준, 『북한 50년사: 우리가 떠안아야 할 반쪽의 우리 역사』(동아출판사, 1995),
      284~285쪽.

85   김학준, 『북한 50년사: 우리가 떠안아야 할 반쪽의 우리 역사』(동아출판사, 1995),
      294~295쪽.

86   김대중, 『김대중 망명일기』(한길사, 2025), 72, 78쪽.

87   이유진, 「'김대중 망명일기' 출간…박정희·김일성 관련 "내통하는 듯" 내용도」, 『한겨
      레』, 2025년 7월 23일.

88   김종필, 『김종필 증언록 1: JP가 말하는 대한민국 현대사』(와이즈베리, 2016), 406쪽.

89   김해식, 『한국언론의 사회학』(나남, 1994), 148쪽.

90   김민환, 『한국언론사』(사회비평사, 1996), 546쪽.

91   서정주 외, 『64가지 만남의 방식: 서정주에서 장영주까지』(김영사, 1993), 64~66쪽
      에서 재인용.

92   김정환, 「서울, 1972년 10월」, 『문화과학』, 제5호(1994년 봄), 152쪽.

93   동아일보사 노동조합, 『동아자유언론 실천운동백서』(동아일보사, 1989), 31~32쪽.

94   「집중연재 박정희 육성 증언: 선우연 공보비서관, 8년간의 육성 비망록 여섯 권, 역사
      적인 대공개!」, 『월간조선』, 1993년 3월, 141쪽.

95   「집중연재 박정희 육성 증언: 선우연 공보비서관, 8년간의 육성 비망록 여섯 권, 역사
      적인 대공개!」, 『월간조선』, 1993년 3월, 167쪽.

96   김해식, 『한국언론의 사회학』(나남, 1994), 119~120쪽에서 재인용.

97   김해식, 『한국언론의 사회학』(나남, 1994), 120쪽에서 재인용.

98   민주언론운동연합 신문모니터분과, 「'체육관 대통령' 뽑으려고 선포한 계엄령도 '구
      국의 영단'」, 『월간말』, 1998년 11월, 146쪽.

99   김동민, 「역사가 말하는 『조선일보』의 진실」, 『조선일보를 아십니까?』(개마고원,

1999), 85쪽에서 재인용.

100   민주언론운동시민연합 신문모니터분과, 「'체육관 대통령' 뽑으려고 선포한 계엄령도 '구국의 영단'」, 『월간말』, 1998년 11월, 146~149쪽에서 재인용.

101   김삼웅, 『유신시대의 곡필』(신학문사, 1990), 22쪽에서 재인용.

102   김삼웅, 『유신시대의 곡필』(신학문사, 1990), 33~35쪽에서 재인용.

103   민주언론운동시민연합 신문모니터분과, 「'체육관 대통령' 뽑으려고 선포한 계엄령도 '구국의 영단'」, 『월간말』, 1998년 11월, 146~149쪽에서 재인용.

104   노재현, 『청와대 비서실 2』(중앙일보사, 1993), 99쪽.

105   김진, 『청와대 비서실 1』(중앙일보사, 1992), 197쪽.

106   정재영, 「한국 지식인의 계보 ②: '장군 대통령'의 스승들」, 『신동아』, 1995년 12월, 429쪽.

107   김삼웅, 『유신시대의 곡필』(신학문사, 1990), 37쪽에서 재인용.

108   김삼웅, 『유신시대의 곡필』(신학문사, 1990), 49쪽에서 재인용.

109   김삼웅, 『유신시대의 곡필』(신학문사, 1990), 39~40쪽에서 재인용.

110   강만길·안철흥, 「권두 인터뷰: 강만길」, 『월간말』, 1997년 7월, 22~29쪽.

111   조현욱, 「책과 시대: 『분단시대의 역사인식』 강만길 교수」, 『중앙일보』, 1993년 4월 9일, 11면.

112   경향신문사 사사편찬위원회, 『경향신문 50년사』(경향신문사, 1996), 294~295쪽.

113   「쥐의 생태와 쥐잡기 운동」, 『전북대학신문』, 1970년 5월 13일, 2면.

114   김명환, 「[김명환의 시간여행] (64) "1970년대 청와대에서도 쥐 들끓어…경비원들이 공기총 들고 소탕 작전"」, 『조선일보』, 2017년 4월 5일.

115   김영희, 「쌀의 정치경제학: 한국 정부는 '국제적 음치'였다」, 『원』, 1996년 6월, 172쪽.

116   특별취재팀, 「실록 박정희 시대-식량자급: 중정 시켜 이집트 '기적의 볍씨' 훔쳐와」, 『중앙일보』, 1997년 9월 11일, 5면.

117   중앙일보 특별취재팀, 『실록 박정희』(중앙M&B, 1998), 146쪽.

118   중앙일보 특별취재팀, 『실록 박정희』(중앙M&B, 1998), 148쪽에서 재인용.

119   중앙일보 특별취재팀, 『실록 박정희』(중앙M&B, 1998), 149쪽.

120   김명환, 「[김명환의 시간여행] (7) 중고생 탈선 공간 돼 버린 분식센터…'지미 카터 분식' 상호, 국회서도 논란」, 『조선일보』, 2016년 2월 24일.

121   https://terms.naver.com/entry.naver?docId=4387533&cid=60487&categoryId=60495

122   중앙일보 특별취재팀, 『실록 박정희』(중앙M&B, 1998), 149쪽에서 재인용.

123   이주현, 「미처 몰랐던 우리 밥상 문화의 모든 것」, 『한겨레』, 2018년 1월 12일.

124 중앙일보 특별취재팀, 『실록 박정희』(중앙M&B, 1998), 149쪽.

125 이승호, 『옛날 신문을 읽었다 1950~2002』(다우, 2002), 179쪽.

126 이승호, 『옛날 신문을 읽었다 1950~2002』(다우, 2002), 179쪽.

127 이승호, 『옛날 신문을 읽었다 1950~2002』(다우, 2002), 179~180쪽에서 재인용.

128 이승호, 『옛날 신문을 읽었다 1950~2002』(다우, 2002), 180~181쪽에서 재인용.

129 이승호, 『옛날 신문을 읽었다 1950~2002』(다우, 2002), 182~183쪽.

130 황동일, 「초가지붕·요강 등 장면 영화 검열서 통과 못해」, 『한국일보』, 1999년 8월 31일, 18면.

131 중앙일보 특별취재팀, 『실록 박정희』(중앙M&B, 1998), 171쪽.

132 김정렴, 『한국경제정책 30년사: 김정렴 회고록』(중앙일보사, 1995), 188~189쪽.

133 채록 및 정리 노영기, 「제5부 박경원」, 한국정신문화연구원 한민족문화연구소 편, 『내가 겪은 해방과 분단』(선인, 2001), 278~279쪽.

134 채록 및 정리 노영기, 「제5부 박경원」, 한국정신문화연구원 한민족문화연구소 편, 『내가 겪은 해방과 분단』(선인, 2001), 279~280쪽.

135 박진환, 「새마을운동: 한국 근대화의 원동력」, 김성진 편저, 『박정희 시대: 그것은 우리에게 무엇이었는가』(조선일보사, 1994), 217쪽.

136 박진환, 「새마을운동: 한국 근대화의 원동력」, 김성진 편저, 『박정희 시대: 그것은 우리에게 무엇이었는가』(조선일보사, 1994), 217쪽.

137 박진환, 「새마을운동: 한국 근대화의 원동력」, 김성진 편저, 『박정희 시대: 그것은 우리에게 무엇이었는가』(조선일보사, 1994), 217쪽.

138 박정희, 「새마을운동과 국가건설」, 『민족중흥의 길』(광명출판사, 1978), 94쪽.

139 이동원, 『대통령을 그리며』(고려원, 1992), 352쪽.

140 박진도·한도현, 「새마을운동과 유신체제: 박정희 정권의 농촌 새마을운동을 중심으로」, 『역사비평』, 제47호(1999년 여름), 49쪽.

141 황병주, 「민중, 희생자인가 공범자인가: 박정희 시대의 국가와 '민중'」, 『당대비평』, 제12호(2000년 가을), 55쪽.

142 박진도·한도현, 「새마을운동과 유신체제: 박정희 정권의 농촌 새마을운동을 중심으로」, 『역사비평』, 제47호(1999년 여름), 37쪽.

143 김해식, 『한국언론의 사회학』(나남, 1994), 144, 148~149쪽.

144 황동일, 「초가지붕·요강 등 장면 영화 검열서 통과 못해」, 『한국일보』, 1999년 8월 31일, 18면.

145 김정렴, 『한국경제정책 30년사: 김정렴 회고록』(중앙일보사, 1995), 203쪽.

146 권보드래·김성환·김원·천정환·황병주, 『1970 박정희 모더니즘: 유신에서 선데이

서울까지』(천년의상상, 2015), 152쪽.

147 지명관, 『한국을 움직인 현대사 61장면』(다섯수레, 1996), 108쪽.

148 박진도, 「현대사 다시 쓴다/이농과 도시화: 급격한 산업화…남부여대(男負女戴) 무작
     정 서울로」, 『한국일보』, 1999년 8월 3일, 14면.

149 박진도·한도현, 「새마을운동과 유신체제: 박정희 정권의 농촌 새마을운동을 중심으
     로」, 『역사비평』, 제47호(1999년 여름), 49쪽.

150 박진도·한도현, 「새마을운동과 유신체제: 박정희 정권의 농촌 새마을운동을 중심으
     로」, 『역사비평』, 제47호(1999년 여름), 65쪽에서 재인용.

151 박진도·한도현, 「새마을운동과 유신체제: 박정희 정권의 농촌 새마을운동을 중심으
     로」, 『역사비평』, 제47호(1999년 여름), 65쪽.

152 김명환, 「[김명환의 시간여행] (67) 도박 사범 연 8천 명 적발…현직 차관도…경찰이
     화투 수거해 수천 세트 '화형식'」, 『조선일보』, 2017년 4월 26일.

153 김종필, 『김종필 증언록 2: JP가 말하는 대한민국 현대사』(와이즈베리, 2016), 46쪽;
     김명환, 「[김명환의 시간여행] (67) 도박 사범 연 8천 명 적발…현직 차관도…경찰이
     화투 수거해 수천 세트 '화형식'」, 『조선일보』, 2017년 4월 26일.

154 김명환, 「[김명환의 시간여행] (67) 도박 사범 연 8천 명 적발…현직 차관도…경찰이
     화투 수거해 수천 세트 '화형식'」, 『조선일보』, 2017년 4월 26일.

155 「대규모 여자 도박단 적발: 부유층 주부 상대로 3개파 21명을 구속」, 『조선일보』,
     1972년 3월 18일, 7면.

156 「[사설] 주부도박 풍조의 유행」, 『조선일보』, 1973년 10월 23일, 2면.

157 「단골 80%가 주부: 조직 도박단의 내막」, 『조선일보』, 1975년 8월 2일, 7면.

158 「중학생, 엄마 도박벽 고발」, 『조선일보』, 1976년 1월 20일, 조간 7면.

159 이용호, 「'주부도박'이 늘고 있다」, 『조선일보』, 1976년 6월 30일, 6면.

160 이중식, 「패가(敗家) 부른 '상류 허영': 도박판 급습 현장」, 『조선일보』, 1978년 4월 9일,
     7면.

161 「[사설] 여가관은 개조돼야: 늘어만 가는 도박 추방의 장·단기책」, 『조선일보』, 1979년
     6월 14일, 2면.

162 소현숙, 「너무 많이 낳아 창피합니다: 가족계획」, 여성사 연구모임 길밖세상, 『20세기
     여성 사건사: 근대 여성교육의 시작에서 사이버 페미니즘까지』(여성신문사, 2001),
     173~174쪽; 김은실, 「한국 근대화 프로젝트의 문화 논리와 가부장성」, 『당대비평』,
     제8호(1999년 가을), 94쪽.

163 「부부 반 이상이 피임」, 『조선일보』, 1971년 3월 31일, 7면.

164 「가족계획 10돌 맞아 평가해본다」, 『조선일보』, 1971년 11월 14일, 5면.

165 「"'인구 공해'서 벗어나자": 올해는 둘낳기운동의 해」,『조선일보』, 1972년 1월 16일, 5면.

166 「76년까지 인구 증가 1.5%로」,『조선일보』, 1972년 4월 21일, 7면.

167 「[사설] 장기 가족계획사업이 내포하는 '혁명성'」,『조선일보』, 1972년 4월 26일, 2면.

168 「여전한 '아들 우위'」,『조선일보』, 1972년 5월 20일, 5면.

169 「가족계획 선전 부채…너무 음탕」,『조선일보』, 1973년 7월 11일, 7면.

170 주태산,『경제 못살리면 감방간대이: 한국의 경제부총리, 그 인물과 정책』(중앙M&B, 1998), 83쪽.

171 최종선,『산자여 말하라: 나의 형 최종길 교수는 이렇게 죽었다』(공동선, 2001), 220쪽.

172 「요행을 파는 점술 성업」,『경향신문』, 1970년 2월 2일; 유승훈,『서울 시대: 청계천 판자촌에서 강남 복부인까지』(생각의힘, 2025), 347쪽; 김원,『박정희 시대의 유령 들: 기억, 사건 그리고 정치』(현실문화, 2011), 363쪽.

173 「'장승' 보호령: "새마을사업으로 민속문화재 훼손 없게"」,『조선일보』, 1972년 4월 28일, 7면.

174 「횡설수설」,『동아일보』, 1994년 1월 25일, 1면.

175 「도시 여성의 사회봉사: 우선 자조의 정신혁명…미신 타파 등에 앞장서야」,『조선일 보』, 1972년 6월 28일, 5면.

176 강준만,「한국 미신의 역사: '호모 루덴스'의 시련·불안·불확실성에 대한 투쟁」, 월간 『인물과사상』, 2007년 11월, 179~181쪽.

177 이정구,「100만 명 넘어섰다는 무당과 역술인, 10년 새 倍로 늘었다는데…」,『조선일 보』, 2017년 11월 25일.

178 윤종영,「국정 국사교과서 비판」,『역사비평』 편집위원회,『논쟁으로 본 한국 사회 100년』(역사비평사, 2000), 333쪽.

179 김언호,『책의 탄생 (2): 저자와 독자와 출판인, 그리고 시대정신』(한길사, 1997), 23~24쪽.

180 박노자,「민족은 '핏줄'만이 아니다」,『한겨레21』, 2001년 12월 14일, 88~89면.

181 중앙일보 특별취재팀,『실록 박정희』(중앙M&B, 1998), 301쪽.

182 전재호,『반동적 근대주의자 박정희』(책세상, 2000), 96~97쪽.

183 중앙일보 특별취재팀,『실록 박정희』(중앙M&B, 1998), 298쪽.

184 전재호,『반동적 근대주의자 박정희』(책세상, 2000), 96~97쪽.

185 최상천,『알몸 박정희』(사람나라, 2001), 72~75쪽.

186 중앙일보 특별취재팀,『실록 박정희』(중앙M&B, 1998), 301쪽.

187 신효정,「영화처럼 산 영욕의 은막 인생」,『문화일보』, 1996년 10월 23일, 22면.

188　중앙일보 특별취재팀,『실록 박정희』(중앙M&B, 1998), 303쪽.

189　최상천,『알몸 박정희』(사람나라, 2001), 72~75쪽.

190　최상천,『알몸 박정희』(사람나라, 2001), 53쪽.

191　최상천,『알몸 박정희』(사람나라, 2001), 72~75쪽.

192　박목월,『육영수 여사』(삼중당, 1976), 469쪽.

193　박목월,『육영수 여사』(삼중당, 1976), 469쪽.

194　역사학연구소,『강좌 한국근현대사』(풀빛, 1995), 345쪽.

195　서중석,『비극의 현대 지도자: 그들은 민족주의자인가 반민족주의자인가』(성균관대
　　　학교출판부, 2002), 256쪽.

196　서중석,『비극의 현대 지도자: 그들은 민족주의자인가 반민족주의자인가』(성균관대
　　　학교출판부, 2002), 260쪽.

197　신광영,『계급과 노동운동의 사회학』(나남, 1994), 199쪽.

198　임영일,「한국의 산업화와 계급정치」, 한국사회학회 · 한국정치학회 편,『한국의 국가
　　　와 시민사회』(한울, 1992), 194쪽.

199　조선일보 70년사 편찬위원회,『조선일보 70년사 제2권』(조선일보사, 1990), 985쪽.

200　역사학연구소,『강좌 한국근현대사』(풀빛, 1995), 344쪽.

201　최장집,『한국의 노동운동과 국가』(나남, 1997), 187쪽; 한국기독교교회협의회 인권
　　　위원회,『1970년대 민주화운동 (I)』(한국기독교교회협의회, 1987), 62쪽.

202　김현희,「산업화와 노동운동의 변천」, 홍두승 편,『한국 사회 50년: 사회변동과 재구조
　　　화』(서울대학교출판부, 1997), 85~86쪽.

203　이상우,『박정권 18년: 그 권력의 내막』(동아일보사, 1986), 365쪽.

204　한국기독교교회협의회 인권위원회,『1970년대 민주화운동 (I)』(한국기독교교회협의
　　　회, 1987), 215쪽.

205　이상우,『박정권 18년: 그 권력의 내막』(동아일보사, 1986), 366~367쪽.

206　신광영,『계급과 노동운동의 사회학』(나남, 1994), 201쪽.

207　이영미,『한국대중가요사』(시공사, 1998), 234쪽.

208　권오현,「가요현대사 ⑨ 남진 · 나훈아: 잊지 못할 숙명의 라이벌」,『한국일보』, 1995년
　　　8월 30일, 24면.

209　문화방송,『문화방송 30년사』(문화방송, 1992), 743쪽.

210　오광수,「거기 그 노래가 있었네: 나훈아 '사랑은 눈물의 씨앗'」,『경향신문』, 2001년
　　　10월 15일, 34면.

211　오효진,「가장 비싼 가수 나훈아: "프로는 연습이다"」,『오효진의 인간탐험』(월간조선
　　　사, 2002), 223~224쪽.

212   이영미,『흥남부두의 금순이는 어디로 갔을까』(황금가지, 2002), 185~186쪽.

213   김원,『여공 1970: 그녀들의 반(反)역사』(이매진, 2005), 134, 137쪽.

214   이영미,『흥남부두의 금순이는 어디로 갔을까』(황금가지, 2002), 187~189쪽.

215   중앙일보사,『중앙일보 30년사』(중앙일보사, 1995), 499쪽.

216   강헌,「대중음악 역사 바꾼 '신들린 기타'」,『시사저널』, 1994년 10월 27일, 114~
      115면.

217   노재명,『신중현과 아름다운 강산』(새길, 1994), 61쪽.

218   노재명,『신중현과 아름다운 강산』(새길, 1994), 56~57쪽.

219   문화방송,『문화방송 30년사』(문화방송, 1992), 735쪽.

220   이영미,『흥남부두의 금순이는 어디로 갔을까』(황금가지, 2002), 166~168쪽.

221   노재명,『신중현과 아름다운 강산』(새길, 1994), 195쪽.

222   임진모,「한국 록의 대부 신중현: "미8군 무대에서도 '우리 것' 고민했다"」,『신동아』,
      2002년 9월, 479쪽.

223   최석우,「'한국적 대중가요'의 완성에 바친 음악 인생 40년」,『사회평론 길』, 1995년
      12월호, 211쪽.

224   임진모,「한국 록의 대부 신중현: "미8군 무대에서도 '우리 것' 고민했다"」,『신동아』,
      2002년 9월, 480쪽.

225   김명환,「[김명환의 시간여행] (20) '건전가요' 아닌 노래 트는 택시 단속…발라드 음
      반에 '淨化의 노래' 삽입도」,『조선일보』, 2016년 5월 25일.

226   「서울시민회관 화재」,『위키백과』;「대연각호텔 화재」,『위키백과』;「청량리역 대왕코
      너 화재」,『위키백과』.

227   정경민·김영훈·손해용,『대한민국을 즐겨라: 통계로 본 한국 60년』(한국통계진흥원,
      2008), 85쪽.

228   박경호·김덕기,『한국 축구 100년 비사』(책읽는사람들, 2000), 232쪽.

229   박경호·김덕기,『한국 축구 100년 비사』(책읽는사람들, 2000), 233쪽.

230   황병주,「박정희 시대 축구와 민족주의: 국가주의적 동원과 국민 형성」,『당대비평』,
      제19호(2002년 여름), 154쪽에서 재인용.

231   「청룡축구단 개선」,『조선일보』, 1970년 8월 20일, 조간 7면; MBC-TV,「월드컵
      D-30 특집/투혼: 한국 축구 124년의 기록」, 2006년 5월 11일 밤 12시 40분 방영.

232   황병주,「박정희 시대 축구와 민족주의: 국가주의적 동원과 국민 형성」,『당대비평』,
      제19호(2002년 여름), 154쪽에서 재인용.

233   황병주,「박정희 시대 축구와 민족주의: 국가주의적 동원과 국민 형성」,『당대비평』,
      제19호(2002년 여름), 158쪽에서 재인용.

234 김성원, 『한국 축구 발전사』(살림, 2006), 45~46쪽.

235 박경호·김덕기, 『한국 축구 100년 비사』(책읽는사람들, 2000), 234쪽.

236 「축구 '열풍'」, 『조선일보』, 1970년 12월 19일, 조간 8면.

237 「축구 '열풍'」, 『조선일보』, 1970년 12월 19일, 조간 8면.

238 김경세, 「이회택: 불세출의 스트라이커」, 대한축구협회 엮음, 『한국 축구의 영웅들: 축구 명예의전당 헌액 7인 열전』(랜덤하우스중앙, 2005), 121~125쪽.

239 강석진, 『축구공 위의 수학자: 내 인생은 축구공 위에서 시작되었다』(문학동네, 2002), 32~33쪽.

240 김경세, 「이회택: 불세출의 스트라이커」, 대한축구협회 엮음, 『한국축구의 영웅들: 축구 명예의전당 헌액 7인 열전』(랜덤하우스중앙, 2005), 135쪽에서 재인용.

241 「각국에 참가 종용 박대통령배축구」, 『조선일보』, 1971년 2월 17일, 조간 8면.

242 「높이 52.3cm의 순금제 '박대통령 컵'」, 『조선일보』, 1971년 4월 17일, 조간 8면.

243 「비로 텅빈 스탠드」, 『조선일보』, 1971년 5월 4일, 조간 8면.

244 「박대통령컵축구 '결전의 밤'」, 『조선일보』, 1971년 5월 14일, 조간 7면; 「30분 만에 표 매진 암표값 5~6배」, 『조선일보』, 1971년 5월 16일, 조간 8면.

245 「의원들의 축구 접전」, 『조선일보』, 1971년 9월 19일, 조간 6면.

246 「뮌헨 예선: 관중…울분과 흥분」, 『조선일보』, 1971년 9월 26일, 조간 6면.

247 김경세, 「이회택: 불세출의 스트라이커」, 대한축구협회 엮음, 『한국 축구의 영웅들: 축구 명예의전당 헌액 7인 열전』(랜덤하우스중앙, 2005), 125쪽.

248 이회택, 「잊을 수 없는 순간들/뮌헨 오륜 서울 예선: 성난 관중 농사나 지어라」, 『조선일보』, 1981년 2월 22일, 조간 8면.

249 「청룡, 대폭 개편」, 『조선일보』, 1971년 10월 7일, 8면.

250 이회택, 「잊을 수 없는 순간들/뮌헨 오륜 서울 예선: 성난 관중 농사나 지어라」, 『조선일보』, 1981년 2월 22일, 조간 8면.

251 이회택, 「잊을 수 없는 순간들/뮌헨 오륜 서울 예선: 성난 관중 농사나 지어라」, 『조선일보』, 1981년 2월 22일, 조간 8면.

252 MBC-TV, 「월드컵 D-30 특집/투혼: 한국 축구 124년의 기록」, 2006년 5월 11일 밤 12시 40분 방영.

253 황병주, 「박정희 시대 축구와 민족주의: 국가주의적 동원과 국민 형성」, 『당대비평』, 제19호(2002년 여름), 151, 159, 161쪽.

254 「서울 밤하늘 '황제의 열기'」, 『조선일보』, 1972년 6월 3일, 조간 7면.

255 박경호·김덕기, 『한국 축구 100년 비사』(책읽는사람들, 2000), 239~241쪽; 신덕상·김덕기, 『국기(國技) 축구 그 화려한 발자취: 이야기 한국체육사 10』(국민체육진

홍공단, 1999), 125쪽.

256 「시련의 72년 '축구 한국'」, 『조선일보』, 1972년 12월 16일, 조간 8면.

257 「1972 뮌헨올림픽」, 『나무위키』.

258 박해남, 『1988 서울, 극장도시의 탄생: 서울올림픽이 만든 88년 체제의 등장과 커튼콜』(휴머니스트, 2025), 79쪽.

259 「고장 잦은 "여보세요" 시내 전화…갈수록 "불통"」, 『조선일보』, 1969년 1월 19일, 조간 9면.

260 「"국산화한 기계 때문": 서울 시내 전화 고장 원인」, 『조선일보』, 1969년 1월 24일, 조간 3면.

261 윤상길, 「통신의 사회문화사」, 유선영·박용규·이상길 외, 『한국의 미디어 사회문화사』(한국언론재단, 2007), 156쪽.

262 「살인 빚은 고장 전화: 경관 맞아 숨져」, 『조선일보』, 1970년 6월 9일, 조간 7면.

263 「[사설] 전화를 사치품으로 착각하지 말라」, 『조선일보』, 1970년 6월 28일, 2면.

264 이기열, 「청색전화와 백색전화」, 네이버 블로그(http://blog.naver.com/kiullee?Redirect=Log&logNo=50004727319); 한국통신 인터넷 홈페이지.

265 김동식, 「[추억 엽서-대한민국 60년] (20) 백색전화」, 『조선일보』, 2008년 8월 6일에서 재인용.

266 윤상길, 「통신의 사회문화사」, 유선영·박용규·이상길 외, 『한국의 미디어 사회문화사』(한국언론재단, 2007), 140쪽.

267 노정팔, 『한국방송과 50년』(나남, 1995), 466쪽.

268 한국통신 인터넷 홈페이지.

269 박원식, 「[금주의 작은역사] 22년 전 남북 직통전화 첫 개설 '감격'」, 『한겨레』, 1992년 9월 16일, 18면.

270 서울특별시사편찬위원회 '서울 육백년사' 인터넷 홈페이지.

271 「전화: 아귀다툼 청약 까마득한 가설」, 『조선일보』, 1971년 11월 12일, 조간 6면.

272 한국통신 인터넷 홈페이지.

273 윤상길, 「통신의 사회문화사」, 유선영·박용규·이상길 외, 『한국의 미디어 사회문화사』(한국언론재단, 2007), 141쪽.

한국 현대사 산책
1970년대편 1권(개정증보판)

© 강준만, 2026

초판 1쇄   2002년 11월 16일 펴냄
개정증보판 1쇄   2026년   4월 10일 찍음
개정증보판 1쇄   2026년   4월 17일 펴냄

지은이 | 강준만
펴낸이 | 강준우
인쇄·제본 | 지경사문화

펴낸곳 | 인물과사상사
출판등록 | 제17-204호 1998년 3월 11일

주소 | (04031) 서울시 마포구 동교로22길 29 성지빌딩 301호
전화 | 02-325-6364
팩스 | 02-474-1413

www.inmul.co.kr | insa@inmul.co.kr

ISBN 978-89-5906-829-6 04900
     978-89-5906-828-9 (세트)

값 22,000원